定向培养军士生（航海类）系列教材

舰船动力设备拆装与检修

JIANCHUAN DONGLI SHEBEI CHAIZHUANG YU JIANXIU

翟　伟　赵志强 / 主　编

孙庆云　赵雪刚　苏　阳 / 副主编

陆宝成　张秀霞 / 主　审

大连海事大学出版社

DALIAN MARITIME UNIVERSITY PRESS

ⓒ 翟伟　赵志强　2023

图书在版编目（CIP）数据

舰船动力设备拆装与检修／翟伟，赵志强主编. —
大连：大连海事大学出版社，2023.12
定向培养军士生（航海类）系列教材
ISBN 978-7-5632-4468-3

Ⅰ.①舰… Ⅱ.①翟… ②赵… Ⅲ.①船舶机械—动
力装置—高等职业教育—教材 Ⅳ.①U664.1

中国国家版本馆 CIP 数据核字（2023）第 237254 号

大连海事大学出版社出版

地址：大连市黄浦路523号 邮编：116026 电话：0411-84729665（营销部） 84729480（总编室）
http://press.dlmu.edu.cn E-mail：dmupress@dlmu.edu.cn

大连天骄彩色印刷有限公司印装 大连海事大学出版社发行

2023 年 12 月第 1 版 2023 年 12 月第 1 次印刷
幅面尺寸：184 mm×260 mm 印张：15.75
字数：359 千 印数：1~2000 册
出版人：刘明凯
责任编辑：苏炳魁 责任校对：史云霞
封面设计：解瑶瑶 版式设计：解瑶瑶

ISBN 978-7-5632-4468-3 定价：48.00 元

定向培养军士生(航海类)系列教材
编委会

总序

随着全球化的不断发展和海洋资源的重要性日益凸显，航海成为军事、商业和科研的重要领域。航海科学与技术的不断进步和应用，为海上交通、海洋能源开发、海洋科学研究等领域提供了必要的支持。在军事方面，航海类专业人才能够为海军和海上部队提供必要的导航、海上安全和作战支援。

2012年，一些普通高等学校开始招收定向培养军士生，着力培养海军建设所需要的高素质海军军士人才。这是依托国民教育资源选拔培养海军军士人才的重要途径，是促进海军军士队伍现代化的重要举措。截至2023年7月，海军先后依托普通高等学校招收定向培养军士2.5万人。由此可见，海军定向培养军士已经成为海军军士队伍的重要组成部分。海军定向培养军士人才可以在海军舰队、潜艇、两栖舰艇等部队从事航海、航管和船舶维修等工作。

为了深入贯彻军民融合发展战略、服务部队备战打仗高度，滨州职业学院坚持为战育才，始终把战斗力标准贯穿定向培养军士工作的全过程，有针对性地制定培养方案、设置专业课程、配套教学保障，严把政治、身体、心理、专业关口，不断提高海军军士人才供给能力和水平。另外，滨州职业学院坚持"一盘棋"思想，严格遵循定向培养标准，及时根据用人单位反馈的培养质量调整海军军士人才培养方案，推动"供给侧"与"需求侧"精准衔接、良性互动，提高办学水平，提升培养质量，进而助力地方院校定向培养军士人才的质效提升。

为此，滨州职业学院牵头，组织了承担海军定向培养军士任务的业内专家和院校教师，共同编写了"定向培养军士生（航海类）系列教材"。本套教材首批共计五种，涵盖航海技术和轮机工程技术两个定向培养军士生专业，分别为《舰船定位与导航》《舰船仪器》《船舶防火与灭火》《舰船动力设备拆装与检修》《船舶电工工艺与电气测试》。

本套教材基于航海类专业的丰富资源，面向舰船工作岗位的特殊要求，汲取了学术界相关知识、理论和研究成果，参考了大量相关文献资料，将专业知识进行项目化整合、立体化呈现，将教材内容进行理实一体化编排，力求贴近实战、学以致用。

本套教材是海军定向培养军士的必备书目，也为有志于从事该领域的人提供参考。

海军定向培养军士职业发展前景广阔。在此，衷心祝贺"定向培养军士生（航海类）系列教材"正式出版。

2023年11月

编者的话

"舰船动力设备拆装与检修"是轮机工程技术专业核心课程,原课程"动力设备拆装"在滨州职业学院已开展了多年的教学改革。在课程改革逐步深入、新的教学模式形成并逐步完善的情况下,编写团队结合2016年学院开展的定向培养部队士官试点工作,以及2023年到江苏海事职业学院、山东交通职业学院和海军士官学校的调研情况,重新编写了该课程的配套教材。

本次出版的《舰船动力设备拆装与检修》教材,是我们在多年教学改革实践和前期教材《船机检修技术》建设成果的基础上编写而成的,具有鲜明的职业教育特色。

首先,本教材依据高职院校轮机工程技术专业教学大纲而编写,同时也满足中华人民共和国海事局《海船船员适任考试与评估大纲(2022版)》的要求,符合《STCW 78/10公约》国际职业标准的相关要求,从内涵上体现了学历教育与职业资格培训的融通。

其次,本教材紧扣高职教育培养技能型专业人才的培养目标,根据实际轮机维修的工作流程,按实际工作步骤来组织教学内容,突出了维修工作的全过程以及各步骤的工作内容和操作方法,体现了教学过程的实践性、开放性和职业性,突出了船员职业能力的培养,满足了轮机管理和舰艇工作岗位的基本能力需求。

最后,本教材有多名企业资深专业技术人员参与编写,充分融入"安全、高效、经济、环保、数字化"的要求,在侧重阐述具有普遍性和规律性内容的基础上,力求突出新工艺、新技术,使先进性和传统性得到有效的结合,应该说本教材是校企合作的典型成果。

本教材共有四个项目,分为三十个任务,其中,王振老师编写项目一,苏阳、陆宝成老师编写项目二,赵志强、孙庆云、王宾老师编写项目三,翟伟、赵雪刚、崔文涛老师编写项目四,最后由翟伟、赵志强老师统稿。全书由陆宝成、张秀霞主审,韩晓春、毕江涛轮机长参加审定。在本书编写过程中得到了湖北交通职业技术学院孙猛老师、山东海事职业学院孙志元老师的大力支持和帮助,在此表示感谢。

由于编者水平有限,教材中难免存在疏漏及不足之处,敬请读者批评指正。

编　者
2023 年 8 月

目录

项目一 动力设备拆检概论 ……………………………………………… 1

  任务一 船机拆卸和检测 …………………………………………… 1

  任务二 零件清洗 …………………………………………………… 5

  任务三 管系清洗 …………………………………………………… 7

项目二 认识工具和量具 ………………………………………………… 11

  任务一 通用工具的使用 …………………………………………… 11

  任务二 专用工具的使用 …………………………………………… 22

  任务三 常用量具的使用 …………………………………………… 25

项目三 主动力设备的拆装与检修 ……………………………………… 43

  任务一 气缸盖的拆装与检修 ……………………………………… 43

  任务二 气阀机构的拆装与检修 …………………………………… 51

  任务三 气缸套的拆装、测量与计算 ……………………………… 59

  任务四 活塞组件的拆装、解体、测量与计算 …………………… 74

  任务五 活塞环的拆装、检修与测量 ……………………………… 81

  任务六 连杆、连杆大端轴瓦和连杆螺栓的拆装、检查与测量 … 91

  任务七 主轴承的拆装与测量以及轴承间隙的测量 ……………… 96

  任务八 喷油泵的拆装与检修 ……………………………………… 102

  任务九 喷油器的拆装与检修 ……………………………………… 109

  任务十 曲轴臂距差的测量与计算、曲轴轴线的状态分析 ……… 116

  任务十一 气缸起动阀、安全阀、示功阀、空气分配器的拆装与检修 …… 125

  任务十二 液压拉伸器的使用和管理 ……………………………… 129

项目四 辅助设备的拆装与检修 ………………………………………… 133

  任务一 电动往复泵的拆装与检修 ………………………………… 133

  任务二 齿轮泵的拆装与检修 ……………………………………… 142

  任务三 螺杆泵的拆装与检修 ……………………………………… 150

  任务四 离心泵的拆装与检修 ……………………………………… 158

  任务五 旋涡泵的拆装与检修 ……………………………………… 168

  任务六 空气压缩机的拆装与检修 ………………………………… 174

  任务七 液压阀件的拆装与检修 …………………………………… 187

任务八　液压油泵的拆装与检修 ……………………………………………… 203

任务九　液压马达的拆装与检修 ……………………………………………… 213

任务十　活塞式制冷压缩机的拆装与检修 …………………………………… 219

任务十一　锅炉附件的拆装与检修 …………………………………………… 228

任务十二　分油机的拆装与检修 ……………………………………………… 234

参考文献 ……………………………………………………………………………… 241

项目一
动力设备拆检概论

  船舶机械修理前的拆卸和检测是其维修过程的开始阶段,也是修理前的重要准备工作,关系到修理质量、修理时间和修理费用。通过拆卸和拆卸中的检验、测量,能够摸清故障的范围、程度,找出故障的原因。所以,不论是自修,还是厂修,对于任何损坏的机械均应做好修理前的拆卸和检测工作。

学习要素

  1.机械拆卸的过程;

  2.船机拆卸和检测的方法。

教学目标

能力目标

1.能正确完成船机设备的拆装;

2.能通过拆卸中的检测分析来排除一般故障。

知识目标

1.了解船机拆卸的原则;

2.正确使用拆卸工具。

素质目标

1.培养学生严谨、细致的工作作风;

2.培养学生良好的学风;

3.培养学生良好的职业意识;

4.培养学生良好的团队合作意识。

 相关知识

（一）船机拆卸

对任何机械进行修理时,首先的工作就是拆卸,把机械的运动部件从其固定件上拆下来,将机械进行局部或全部解体。拆卸过程是一个对机械技术状况和存在的故障进行调查研究的过程。零部件表面的油污、积炭、水迹等均是发现故障的线索。燃烧室组成零件的积炭情况有助于了解燃烧情况和相关零部件,如喷油器、喷油定时等的故障。

机械拆卸初看似乎是一件极容易的事情,其实不然,在实地拆卸时往往会遇到一个最简单的难题——拆不下来,或者硬拆下来但零件受损或不能装复。所以,拆卸工作必须正确、顺利,保证零件完好和容易装复。

1.拆卸原则

（1）确定拆卸范围

根据机械存在故障确定一定的拆卸范围,能不拆的机件尽量不拆,不要随意扩大拆卸范围。因为不必要的拆卸势必破坏机件良好的配合精度或改变已磨合部位的相对位置,可能造成零件损伤或出现安装误差。

（2）确定正确的拆卸顺序

机械结构不同,其安装与拆卸的顺序也不同。不了解机械的结构特点而随意乱拆是对机械的破坏。因此,拆卸前不仅应该充分掌握机械的结构特点,而且应仔细阅读说明书,了解拆装要求、随机专用工具及其使用方法等,以便顺利拆卸。

机械的结构千差万别,但基本的拆卸顺序大致相同。一般来说,拆卸机械应从上到下、从外到里;先拆附属件、易损件,后拆主要机件;先拆部件,再将部件拆成零件。

（3）保证零件原有的精度

拆卸过程中应保证不损伤零件,不破坏零件的尺寸精度、形状与位置精度,尤其应保护好配合件的工作表面。特殊情况下允许在保护大件、重要件精度的前提下牺牲小件、不重要件,以完成拆卸工作。例如,活塞环黏着在环槽中,可将活塞环损坏,分段自环槽中取出,但要保护环槽不受损伤。

（4）保证正确装复机械

拆卸过程中,对拆下的零部件要做记号、系标签,这是一件容易被忽视的工作。对零件连接部位的相对位置做记号,将拆下的零件系标签,对机器正确、顺利地装配和防止零件损坏非常重要。对不熟悉的机器可采用画图、照相等方法显示零部件的装配关系。对重要的或精密的部件不要在现场拆解,应系标明所属设备的标签,送船上专门工作室或船厂车间解体。例如,柴油机喷油泵和喷油器应在船上油泵实验间或船厂车间解体,由于精密偶件不可互换的特点,更应系标签,切勿混乱。

2.拆卸的准备工作

为了方便、顺利地拆卸机械,应做好拆卸前的准备工作,主要包括工具、起重设备和其他物料的准备。

（1）工具的准备

在船上检修时需要的工具包括:通用和专用工具、通用和专用量具,以及各种随机辅助设备等。对所用通用工具和量具的品种、规格、使用性能或精度进行检查,以方便拆卸和测量使用。

常用的通用工具:

各种尺寸和规格的扳手(死扳手、活络扳手、套筒扳手、扭力扳手等);

各种材料的锤子(铁锤、铜锤、木锤和橡皮锤等);

各种钳子(克丝钳、鲤鱼钳、尖嘴钳和管子钳等);

其他钳工工具(钢锯、锉刀、螺丝刀和冲子等)。

专用工具:拆装活塞环工具、盘主轴承下瓦工具、吊装活塞工具、液压拉伸器等。

常用的通用量具:塞尺、内径和外径千分尺、内径百分表、臂距表(拐挡表)、百分表、游标卡尺、钢直尺和平尺等。

专用量具:测量轴承间隙、活塞与气缸间隙的专用塞尺,各种测量用样板等。

(2)起重设备的准备

拆卸过程中,一些大而重的零部件可用机舱固定起重设备吊运;当机舱固定起重设备无法在机旁使用时,可采用撬杠、钢缆绳索、连接螺栓、手动葫芦和千斤顶等起重设备。根据零部件的重量选用相应规格的葫芦与钢缆绳索。

(3)其他物料的准备

为了支垫重要零件和包扎管口等,需准备木板、厚纸板、布或木塞等。此外,还需要各种消耗品,如棉纱、油料等。

3.拆卸技术

(1)拆下的零件和机器拆开部位的保护

从机器上拆下的仪表、管子、附件和零部件等应系标签,分门别类地妥善放置与保管,不可乱丢乱放。仪表、精密零件和零件配合表面尤其应慎重放置与保护。

机器拆卸后,固定件上的孔口、管系的管口裸露,为了防止异物落入造成损伤和引起后患,应用木板、纸板、布或塑料膜等将孔口、管口堵塞或包扎。例如,柴油机的油底壳油孔、轴上的油孔等。

(2)过盈配合件的拆卸

机器上具有过盈配合的配合件,例如,齿轮与轴,柴油机上的气阀导管与导管孔,活塞销与销座等。拆卸时应使用专用工具、随机专用工具或采用适当加热配合件的方法才能顺利拆卸和不会损伤零件,切勿硬打硬砸,否则容易损伤零件。

(3)螺栓的拆卸

机器拆卸时,将会拆卸大量的螺母、螺栓、销子和垫圈等。一般来说,螺母、螺栓的拆卸并不困难,但应注意以下问题:

①柴油机气缸盖螺栓、主轴承螺栓等一般采用双头螺栓,螺栓的一端旋入机件。拆卸时,不需将双头螺栓从机件上拆下。

②拆下的螺母、螺栓等应套装于原位,以防丢失造成安装时的麻烦。

③生锈螺母拆不下时,可采用以下方法:

a.先将螺母上紧1/4圈,然后反向旋出;

b.轻轻敲击振动生锈螺母周边;

c.在螺母与螺栓之间灌入煤油或喷松动剂,浸泡20~30 min后旋出;

d.用喷灯均匀加热螺母,使之受热膨胀后旋出;

e.以上诸方法均不奏效时,用扁铲将螺母破坏取下。

(4)螺栓断于螺纹孔中可采用以下方法将断头螺栓取出:

a.在露出的断头螺栓顶面锯出小槽,用螺丝刀旋出;

b.锉平露出的断头螺栓两侧面,用扳手拧出;

c.在断头螺栓上焊一个折角钢杆或螺母,将断头螺栓旋出;

d.在断头螺栓顶面钻孔攻丝(反向螺丝)和拧入螺钉,拧出螺钉将断头螺栓带出;选用直径小于断头螺栓根圆直径 $0.5 \sim 1.0$ mm 的钻头,将螺栓钻掉,再用与原螺栓螺距相同的丝锥将螺纹孔中残存断头螺栓除去,但应不损坏原螺纹孔的精度。

4.拆卸安全

为确保拆卸安全,在拆卸中应注意以下问题:

(1)选用工具要恰当,应适于工作场合的需要;不可任意选用加长扳手以免扭断螺栓。

(2)注意吊运安全,严禁超重吊运,吊运捆绑要牢固且不损伤零件、仪表,吊运操作要稳妥等。

(二)拆卸中的检测

船机拆卸前、拆卸过程中的检验和测量是对机器的性能进行的整体剖析和判断,是查明故障、分析和诊断故障原因、制订修理方案的重要依据。

1.运转中的观察

通过拆卸前的航行勘验了解船机工况、记录各项性能指标和对运转缺陷进行检验。检查船机运转的平稳性,有无振动,起动换向操作是否灵敏,有无水、气、油的漏泄现象等;通过对船机的日常运转管理,观察了解其故障信息和现象,必要时测定温度、压力等参数,以确定船机运转状况和机器性能变化,从而初步确定存在的问题。

2.拆卸中的检测

在船机拆卸过程中,对拆开的配合件工作表面进行观察,从配合件表面的氧化、变色、拉毛、擦伤、腐蚀、变形和裂纹等现象判断故障的部位、范围和程度。测量零件的绝对尺寸、磨损量、几何形状误差和配合间隙等,判断零件的磨损、腐蚀或变形程度。例如,测量气缸套内径、曲轴外径的绝对尺寸,测量轴承间隙、曲轴臂距差和活塞顶形状等。

在拆卸过程中,必要时对重要的零件进行无损探伤,以查明零件内部存在的损伤,如裂纹等。如发电柴油机修理时,对连杆螺栓进行着色探伤或磁粉探伤,检查连杆栓螺表面有无疲劳裂纹,并且测量其长度,以掌握其是否发生变形。

总之,通过船机运转中的观察来发现船机故障,通过拆卸中的检测来确定船机零件损坏的性质、部位、程度、范围等。

任务二  零件清洗

建议学时：2学时

机器拆卸后应对其零件进行清洗,必要时还应对管系进行冲洗。

学习要素

1.常见的清洗方法;
2.清洗的注意事项;
3.应用的清洗场所。

教学目标

能力目标
1.能正确选用合适的清洗方法;
2.能正确进行清洗操作。

知识目标
1.了解清洗的工作原理;
2.正确掌握机械清洗和化学清洗的操作步骤。

素质目标
1.培养学生严谨、细致的工作作风;
2.培养学生良好的学风;
3.培养学生良好的职业意识;
4.培养学生良好的团队合作意识。

相关知识

对零件进行清洗的目的是除去零件表面上的油垢、积炭、铁锈等污物;对管系进行冲洗的目的是清除系统中带入、残存和沉积的杂质污垢。零件表面清洁便于发现和检测缺陷,保证测量准确,也为修理和装配提供良好条件;管系清洁,加上润滑油品质好,有利于机器的正常运转。为此,要求清洗工作迅速和彻底,对零件无损伤和不会造成腐蚀作用,保证零件工作表面的精度。

（一）零件的清洗

常用的零件清洗方法有:常规清洗(油洗)、机械清洗和化学清洗。针对零件上不同的污垢有:除油垢、除积炭和除锈等。

1.常规清洗

常规清洗,又称油洗,是利用有机溶剂,如汽油、柴油或煤油溶解零件表面上油污垢的一种手工清洗方法。清洗时,先将零件浸泡在油中,用抹布或刷子除去零件上的油

污。这种方法操作简便,易于实现,使用灵活,对于油污积垢不严重的零件清洗效果又快又好,被船上和修船厂广泛采用。但对积炭、铁锈和水垢无效。使用不够安全,应注意防火,尤其汽油容易挥发,要防止引起火灾。

2.机械清洗

机械清洗是利用毛刷、钢丝刷、砂布或油石等进行人工刷、刮、擦和磨的机械方法,清除零件表面沉积较重的积炭、铁锈和水垢,再用柴油或汽油清洗干净。这种方法常用于清洗柴油机燃烧室的零件。

这种清洗方法操作简便,使用灵活,适用范围广,对清除零件表面积垢十分有效,广泛用于船上和修船厂。但此法容易损伤零件表面,产生划痕与擦伤。

3.化学清洗

化学清洗是利用化学清洗剂的溶解和化学作用,清洗除去零件表面上的油、油脂、污垢、漆皮、水垢和氧化物。这种方法常用于热交换器的清洗。化学清洗剂有以下三种:

(1)碱性清洗剂

碱性清洗剂能有效地清除零件表面上的油、油脂污垢、油脂的高温氧化物、漆皮等附着物。根据零件材料不同有不同的配方。例如,清除钢质零件表面油污、积炭和漆皮的强碱性清洗剂配方:

①苛性钠($NaOH$):60~70 g/L;

②磷酸钠(Na_3PO_4):40~50 g/L;

③碳酸钠(Na_2CO_3):50~60 g/L;

④硅酸钠(Na_2SiO_3):8~10 g/L。

将零件浸泡在温度为80~90 ℃的碱性清洗液中3~4 h后,用压力为5 MPa的清水冲洗干净,但零件表面容易生锈。铸铁、铝和铜等材料可采用弱中碱性清洗剂清洗。

(2)酸性清洗剂

酸性清洗剂与水垢、金属氧化物发生强烈的化学反应,使之溶解或脱落。酸性清洗剂采用无机酸或有机酸配制,用来清除零件上的水垢和铁锈。

(3)合成洗涤剂

合成洗涤剂是近年发展起来的一种现代的新型清洗剂。对于机舱中不同的机器及其产生的不同的脏污有不同的清洗剂。以下列举国外的几种清洗剂。

①"奥妙能"全能清洁剂

"奥妙能"全能清洁剂是一种中性多功能水溶性清洗剂,室温下可以迅速清除零件表面上的油污、铁锈、积炭和氧化物,在温度为60~80 ℃下清洗效果更好。"奥妙能"全能清洁剂完全溶于水,无异味和无腐蚀性,但有刺激性,应避免与眼睛、皮肤和衣物等接触,使用时应戴保护镜和手套。

"奥妙能"全能清洁剂能够有效地清洗涡轮增压器、热交换器、泵和管系等。

②SNC2000除炭剂

SNC2000除炭剂具有很强的溶解力,可溶解油、油脂,能渗透和软化积炭(炭、烟灰、泥垢等),但不能溶解积炭,积炭软化松动后用水冲掉。较小零件一般浸泡4~8 h,可使积垢完全溶解与松动;零件上积垢严重时,可在加热至温度为55~60 ℃的SNC2000除炭剂中浸泡 24 h(最长),即可用水冲掉或用刷子刷洗,再用压缩空气吹干。大型固定件可刷洗清除积炭。如表 1-2-1 所示为几种清洗剂的特性、使用方法及用途。

表 1-2-1　几种清洗剂的特性、使用方法及用途

名称	特性	使用方法	用途
多用途油污清洁剂	溶于水,使用安全,不需水冲洗,清洗时间短	擦抹或喷刷,纯清洁剂可与海、淡水混合使用	用于清除舱底各类油、油泥,清洁零件表面油污
快速清洁剂	可溶性乳化清洁剂,具有特殊的清洁特性,快速分解,不损伤机器	用淡水或海水稀释。注意勿与眼睛、皮肤接触,勿吸入肺部	用于清洁机舱、舱底等处的污油
"奥妙能"分油机叶片清洁剂	完全溶于水,无腐蚀性,使用安全	室温浸泡或加热至 50~60 ℃ 使用更佳,最后用清水洗净零件	清除分油机叶片上的炭渣等沉积物
"奥妙能"油和油脂清洁剂	中性、无毒,不损伤零件	用未经稀释或已稀释清洁剂刷抹零件脏污表面,最后用水冲洗	清除机器、零件、工具和甲板、舱壁的油、油脂等脏污

(二)使用清洗剂应注意的事项

(1)选用清洗剂时应选用对人体健康无损害的清洗剂,还应注意有的清洗剂是易燃液体,因此在使用、储存等时严格按照说明书的要求操作。

(2)船用清洗剂应满足下列安全因素:

闪点>61 ℃;不含苯、四氯化碳、四氯乙烷、五氯乙烷和其他有毒成分的化学品。

(3)清洗时工作场所应通风良好,要求穿戴保护器具,以减少与皮肤和呼吸道的接触。

(4)依清洗目的选用清洗剂,选用时认真查看清洗剂商标或产品说明书。

(5)使用乳化型清洗剂不允许排入舱底或机器处所。因为许多清洗剂都会引起油水混合物乳化,或者几种不同品种的清洗剂同时排入机舱舱底,可能引起永久性乳化状油污水混合物,会造成分离设备不能正常运转,从而造成海洋环境的污染。

任务三　管系清洗

建议学时:2学时

任何新造或修理后的发动机在起动运转前都必须冲洗其附属的各种油或水系统。为了保护发动机的部件及使其正常运转,起动前应认真、细心地冲洗主滑油系统、凸轮轴滑油系统和燃油系统。

💡 **学习要素**

1.柴油机清洗的流程;

2.柴油机清洗的方法。

 教学目标

能力目标

1.能正确完成燃油系统的清洗；

2.能正确完成滑油系统的清洗。

知识目标

1.了解柴油机清洗的步骤；

2.正确选择清洗的介质和温度。

素质目标

1.培养学生严谨、细致的工作作风；

2.培养学生良好的学风；

3.培养学生良好的职业意识；

4.培养学生良好的团队合作意识。

相关知识

在一台新造柴油机或一台完成大修的柴油机起动投入运转前,不论是在造机厂、船厂还是船上,都应该注意柴油机的各种油系统的清洁,以免留下后患。因为船舶建造或修理时各种作业,如船体喷砂、舱盖焊接等不利于主柴油机的装配工作,其中落下的灰尘、焊渣、粉末等会进入机器、油箱和管系。在管子制造和管系组装时也可能带入灰尘、污物颗粒。经过长期运转的柴油机各种油系统中还会有污物积存,甚至沉积在管壁上。因此,柴油机起动前必须进行专门冲洗,以保证各种油系统的清洁,尤其是润滑油系统的清洁最为重要。

通常,柴油机的主滑油系统采用标准润滑油进行清洗,燃油系统采用柴油进行清洗。主滑油系统脏污和润滑油不清洁将造成配合件的磨损加剧和其他故障,造成主轴承、十字头轴承、连杆大端轴承和各种轴承的损伤和轴颈的磨损,破坏润滑油膜,引起抱轴、拉缸等新的故障。清洗主滑油系统是为了彻底清除管路中残存的杂质、污物颗粒以及管壁上的污垢,防止它们进入轴承等配合件中,确保柴油机安全、可靠地运转。柴油机主润滑系统清洗时应注意以下问题:

1.准备工作

主滑油系统清洗前最主要的准备:首先,清洗柴油机的内部和链条箱的内部,可用连接到主滑油管上的软管进行冲洗;其次,对主机外部管路中的污物,通过滤器和分油机进行清除。但应注意,柴油机外部滑油管路清洗一定要与其内部滑油管路分开来,绝不允许清洗外部管路的油液流经主机。

2.管口的堵塞

堵住连通到曲柄箱的各主轴承的滑油支管,使滑油不能进入各主轴承、链条箱轴承和喷嘴、推力轴承和十字头轴承、纵振和扭振减振器、力矩平衡器和增压器轴承。如图1-3-1所示为 MAN B&W 柴油机主滑油系统清洗时堵塞管口的示意图。图中①、②分别为装于主轴承、伸缩套管和十字头轴承的盲板法兰,如图1-3-2所示为盲板法兰结构。

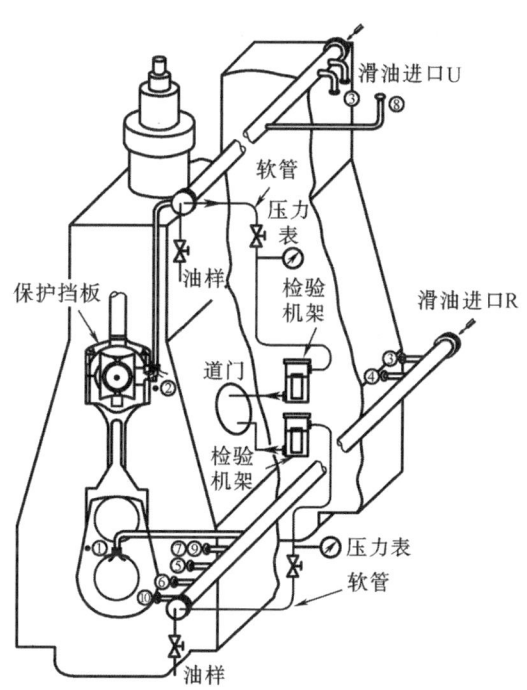

图 1-3-1　MAN B&W 柴油机主滑油系统清洗时堵塞管口示意图

①—主轴承滑油旁通盲板；②—十字头轴承滑油旁通盲板；③—堵塞到主链轮轴承和喷嘴的油管；④—堵塞到推力轴承的油管；⑤—堵住或旁通纵振减振器的油管；⑥—堵住扭振减振器的油管；⑦—堵住前力矩平衡器驱动轮的油管；⑧—堵住或旁通增压器的油管；⑨—堵住液力张紧轮的油管；⑩—堵住 PTO-PTE 动力齿轮的油管

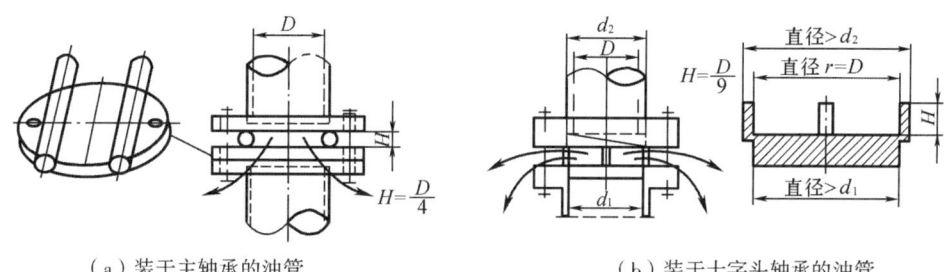

（a）装于主轴承的油管　　　　　　　　（b）装于十字头轴承的油管

图 1-3-2　盲板法兰结构

3．保护十字头轴承

由于十字头轴承上盖设计成开式，在主机安装过程中和整个清洗过程中均应将其盖住，以防污物落入轴承内。

4．振动或敲击管系

清洗期间，为了使沉积于管壁上的污垢松动，采用便携式振动器或手锤敲击管子，然后将脱落的污物清除。

5．清洁油柜和管端

清洗时应注意清洁油柜和管端，因为滑油中的颗粒和污物会沉淀在油柜底部和管端,如果不被清洁,当柴油机运转时,滤器就会频繁出现堵塞现象。这是由于油温升高或船舶的摇摆倾斜,使沉淀在油柜底部的颗粒、污物与油再次掺混。

6.润滑油的流速和温度

清洗时,应将润滑油加热至 60~65 ℃为宜。为了造成管系内润滑油的充分扰动,滑油应以一定的流速流经主滑油系统管路。

项目二
认识工具和量具

通用工具的使用　　　　　　　　建议学时：2学时

在舰船机械维修时常用的通用工具有扳手、钳子、螺钉旋具、刮刀、拉马、锤子、起吊工具等。作为一名合格的船舶轮机员或舰船机电兵,必须掌握通用工具的使用方法和技巧。

学习要素

1.通用工具的分类;
2.扳手的种类与使用方法。

教学目标

能力目标
1.能正确选用通用工具;
2.能正确使用通用工具。

知识目标
1.了解各通用工具的工作原理;
2.正确掌握各通用工具的使用方法。

素质目标
1.培养学生严谨、细致的工作作风;
2.培养学生良好的学风;
3.培养学生良好的职业意识;
4.培养学生良好的团队合作意识。

相关知识

（一）扳手

扳手是利用杠杆原理拧转螺栓、螺钉、螺母和其他螺纹紧固件的手工工具。扳手通常在柄部的一端或两端制有夹持螺栓或螺母的开口或套孔。使用时沿螺纹旋转方向在柄部施加外力，就能拧转螺栓或螺母。如果扳手选用不当或使用不当，不但会造成工件和扳手损坏，还可能引发危及人身安全方面的事故。因此，正确地选用和使用扳手显得尤为重要。

扳手种类繁多，常见的有梅花扳手、开口扳手、组合扳手、活络扳手等。在拆卸螺栓时，应按照"先套筒扳手、后梅花扳手、再开口扳手、最后活络扳手"的选用原则进行选取。在选用扳手时，还要注意扳手的尺寸，尺寸是指它所能拧动的螺栓或螺母正对面间的距离。例如，扳手上标示 22 mm，即此扳手所能拧动螺栓或螺母棱角正对面间的距离为 22 mm。现在常见的工具都有公制、英制两种尺寸单位。

扳手通常用碳素结构钢或合金结构钢制造。

按其结构形式和作用，扳手可分为活络扳手、专用扳手和特种扳手三大类。无论使用哪一种扳手，都应注意扳手的开口平面与被扳动件轴线相垂直，扳手的开口应全部套在扳动部件上，否则不仅容易滑脱，而且也容易损坏螺纹连接件的棱角。

1.活络扳手

活络扳手，又名可调扳手，适用于尺寸不规则的螺栓、螺母，它能在一定范围内任意调节开口尺寸，如图 2-1-1 所示为活络扳手。一个活络扳手可用来代替多个开口扳手。活络扳手由固定钳口和调节钳口两部分组成，扳手的开度大小通过调节螺杆进行调整。

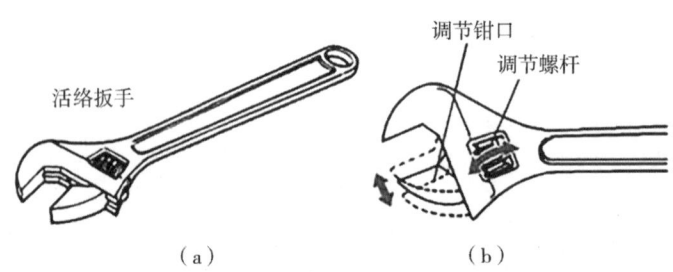

（a）　　　　　　　　　（b）

图 2-1-1　活络扳手

活络扳手由头部和柄部组成，头部由固定钳口、调节钳口、扳口、蜗轮和轴销等构成，如表 2-1-1 所示为常用活络扳手的规格。

表 2-1-1　常用活络扳手的规格

长度	mm	100	150	200	250	300	375	450	600
	in	4	6	8	10	12	15	18	24
开口最大宽度	mm	14	19	24	30	36	46	55	65

使用活络扳手时应先将活络扳手调整合适，使活络扳手钳口与螺栓、螺母两对边完全贴紧，不应存在间隙。使用时，要使活络扳手的调节钳口受推力、固定钳口受拉力，只有这样施力，才能保证螺栓、螺母及扳手本身不被损坏，如图 2-1-2 所示为活络扳手使用

方法。如果不按照这种方法转动扳手,会使压力作用在调节螺杆上,在施力时促使钳口变大,将损坏螺栓、螺母的棱角和扳手本身。

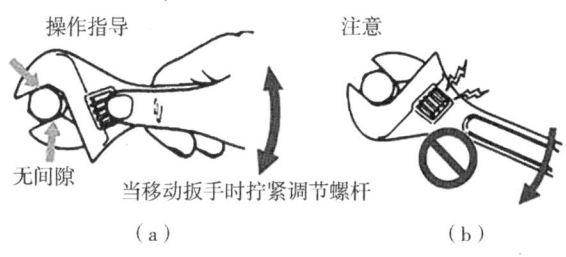

操作指导　　　　　　注意

无间隙　　当移动扳手时拧紧调节螺杆

（a）　　　　　　　（b）

图 2-1-2　活络扳手使用方法

使用活络扳手时应该注意的事项:

（1）手要握紧扳手的后端,不能为了加大扳紧（松）的力矩而将手柄套上加长管来加长手柄。

（2）活络扳手的扳口夹持螺母时,应使固定钳口在上,调节钳口在下,不能反过来使用。

（3）不能把扳手当作榔头,以免损坏扳手的零件。

（4）扳手的开口尺寸应调整到与被扳紧部位尺寸一致,将其紧紧卡牢。扳紧力不能超出螺栓或螺母所能承受的限度。

（5）扳动较小的螺母时,施加力矩不宜过大。因螺母过小易打滑,故手应握在接近扳头的地方,可随时调节蜗轮,收紧扳唇,防止打滑。

2.专用扳手

专用扳手只能用以扳动固定规格的螺栓和螺母,按其结构特点可分为以下几种:

（1）开口扳手

开口扳手,分为单头和双头两种,如图 2-1-3 所示为开口扳手。它的规格以开口宽度（mm）分类:单头为 8～78 mm;双头为 4～75 mm。它一般用在螺母空间比较宽阔的地方。双头开口扳手两头均为 U 形的钳口,可套住螺栓或螺母六角的两个对向面。开口扳手主要适用于无法使用套筒扳手和梅花扳手操作的位置。因为有些螺栓或螺母必须从横侧插入,此时开口扳手可以做到,而其他扳手则不行,如图 2-1-4 所示为开口扳手的使用方法。使用时应注意方法和开口的受力部位。

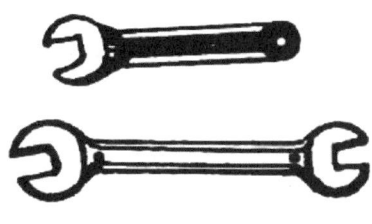

图 2-1-3　开口扳手

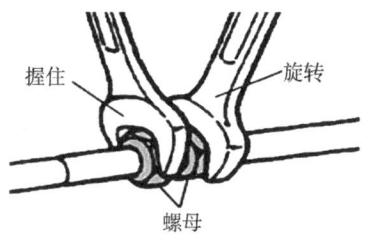

握住　　　　旋转

螺母

图 2-1-4　开口扳手的使用方法

（2）梅花扳手

整体扳手有正方形、六角形、十二角形等几种形式。十二角形扳手又名梅花扳手，如图 2-1-5 所示为梅花扳手。梅花扳手两端呈花环状，其内孔是由 2 个正六边形同心错开 30°而成的。很多梅花扳手都有弯头，常见的弯头角度在 10°到 45°之间，从侧面看旋转螺栓部分和手柄部分是错开的。这种结构便于拆卸装配在凹陷空间的螺栓、螺母，并可以为手指提供操作间隙，以防止擦伤。因为它只要转动 30°就可改变扳手方向，所以在狭窄部位扳动螺栓和螺母时，使用起来较为方便，其规格是以外六角螺母的对边距离为扳手的公称尺寸的，有 5.5~32 mm 不等。

图 2-1-5　梅花扳手

梅花扳手的使用方法：在使用梅花扳手时，左手握住梅花扳手与螺栓连接处，保持梅花扳手与螺栓完全配合，防止滑脱，右手握住梅花扳手另一端并加力。扳手转动 30°后，就可更换位置，特别适用于拆装处于空间狭小位置的螺栓、螺母。

梅花扳手可将螺栓、螺母的头部全部围住，因此不会损坏螺栓角，可以施加大力矩。

（3）套筒扳手

套筒扳手是拆卸螺栓最方便、灵活而且安全的工具。使用套筒扳手不易损坏螺母的棱角。根据工作空间大小、扭矩要求和螺栓或螺母的尺寸选用合适的套筒头。根据尺寸大小，套筒头有大和小两种，如图 2-1-6 所示为套筒头的尺寸示意图。大尺寸套筒头可以获得比小尺寸套筒头更大的扭矩。

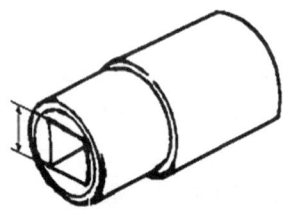　　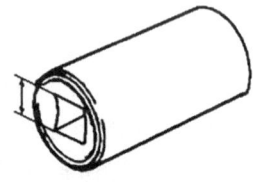

（a）大尺寸套筒头　　　　　　　　　（b）小尺寸套筒头

图 2-1-6　套筒头的尺寸示意图

根据钳口形状分类有双六角形和六角形的，如图 2-1-7 所示为套筒头钳口的 2 种形状示意图。六角部分与螺栓/螺母的表面有很大的接触面，这样就不容易损坏螺栓/螺母的表面；双六角型套筒各角只间隔 30°，可以很方便地套住螺栓，适合于在狭窄的空间中拆卸螺栓。

双六角型套筒不能拆卸大扭矩或棱边已经磨损的螺栓，因为它与螺栓的接触面小，容易损坏螺栓的棱角或出现滑脱产生安全事故。

套筒接合器也叫套筒转换接头，是将现有的不同尺寸规格的手柄和套筒配合使用，例如，10 mm 系列的手柄接 12.5 mm 系列的套筒或者 12.5 mm 系列的手柄接 10 mm 系列的套筒等都需要转换接头。转换接头有两种：一种是"小"→"大"；另外一种是

"大"→"小",如图 2-1-8 所示为套筒接合器的使用方法。

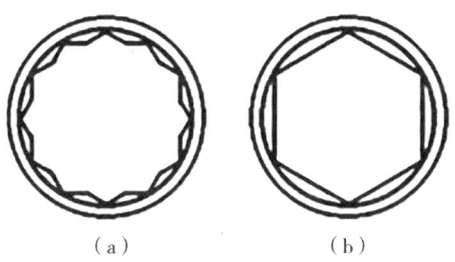

（a）　　　　　　　　（b）

图 2-1-7　套筒头钳口的两种形状示意图

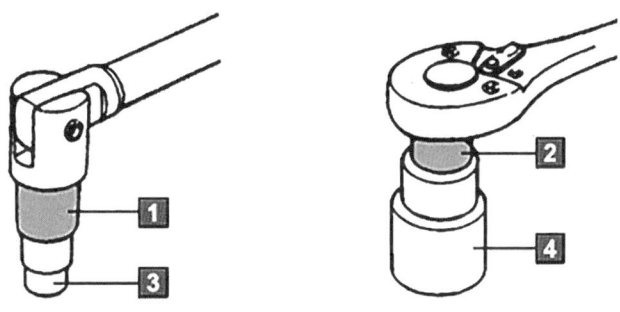

图 2-1-8　套筒接合器的使用方法

1—套筒接合器("大"→"小")；2—套筒接合器("小"→"大")；3—小尺寸套筒；4—大尺寸套筒

套筒接合器在使用过程中，必须要控制扭矩的大小。因为套筒和手柄经过转换后，不在同一尺寸范围，如果按照原来的尺寸施加力矩，就会损坏套筒或手柄。

接杆也称延长杆或加长杆，是套筒类成套工具不可缺少的一部分。日常维修工作中，有 75 mm、125 mm、150 mm 和 250 mm 等不同长度的接杆供选用，即我们常说的长接杆和短接杆。

接杆的主要作用是加装在套筒和配套手柄之间，用于拆卸和更换装得很深，仅凭套筒和手柄无法接触的螺栓、螺母，如图 2-1-9 所示为接杆的使用方法。

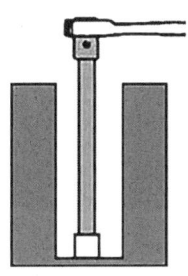

图 2-1-9　接杆的使用方法

另外，在拆卸平面上的螺栓、螺母时，工具会紧贴在操作面上，妨碍正常拆卸，甚至会产生安全事故。接杆可将工具抬离平面一定高度，便于操作。

有很多接杆经过改进后具有特殊功能，如转向接杆和锁定接杆等。所谓转向接杆是指普通接杆与套筒连接的方榫部分，经过改进再装上套筒后，会产生 10° 左右的偏角，因而使用非常方便。

　　滑杆,也称滑动 T 形杆,是套筒专用配套手柄,横杆部可以滑动调节。通过滑动方榫部分,手柄可以有 2 种使用方法,如图 2-1-10 所示为滑杆手柄的使用方法。方榫位置在一端,形成 L 形结构,从而增加力矩,达到拆卸或紧固螺栓的目的,与 L 形扳手类似。方榫部分在中部位置,形成 T 形结构,两只手同时用力,可以加快拆卸速度,但要求的工作空间很大。

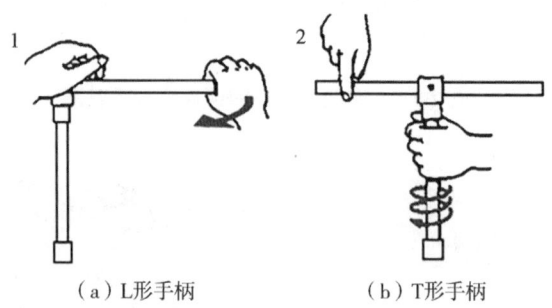

（a）L形手柄　　　　　（b）T形手柄

图 2-1-10　滑杆手柄的使用方法

　　旋转手柄也称摇头手柄或扳杆,可用于拆下或更换要求大扭矩的螺栓或螺母,也可以在调整好手柄后进行迅速旋转,如图 2-1-11 所示为旋转手柄的使用方法。但手柄很长,很难在狭窄空间中使用。旋转手柄头部可以做铰式移动,这样可以根据作业空间要求通过调整手柄的角度来使用。

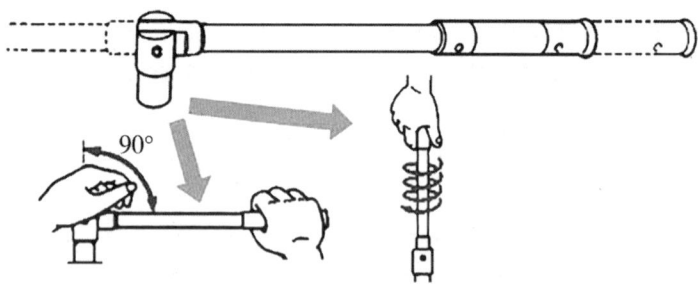

图 2-1-11　旋转手柄的使用方法

　　棘轮手柄是最常见的套筒手柄,如图 2-1-12 所示为棘轮手柄外部形状。棘轮手柄是装在套筒上用于扳动套筒的配套手柄,如果没有配套手柄,套筒将无法独立工作。

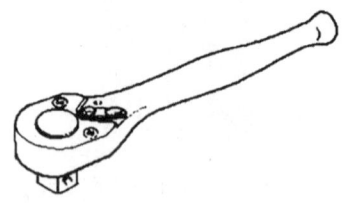

图 2-1-12　棘轮手柄外部形状

　　棘轮手柄头部设计有棘轮装置,在不脱离套筒和螺栓的情况下,可实现快速单方向的转动。通过调整锁紧机构可改变其旋转方向:将锁紧机构手柄调到左边,可以单向顺时针拧紧螺栓或螺母;将锁紧机构手柄调到右边,可以单向逆时针松开螺栓或螺母。

棘轮手柄使用方便但不够结实。不要使用棘轮手柄对螺栓或螺母进行最后的拧紧,另外,严禁对棘轮手柄施加过大的扭矩,否则会损坏内部的棘爪结构。

有些专业棘轮手柄设计有套筒锁止及快速脱落功能,只需单手操作,可防止在使用过程中,套筒或接杆脱落。使用时,按下锁定按钮,将套筒头套入棘轮手柄的方榫中,松开锁定按钮,套筒即被锁止,如再次按下锁定按钮,即可解除套筒锁定。

(4)内六角扳手

内六角扳手是专门用来扳动内六角形螺栓和螺塞的,如图 2-1-13 所示为内六角扳手。使用时一定要把扳手头塞到内六角凹底,扳动时用右手拇指按在扳手的转弯处,用力要适当。

图 2-1-13 内六角扳手

3.特种扳手

特种扳手是在结构上和功用上都有别于前述两类扳手的一类扳手,常用的有以下几种:

(1)扭力扳手

扭力扳手主要用于有规定扭矩值的螺栓和螺母的装配,如柴油机气缸盖、连杆、曲轴主轴承等处的螺栓。

常用的扭力扳手有指针式和预置力式两种,如图 2-1-14 所示为常用扭力扳手。

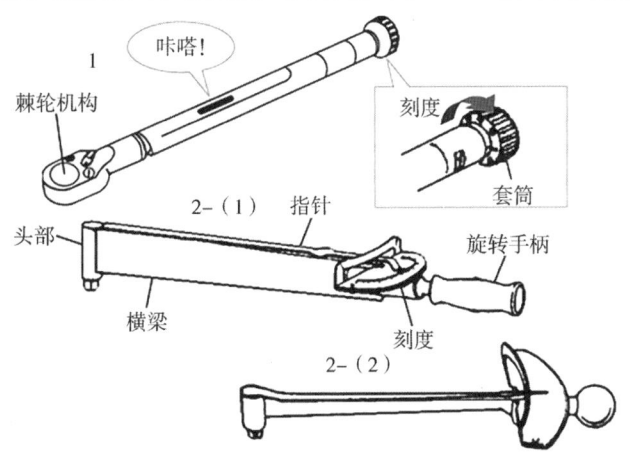

图 2-1-14 常用扭力扳手

1—预置力式扭力扳手;2—指针式扭力扳手

指针式扭力扳手结构相对比较简单,其数值可通过刻度盘读出。维修中常用扭矩扳手的规格为 300 N·m。使用指针式扭力扳手时,应注意左手在握住扳手与套筒连接处时,不要碰到指针杆,否则会造成读数不准。

预置力式扭力扳手可通过旋转手柄,预先调整设定扭矩,达到设定扭矩时,该扳手会发出警告声以提示用户。在听到"咔嗒"声响后,立即停止旋力以保证扭矩正确。当扳手设在较低扭力值时,警告声可能很小,所以应特别注意。

（2）气动冲击扳手

气动冲击扳手是一种由气动系统组成的手持工具,也可称之为空气扳手。这种工具可用于在紧固件上产生扭矩,使其紧固或拆下。它由气动元件控制扭矩,以压缩空气为动力,用来拆卸和拧紧一些较大螺母,如大型柴油机的气缸盖螺母等。

（3）液压拉伸器

液压拉伸器的动力源是液压油,它的操作要求比较严格。一般用于大型柴油机上拧紧力矩有严格要求的螺栓、螺母,如机体的连接螺栓、螺母等。

（二）钳子类

钳子用于弯曲小的金属材料,夹持扁形或圆形零件,切断软的金属丝等。

在船机维修中,常用的钳子类型有钢丝钳、鲤鱼钳、尖嘴钳、挡圈钳、斜口钳、水泵钳、卡簧钳、大力钳、管钳等。

钳子的选用及使用应根据在维修中所要达到的不同目的来选用不同种类的钳子,并且还要考虑工作空间的大小等因素。

1.钢丝钳

钢丝钳是最常见的一种钳子,它可以用来切断金属丝或夹持零件。

使用钢丝钳时,用手握住钳柄后端,使钳口开、闭。钳口前端主要用于夹持各种零件,根部的刃口可用来夹断细导线。当钢丝钳切断较硬的钢丝等物体时,禁止使用锤子击打钳子来增加切削力,这样会损坏钢丝钳。

2.鲤鱼钳

鲤鱼钳,也称鱼嘴钳,主要用于夹持、弯曲和扭转工件。鲤鱼钳的手柄一般较长,可通过改变支点上槽孔的位置来调节钳口张开的程度。在用钳子夹持零件前,必须用防护布或其他防护罩遮盖易损坏件,防止锯齿状钳口对易损件造成伤害,如图 2-1-15 所示为鲤鱼钳的使用注意事项。

图 2-1-15　鲤鱼钳的使用注意事项

3.尖嘴钳

尖嘴钳钳口长而细,特别适合在狭窄空间里使用。在狭窄的空间中,钢丝钳无法满足工作条件时,可用尖嘴钳代替,如图 2-1-16 所示为尖嘴钳的结构。

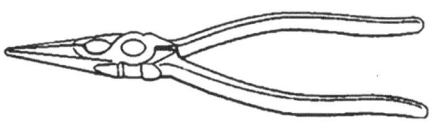

图 2-1-16　尖嘴钳的结构

4.挡圈钳

挡圈钳,又名卡簧钳,专门用于拆装弹性挡圈。按照挡圈的安装部位不同,可分为直嘴式孔用挡圈钳、弯嘴式孔用挡圈钳、直嘴式轴用挡圈钳、弯嘴式轴用挡圈钳,如图 2-1-17 所示为各种挡圈钳。

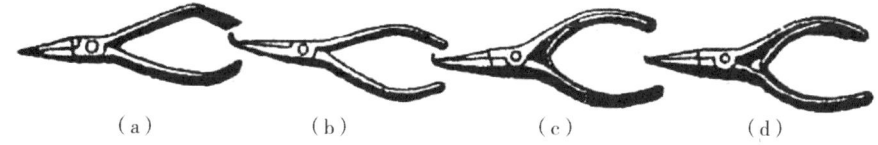

（a）　　　　　　（b）　　　　　　（c）　　　　　　（d）

图 2-1-17　各种挡圈钳

5.斜口钳

斜口钳,也叫作剪钳,主要用于夹断金属丝或导线。斜口钳的钳口有刃口,而且尖部为圆形,不具备夹持零件的作用,只能用于夹断金属丝或导线。

斜口钳可以剪切钢丝钳和尖嘴钳不能剪切的细导线或线束中的导线,但是严禁用来剪切硬的或粗的金属丝,这样会损坏刃口。

（三）螺丝刀

螺丝刀,俗称改锥或起子,主要用于旋拧小扭矩、头部开有凹槽的螺栓和螺钉。

螺丝刀的类型取决于本身的结构及尖部的形状,常用的有一字螺丝刀、十字螺丝刀。一字螺丝刀用于单个槽头的螺钉,十字螺丝刀用于带十字槽头的螺钉,如图 2-1-18 所示为螺丝刀的外形结构。

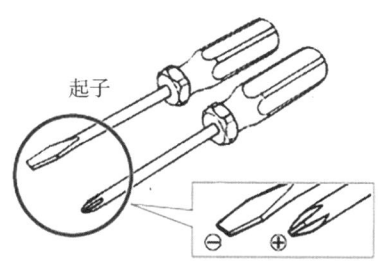

图 2-1-18　螺丝刀的外形结构

尖部形状相同的螺丝刀,尺寸也不完全一样,如梅花螺丝刀。在汽车维修中经常用到的螺丝刀头部尺寸是 2 号,但也有更大一点的 3 号和更小一点的 1 号,甚至还有更小的微型螺丝刀。

选用螺丝刀时,应先保证螺丝刀头部的尺寸与螺钉的槽部形状完全配合,选用不当会严重损坏螺丝刀。选用时应先大后小,即先选择 3 号,如 3 号不合适,再依次选择 2 号、1 号。

如果螺丝刀的头部太厚,则不能落入螺钉槽内,易损坏螺钉槽;如果螺丝刀的头部太薄,使用时头部容易扭曲。

使用螺丝刀时,应右手握住螺丝刀,手心抵住柄端,螺丝刀与螺钉的轴心必须保持同轴,压紧后用手腕扭转;拆卸时螺钉松动后用手心轻压螺丝刀,并用拇指、食指、中指快速旋转手柄,如图 2-1-19 所示为螺丝刀的正确使用方法。

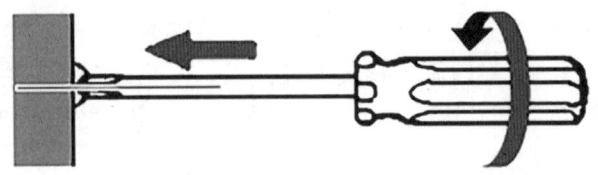

图 2-1-19　螺丝刀的正确使用方法

另外,在使用过程中,要尽量避免将螺丝刀当撬棒,否则会造成螺丝刀弯曲甚至断裂。禁止将普通螺丝刀当作錾子使用(通心式螺丝刀除外),否则会造成头部缩进手柄内或出现断裂和产生缺口。

(四)刮刀

刮刀分为三角刮刀和平面刮刀两种,在轮机安装中其主要用来拂刮孔径和平面,如拂刮柴油机的厚壁轴瓦、机件的端平面、离心泵的叶轮与阻漏环的碰擦部位等。

(五)拉马

拉马是拆装轴类零部件的必备工具,常用于从轴上拆卸滚动轴承、齿轮、皮带轮等。根据使用范围和爪数分为二爪式、三爪式,还有随机专配的专用拉马(器)等,如图 2-1-20 所示为各种拉马。

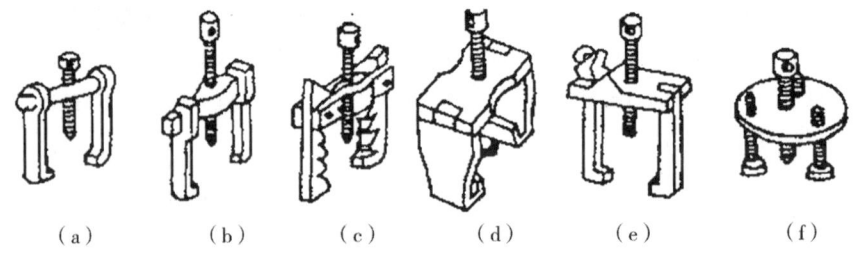

　(a)　　　　　(b)　　　　　(c)　　　　　(d)　　　　　(e)　　　　　(f)

图 2-1-20　各种拉马

(六)手锤

手锤,俗称榔头,它分为刚性手锤和弹性手锤两类。由碳钢淬硬制造的手锤为刚性手锤,根据大小、重量划分规格。它常与凿子、冲头、铅块等配合使用,但不宜直接敲击零件表面。由铜、铝、硬橡胶等做成的手锤为软手锤,它常用于拆装传动轴及轴端装置,如齿轮、轴套、轴承等机件,可以直接敲击零件表面,当然,所使用的力度要适当。

(七)吊装工具

1.环链式手拉葫芦

环链式手拉葫芦是一种悬拉式手动提升重物的工具,而且使用特别广泛。在没有起重设备时,能较灵活地起落重物,但一定要使被吊部件的重量与手拉葫芦的起重吨位相匹配,不然会造成事故,如图 2-1-21 所示为环链式手拉葫芦。

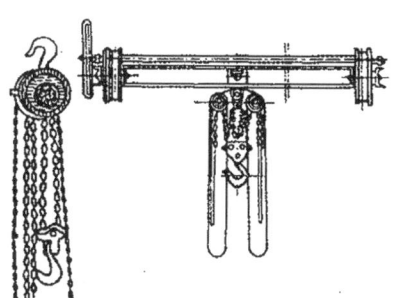

图 2-1-21　环链式手拉葫芦

2.起重行车

起重行车,又称天车,是用来吊装大型零部件的专用起重设备,用于主机的气缸盖、活塞、飞轮、曲轴等的吊装。根据动力源和场所的不同,起重行车又分为手动式和电动式两种,如图 2-1-22 所示为起重行车。

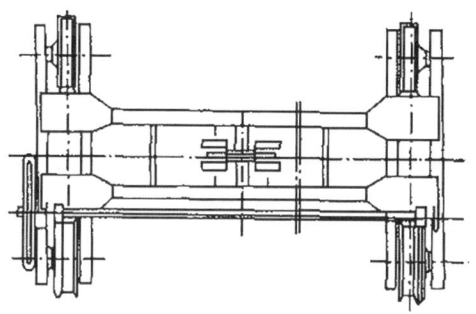

图 2-1-22　起重行车

当然吊装工作中还经常使用到一些其他的工具、索具、连接具,如液压千斤顶、卸扣、吊索钓、钢丝绳轧头、吊环螺钉、各式滑车等,如图 2-1-23 所示为各种吊装工具。

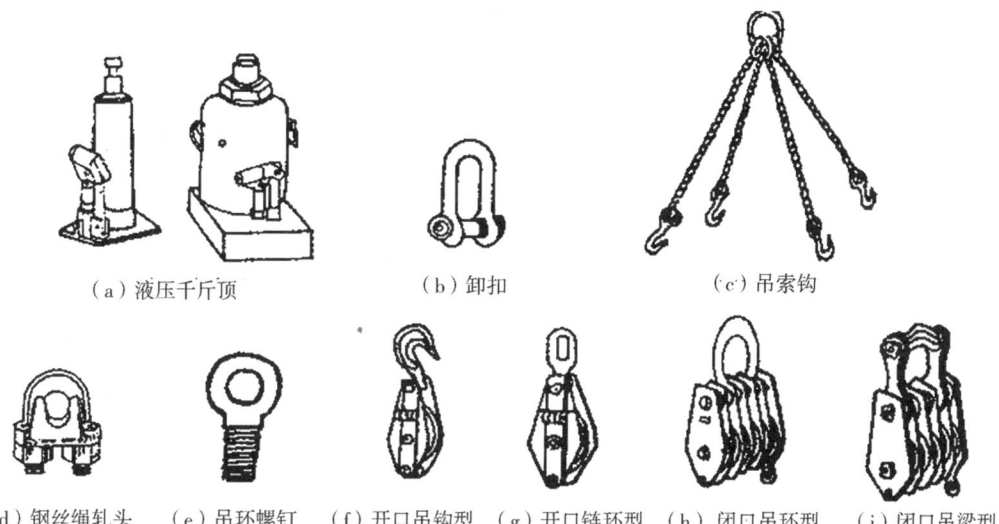

（a）液压千斤顶　　　　（b）卸扣　　　　（c）吊索钩

（d）钢丝绳轧头　（e）吊环螺钉　（f）开口吊钩型　（g）开口链环型　（h）闭口吊环型　（i）闭口吊梁型

图 2-1-23　各种吊装工具

任务二 专用工具的使用

建议学时：2学时

专用工具一般是为某一种机型的拆装方便而专门设计制造的,一般由生产厂家随机配备一套(件)。由于机型不同,它的专用工具也有所不同,所以这里只介绍部分常见、常用的拆装专用工具。

学习要素

1.专用工具的类型；
2.专用工具的认识；
3.专用工具的正确使用；
4.专用工具的维护保养。

教学目标

能力目标
1.能够正确选用专用工具；
2.能够正确使用专用工具；
3.能够正确维护保养专用工具。

知识目标
1.了解专用工具的工作原理；
2.正确掌握专用工具的使用方法和注意事项；
3.熟练掌握专用工具的维护保养要点。

素质目标
1.培养学生严谨、细致的工作作风；
2.培养学生良好的学风；
3.培养学生良好的职业意识；
4.培养学生良好的团队合作意识。

相关知识

（一）液压拉伸工具

液压拉伸工具是大型柴油机中常用的专用工具,主要用来拆装大型柴油机的气缸盖螺母,其主要工作原理是利用螺栓材料本身的弹性变形,借助液压的力量把螺栓拉伸一定长度,使螺母与其压紧的平面能处于松弛的状态,以便用扳手旋紧或旋松螺母,达到螺栓上紧或旋松的目的。使用时要根据说明书所规定的气缸盖螺母旋紧力的大小,用手动高压泵给出相应的标准压力来进行螺母的拆装工作。为保证工具处于良好状态,应定期对液压拉伸工具进行保养,在使用时要按说明书中的规定正确进行安装和操作,同时该工具也可拆装如活塞杆下部的海底螺母、十字头轴承螺母等,如图 2-2-1 所示为液压拉伸工具原理图。

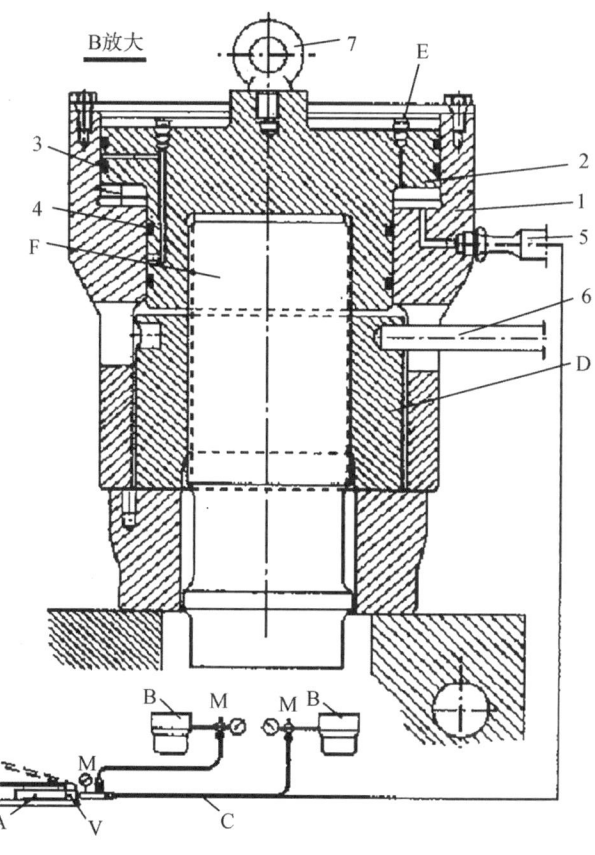

图 2-2-1 　液压拉伸工具原理图

1—液压油缸;2—液压活塞;3—上部密封环;4—下部密封环;5—高压软管接头;6—拨手;7—吊环;

A—主动力油泵;B—液压器分缸;C—高压软管;D—气缸盖螺母;E—放气旋塞;F—气缸盖螺栓;

M—油压表;V—蓄压器

（二）气缸套拆装专用工具

气缸套拆装专用工具是用来拆装柴油机气缸套的,如图 2-2-2 所示为气缸套拆装专用工具。它由下起吊板(托底梁)、上起吊板(悬吊梁)、带螺母和托底活块的吊杆螺栓以及支撑垫等组成。使用时应按说明书中的要求正确安装,吊装气缸套时应使天车吊钩与吊装工具的吊点在同一条垂直线上。

（三）活塞环拆装专用工具

如图 2-2-3 所示为活塞环拆装专用工具,该专用工具是用来拆装活塞环的。它适用于拆装缸径较大柴油机的活塞环,使用时要注意不能用力过大、过猛,以免拉断活塞环。

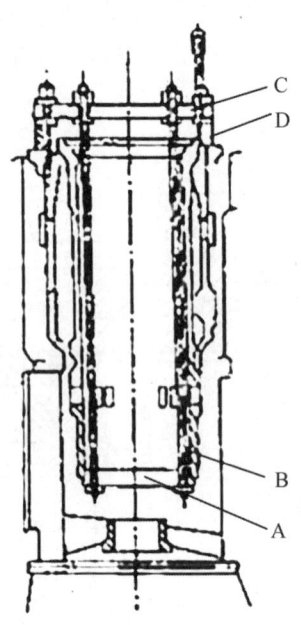

图 2-2-2　气缸套拆装专用工具

A—下起吊板；B—吊杆螺栓；C—上起吊板；D—支撑垫

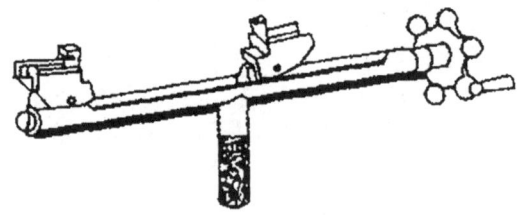

图 2-2-3　活塞环拆装专用工具

　　如图 2-2-4 所示为活塞环装入气缸的专用工具。在使用该专用工具时,要将其平稳地放置在气缸体上的平面上,并注意定位销的位置;按照活塞环装配要求,将活塞环轻轻放入气缸内,依靠该工具的锥形喇叭口将活塞环逐渐地收拢,最终压入气缸内。

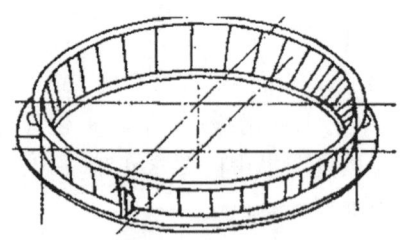

图 2-2-4　活塞环装入气缸的专用工具

（四）主轴瓦拆装专用工具

　　如图 2-2-5 所示为主轴瓦拆装专用工具。它只适用于拆装主轴瓦上瓦,使用时把吊板用螺栓拧紧,拆卸时要注意主轴上瓦盖的定位销,以保证主轴承安装位置的精度。

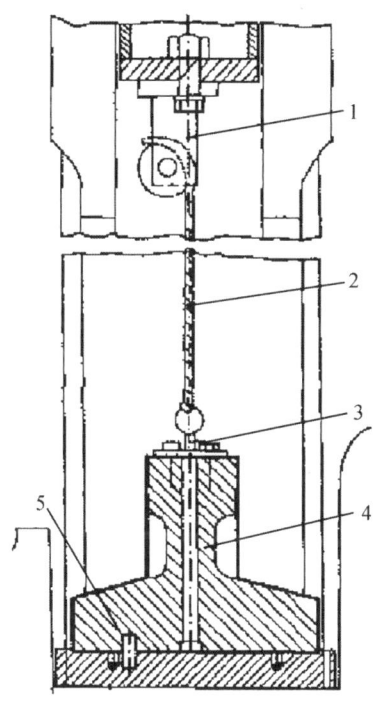

图 2-2-5　主轴瓦拆装专用工具

1—上吊板接头;2—吊杆;3—下吊板接头;4—主轴承上盖;5—主轴承定位销

任务三　常用量具的使用

建议学时：2学时

用来测量、检验各种零件长度或角度的工具称为量具。

💡 学习要素

1.了解测量的概念,熟悉量具的分类;

2.熟悉常用量具的刻线原理及读数方法;

3.掌握使用量具进行测量的操作技能;

4.了解各种量具的维护保养要求。

🎓 教学目标

能力目标

1.能够根据需要选用正确的量具;

2.能够正确使用量具,并精确读其数值;

3.能够熟练掌握各种量具的使用注意事项及维护保养要点。

知识目标

1.了解各种量具的测量原理；

2.正确掌握各种量具的使用方法；

3.熟悉各种量具的维护保养要求。

素质目标

1.培养学生严谨、细致的工作作风；

2.培养学生良好的学风；

3.培养学生良好的职业意识；

4.培养学生良好的团队合作意识。

相关知识

（一）概述

量具的种类和形式繁多,根据其使用特点和使用范围大致可以分为三种类型。

1.通用量具

通用量具通常都有刻度,在它们的测量使用范围内,可以测得零件的具体尺寸数值,这类量具有游标卡尺、千分尺、百分表等。

2.专用量具

专用量具不能测量零件的实际尺寸,只能用来决定零件的尺寸和形状是否合格,这类量具有螺纹环规、螺纹塞规等。

3.标准量具

标准量具只代表某一个固定尺寸,一般用作标准与被测零件相比较,或用来校准(正)其他量具和量仪,这类量具有块规、标准环等。

船舶轮机管理人员使用的量具通常大多数是通用量具,具体包括钢直尺、游标卡尺、千分尺、百分表、塞尺等。

（二）游标量具

用游标读数原理制造的量具称为游标量具,其中有游标卡尺、游标深度尺、游标高度尺、游标齿厚尺、游标分度规等,这里介绍前两种。

1.游标卡尺

(1)游标卡尺的构造

游标卡尺又称四用游标卡尺,简称卡尺,是由刻度尺和卡尺制造而成的精密测量仪器,能够正确且简单地从事长度、外径、内径及深度的测量,如图 2-3-1 所示为游标卡尺的结构。在船机维修工作中,毫米级精度的游标卡尺使用最多。

(2)游标卡尺的刻线原理和读法

游标卡尺读数精度与其游标刻度值有关,游标卡尺是中等精度量具,如表 2-3-1 所示为游标卡尺的测量范围,有 0.02 mm、0.05 mm、0.10 mm 三种测量精度,但三种游标卡尺的主尺刻度是相同的,不同的是游标尺的刻度。

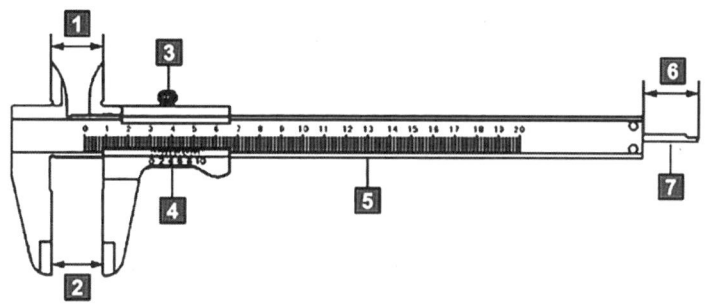

图 2-3-1　游标卡尺的结构

1—测量爪内径；2—测量爪外径；3—止动螺钉；4—游标尺刻度；5—主要刻度；
6—深度测量；7—深度尺

表 2-3-1　游标卡尺的测量范围

型式	测量范围（mm）	游标分度值（mm）
三用游标卡尺	0~125	0.02,0.05
单面量爪游标卡尺	0~200,0~300	0.02,0.05
双面量爪游标卡尺	0~500,300~1 000	0.02,0.05,0.10

以刻度值为 0.05 mm 游标卡尺为例，其刻线原理是主尺刻度每小格为 1 mm，游标尺刻度每小格为 0.95 mm，共 20 格，即主尺和游标尺每小格相差 0.05 mm。在游标卡尺的两个卡脚并拢，即主尺 0 线与游标尺（副尺）0 线对齐的情况下，如图 2-3-2 所示为游标卡尺的刻线原理。

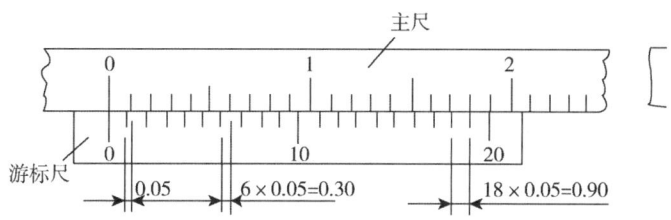

图 2-3-2　游标卡尺的刻线原理

游标尺 0 线右边的第一条刻线与主尺 0 线右边的第一条刻线相距 0.05 mm；游标尺 0 线右边的第二条刻线与主尺 0 线右边的第二条刻线相距 0.05 mm×2＝0.1 mm；游标尺 0 线右边的第三条刻线与主尺 0 线右边的第三条刻线相距 0.05 mm×3＝0.15 mm；依此类推，游标尺 0 线右边的第二十条刻线与主尺 0 线右边的第二十条刻线相距 0.05 mm× 20＝1 mm。

如果游标尺相对于主尺移动，使两个卡脚张开，游标尺每移动 0.05 mm，游标尺上就有一条刻线与主尺的某一条刻线对齐。

测量时，当游标尺 0 线右边的第十五条刻线与主尺 0 线右边的第十五条刻线对齐时，卡脚张开的距离是 0.05 mm×15＝0.75 mm，如图 2-3-3 所示为游标卡尺的测量(1)。所以 0.05 mm 游标卡尺的游标尺全长是 19 mm，等距离刻出 20 格，因而可以读出 1 mm 之内以 0.05 mm 为单位的全部小数，这就是 0.05 mm 游标卡尺的刻线原理。

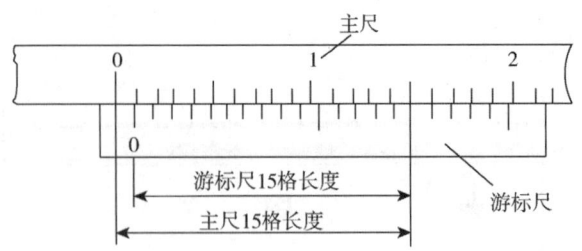

图 2-3-3　游标卡尺的测量(1)

当游标尺 0 线右边的第五条刻线与主尺 0 线右边的第八条刻线对齐时,如图 2-3-4 所示为游标卡尺的测量(2)。这时,从游标尺上读得的小数(0.05 mm×5 = 0.25 mm)是游标尺 0 线与主尺 0 线右边的第三条刻线间的距离。这时游标尺 0 线与主尺 0 线的距离(即两个卡脚张开的距离)是 3+0.25 = 3.25 mm。在实际使用过程中,0.05 mm 游标卡尺的游标尺的每小格刻线间距是 1.95 mm,如图 2-3-5 所示为游标卡尺的测量(3)。

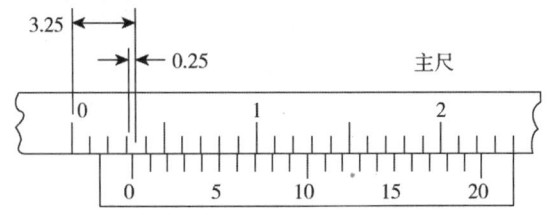

图 2-3-4　游标卡尺的测量(2)

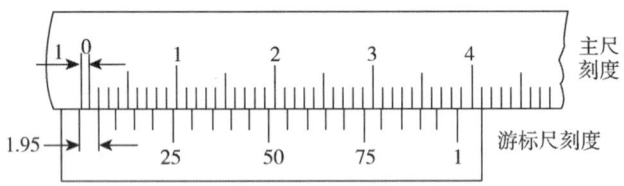

图 2-3-5　游标卡尺的测量(3)

如此,当游标尺 0 线右边的第一条刻线与主尺线右边的第二条刻线对齐时,卡脚间的距离是 2×1−1.95×1 = 0.05 mm,即相距仍然是 0.05 mm;当游标尺 0 线右边的第二条刻线与主尺 0 线右边的第四条刻线对齐时,卡脚间的距离是 4×1−1.95×2 = 0.10 mm,依次类推。所以这种游标尺刻线的功能与上述一样,只是刻线间距增大,读数清楚。

为了直接从 0.05 mm 游标尺上读出 1 mm 以内的小数数值,游标尺上除标刻 0 外,在 0 线右边的第五、十、十五和二十条刻线下面分别标有 25、50、75、1,它们相应表示 0.25 mm、0.50 mm、0.75 mm、1 mm。

同样,0.1 mm 的游标卡尺的游标尺每小格间距是 0.9 mm,共刻有 10 格。游标尺全长 0.9 mm×10 = 9 mm,如图 2-3-6 所示为游标卡尺的测量(4)。它可以读出 1 mm 之内以 0.1 mm 为单位的全部小数。在游标尺 0 线右边的第五、第十条刻线下面的 5、1,相应表示 0.5 mm、1 mm。

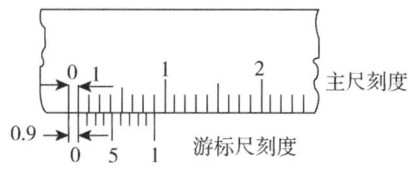

图 2-3-6　游标卡尺的测量(4)

2.游标深度尺

游标深度尺主要是用来测量阶梯孔、不通孔、槽道的深度和零件的高度。如图 2-3-7 所示为常用的游标深度尺。它是利用主尺沿游框滑动,改变主尺测量表面与尺座测量表面的相对位置来进行测量的。如表 2-3-2 所示为游标深度尺的测量范围及示值误差。

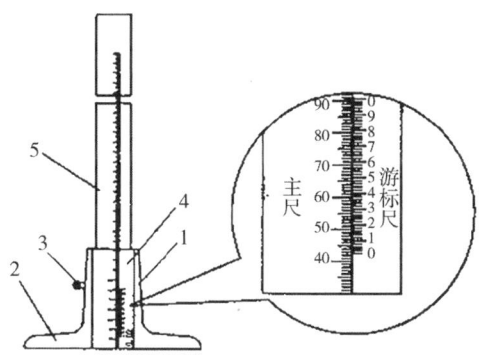

图 2-3-7　常用的游标深度尺

1—游框;2—尺座;3—游框紧固螺钉;4—游标尺;5—主尺

表 2-3-2　游标深度尺的测量范围及示值误差

测量范围	游标分度值(mm)		
	0.02	0.05	0.10
	示值误差(mm)		
0~300	±0.02	±0.05	±0.10
300~500	±0.04	±0.07	±0.10
500~1 000	±0.06	±0.10	±0.15

使用游标深度尺前应先检查零位,其方法是首先擦净尺座的测量表面和主尺的测量表面,把尺座的测量表面放在平板上,左手稍用力按住尺座,右手轻推主尺,使它与平板接触。看主尺的 0 线与游标尺的 0 线是否对齐。如果 0 线对齐,游标尺末端刻线也与主尺的相应刻线对齐,则零位是准确的。

测量时用左手将尺座按在工件基准面上,右手轻推主尺,如图 2-3-8 所示为游标深度尺的测量操作示意图。在感觉到主尺与零件深处底面接触后,紧固锁紧螺钉,把深度尺取出进行数值的读取。

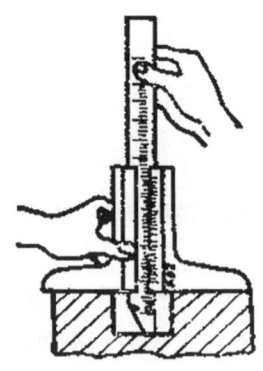

图 2-3-8 游标深度尺的测量操作示意图

（三）螺旋量具

利用螺旋导程进行计量的量具，称为螺旋量具，它比游标量具更精确。常用的量具有外径千分尺和内径千分尺两种。

1.外径千分尺

外径千分尺用来测量零件的外部尺寸，它又叫外径分厘卡，由于其刻度值是 0.1 mm（0.01 cm），所以实际上又是百分尺。但习惯上又称它为千分尺，所以本教材也按习惯称之为千分尺。

外径千分尺的测量范围有 0~25 mm，25~50 mm，…，275~300 mm，每挡以 25 mm 上升；300 mm 以后每挡以 100 mm 上升；300~400 mm，…，900~1 000 mm；1 000 以后每挡以 200 mm 上升，1 000~1 200 mm，…，1 800~2 000 mm 等。

其制造精度有 0 级和 1 级两种，一般常用的为 1 级精度，如表 2-3-3 所示为外径千分尺的测量范围及示值误差。

表 2-3-3 外径千分尺的测量范围及示值误差

测量范围（mm）	示值误差（mm）	
	0 级	1 级
0~25、25~50、50~75、75~100	±0.002	±0.004
100~125、125~150		±0.005
150~175、175~200		±0.006
200~225、225~250、250~275、275~300		±0.007
300~400		±0.008
400~500		±0.010
500~600		±0.012
600~700		±0.014
700~800		±0.016
800~900		±0.018
900~1 000		±0.020

（1）外径千分尺的构造

如图 2-3-9 所示为外径千分尺的构造,它由尺架 1、测微螺杆 3、测力装置 10 和锁紧装置 4 等组成。

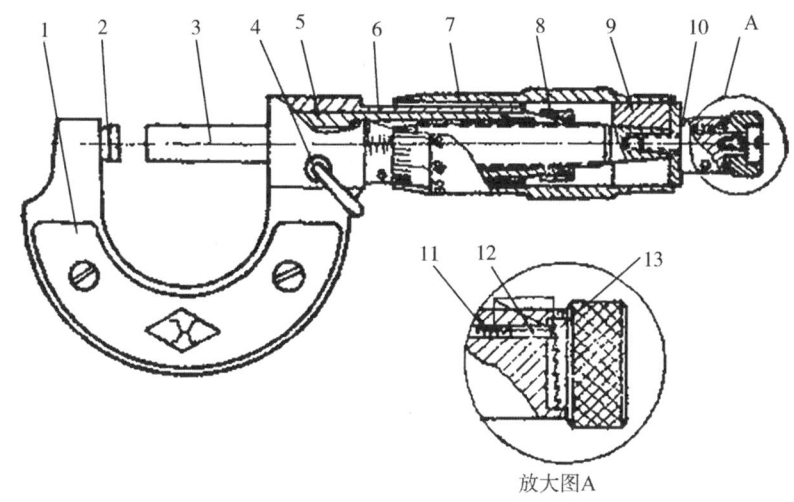

放大图A

图 2-3-9　外径千分尺的构造

1—尺架;2—砧座;3—测微螺杆;4—锁紧装置;5—螺纹轴套;6—固定套筒;7—微分筒;8—转动螺母;

9—接头轴套;10—测力装置;11—弹簧;12—棘爪;13—棘轮

尺架前端有砧座 2,后端紧固连接着螺纹轴套 5,螺纹轴套 5 的外面又紧固着固定套筒 6。螺纹轴套 5 上有内螺纹的一端开有纵向槽,并连有转动螺母 8,由于转动螺母 8 与螺纹轴套 5 除螺纹连接外,还有一段锥面连接,所以转动螺母 8 可以收紧螺纹轴套 5 的内螺纹。测微螺杆 3 的中间部分是高精度的外螺纹,它与螺纹轴套 5 的内螺纹精密配合。当配合间隙增大时,可以由转动螺母 8 来调整间隙。测微螺杆 3 的后端与接头轴套 9 是锥面配合。由于接头轴套 9 开有纵向贯通槽,所以靠上紧螺母使接头轴套 9 张开,从而使测力装置 10、测微螺杆 3 和微分筒 7 三者相结合成一体。当旋转测力装置时,测微螺杆 3 和微分筒 7 就一起旋转,并相对于尺架做轴向移动。

测量时用测力装置 10 使千分尺的测量表面与零件保持恒定的测量力,测力装置 10 的结构如图 2-3-9 中的放大图 A 所示。棘爪 12 在弹簧 11 的作用下,与棘轮 13 啮合。当千分尺的测量表面将与零件接触时,应转动棘轮 13,使千分尺的测量表面继续向被测零件表面移动。当千分尺的测量表面与零件接触,并具有一定大小的测量力时,再转动棘轮 13,弹簧 11 被压缩,棘轮 13 沿棘爪 12 的斜面滑动,于是发出"嗒嗒"的响声。这时即可读数,或转动锁紧装置 4 的手柄,通过偏心机构把测微螺杆 3 固定,取下千分尺后,再进行读数。

（2）千分尺的刻线原理和读法

千分尺是利用固定套筒和微分筒的相互配合来读取数值的,在固定套筒上轴向刻线的上下两侧,有许多均匀的刻线。上下两侧相邻两条刻线的间距是 0.5 mm,轴向刻线每相邻两条线的间距是 1 mm,这就是千分尺主尺分度值。在微分筒的整个锥面上,均匀地刻有 50 条刻线。

测微螺杆的螺距是 0.5 mm,因此,微分筒每转一圈(即测微螺杆转一格),测微螺杆轴向移动 0.5 mm。所以微分筒刻线每一个小格表示的数值是 0.5 mm/50＝0.01 mm。它就是微分筒的分度值。微分筒用来读取主尺的小数,这是千分量具的共同特点。

千分尺的读法是先读取主尺上的数值,即读取微分筒左边固定套筒上露出刻线的数值。但这时应注意轴向刻线下侧 0.5 mm 的刻线是否露出来,以免造成少读 0.5 mm 或多读 0.5 mm。

读取微分筒上的数值。看微分筒上哪条刻线与固定套筒上轴向刻线对齐,微分筒上刻线表示的小数就是微分筒上的读数,主尺读数与微分筒读数相加,就是测量尺寸。

如图 2-3-10 所示为千分尺的读取数示例,如果固定套筒的轴向刻线在微分筒上两条刻线之间,则应估读第三位小数。

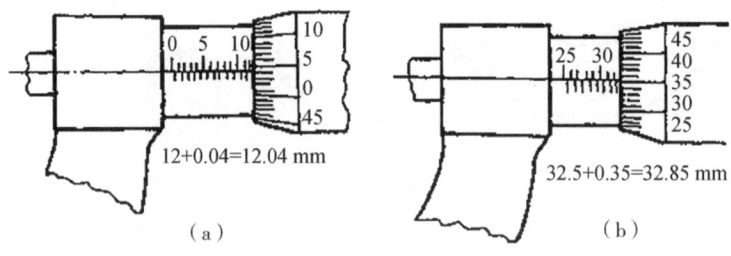

（a）12+0.04=12.04 mm　　（b）32.5+0.35=32.85 mm

图 2-3-10　千分尺的读取数示例

2.内径千分尺

内径千分尺用来测量孔、沟槽及其他内尺寸,常用的内径千分尺有接杆式和卡尺式两种。

成套的接杆式内径千分尺由头尺和若干尺寸不同的接长杆(每根接长杆上部标有它的名义尺寸和编号)组成,如图 2-3-11 所示为接杆式内径千分尺。

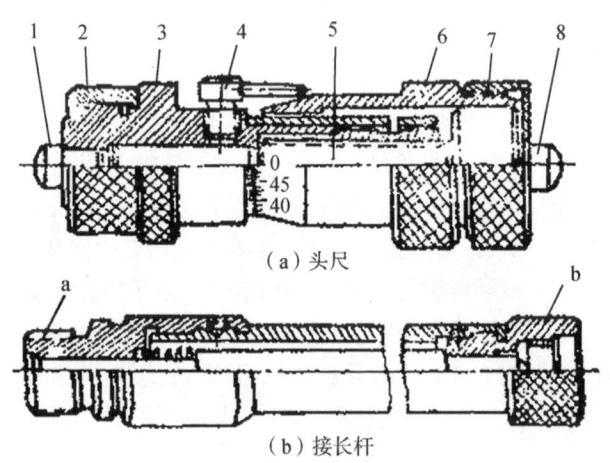

（a）头尺

（b）接长杆

图 2-3-11　接杆式内径千分尺

1—测量测头;2—螺母;3—固定套筒;4—锁紧装置;5—测微螺杆;6—微分筒;7—后盖;8—微分测头

头尺的测量范围是 50~63 mm,小于 50 mm 的内尺寸无法测量,大于 63 mm 的内尺寸须加接长杆测量。目前,国产成套内径千分尺的测量范围有 50 ~ 175 mm、50 ~ 575 mm、50~1 200 mm、1 500~4 000 mm 等几种,每套内径千分尺还附有校对零位用的校对卡规。

（1）内径千分尺的构造

内径千分尺头尺由固定套筒 3，压配在它外端的测量测头 1、测微螺杆 5，压配在它一端的微分筒 6、锁紧装置 4、后盖 7 和螺母 2 等组成，如图 2-3-11 所示。测微螺杆外端的微分测头 8 露在后盖外面，螺母 2 用来保护固定套筒 3 外端的螺纹。用接长杆时，取下螺母 2，接长杆的 b 端就旋在该端螺纹上。这时千分尺上的测量测头 1 压挤接长杆内的量杆，使它另一端的测量测头伸出孔外，然后把螺母 2 拧在 a 端螺纹上。

（2）内径千分尺的测量使用

进行内径测量时，先把千分尺两个测头间的尺度调到比被测尺寸略微小一些，然后再把千分尺放到被测孔内，左手拿住固定套筒，把测量测头轻轻压在被测孔壁上不动。右手转动微分筒，同时沿被测孔的径向和轴向摆动微分筒测头，要求在径向找出最大值和在轴向找出最小值，这个数值才是正确的测量值读数，如图 2-3-12 所示为内径千分尺微分筒测头摆动方向。对较长的孔应沿轴线在几个不同截面内进行测量，如图 2-3-12 中的 1—1、2—2、3—3 截面，在每个截面内应在相互垂直的两个方向进行测量。

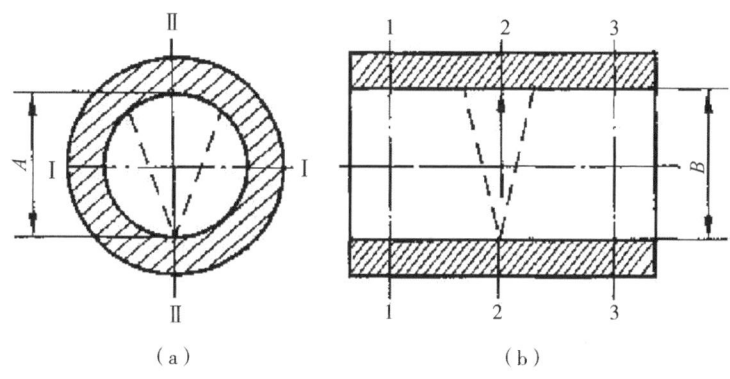

（a）　　　　　　　　　　　　（b）

图 2-3-12　内径千分尺微分筒测头摆动方向

在使用接长杆时，一定要将接合肩面擦拭干净，否则必然会降低测量精度。另外，使用接长杆的数量越少越好，如果使用两根以上接长杆，应按尺寸大小顺序连接，即把尺寸最大的接长杆与千分尺连接，把尺寸最小的接长杆放在最后。如图 2-3-13 所示为卡尺式内径千分尺结构，卡尺式内径千分尺的构造特点是有两个卡脚，尺寸标注与外径千分尺相反，其余与外径千分尺相同。由于两个卡脚有一定厚度，所以测量范围不能从零开始，一般从 5 mm 或 25 mm 开始，图 2-3-13 所示为 5～30 mm 的内径千分尺。

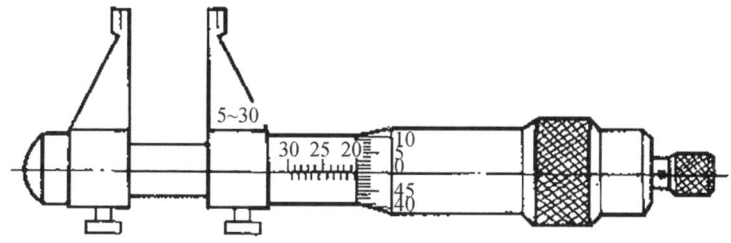

图 2-3-13　卡尺式内径千分尺结构

如图 2-3-14 所示为卡尺式内径千分尺的操作方法。

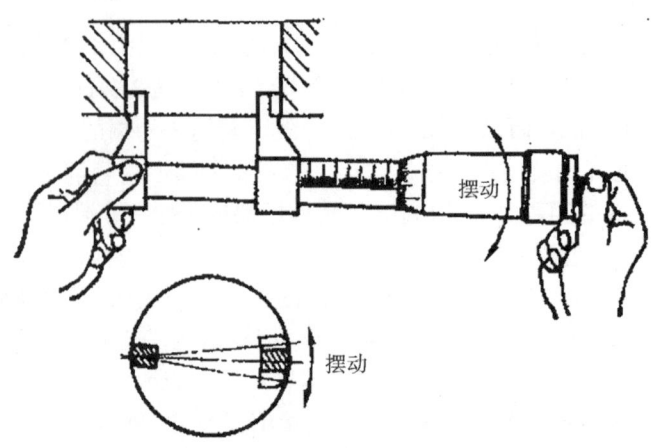

图 2-3-14　卡尺式内径千分尺的操作方法

3.测深千分尺

测深千分尺的用途与游标深度尺相同,它是直接测量孔、槽深度和零件高度的量具。但它的精度比游标深度尺高。

如图 2-3-15 所示为测深千分尺的结构。从图 2-3-15 中可以看出,它与外径千分尺的不同之处在于没有尺架和砧座,而代之以尺座 5,有的测深千分尺没有测力装置。

测深千分尺的测量范围有 0~100 mm、0~150 mm 两种,它们各有一套活动测杆。

测深千分尺的使用方法与外径千分尺一样。测量前应擦净和检查测深千分尺各部位,然后校对零位是否正确。校对方法是:装上 0~25 mm 的测杆,把微分筒旋至稍微小于 0 的位置。擦净平板和尺座后,把尺座底面放在平板上,用左手压住尺座,右手旋转棘轮,在棘轮发出"嗒嗒"声响后,就可以读数。如果零位不准确,应进行调整,具体方法与调整外径千分尺相同。校对好零位后,在使用中更换测杆时注意零位不变。

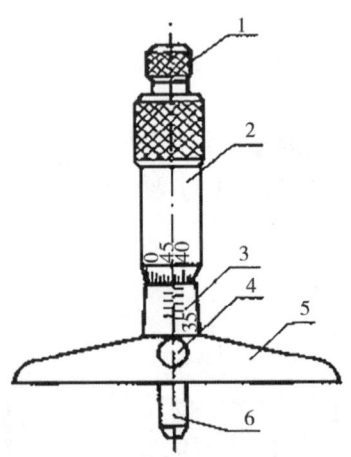

图 2-3-15　测深千分尺的结构

1—棘轮;2—微分筒;3—固定套筒;4—止动器;5—尺座;6—测杆

测深千分尺还带有 25 mm 和 75 mm 两个校对环,所以也可以用校对环来校对千分尺的零位。测深千分尺的使用方法与使用游标深度尺相似。

测量时把千分尺放在被测孔的端面,左手压住尺座,右手旋转微分筒,当测杆即将与被测表面(孔座面)接触时,就改旋棘轮。当棘轮发出"嗒嗒"响声时就可以读取数值。如果测孔较深,则看不清测杆端面与孔底何时接触,所以测量时要十分小心。

测深千分尺用来测量粗糙度低和尺寸精度较高的孔、槽等的深度;粗糙度高和不精密的零件,应该用游标深度尺,而不应使用测深千分尺来测量。

4.杠杆式千分尺

杠杆式千分尺与外径千分尺一样,用来测量零件的外尺寸。由于它带有附加杠杆、齿轮传动放大机构,所以它的测量精度比外径千分尺要高,通常用于精密测量。它是精密量具,使用时要格外小心,不要过多按动拨叉,也不要打开盖板,严禁在杠杆、齿轮传动机构内加油或者其他液体。其他方面的要求及保养工作与外径千分尺相同。

杠杆式千分尺的测量范围有 0~25 mm、25~50 mm、50~75 mm、75~100 mm 四种规格,表盘分度值是 0.02 mm,指针指示范围一般是 ±0.02 mm,测量下限大于 25 mm 的杠杆式千分尺带有校准棒。

(1)杠杆式千分尺的构造

如图 2-3-16 所示为杠杆式千分尺的结构,杠杆式千分尺的活动测杆、固定套筒、微分筒与外径千分尺完全相同。通过杠杆、齿轮传动机构,把尺架另一端微动测杆 1 的直线运动变成表盘 10 上指针 9 的回转运动,指针 9 在表盘上指示读数。为了测量的方便和准确,杠杆式千分尺没有拨叉 11 和公差带指针 8。按下拨叉,微动测杆 1 朝离开活动测杆 2 的方向移动,这时指针 9 从最大负值位置向正值方向转动。从图 2-3-16 中可以看出,杠杆式千分尺没有测量装置。

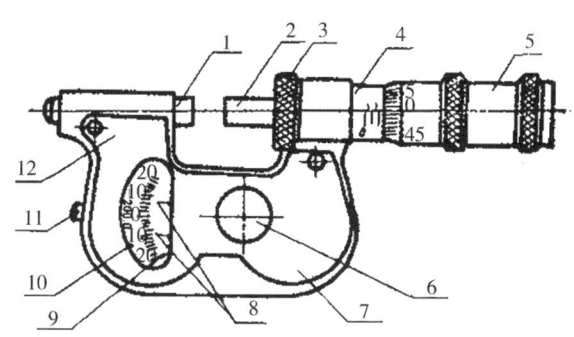

图 2-3-16 杠杆式千分尺的结构

1—微动测杆;2—活动测杆;3—锁紧装置;4—固定套筒;5—微分筒;6—保护帽;7—盖板;8—公差带指针;9—指针;10—表盘;11—拨叉;12—尺架

(2)杠杆式千分尺的使用方法与测量方法

杠杆式千分尺的使用方法与外径千分尺基本相同。

杠杆式千分尺的测量方法有两种:一种方法与外径千分尺一样,用于绝对测量。操作方法也与外径千分尺一样,不同的是不用棘轮,并且是在指针指到 0 线时读数。另一种方法是用于相对测量。测量前,根据被测零件的名义尺寸,用量规把杠杆式千分尺校对好,使指针与表盘上的 0 线对准,然后上紧锁紧装置 3,把活动测杆 2 固定。测量时先按拨叉,使微动测杆 1 移开。然后将被测零件放入两个测杆的测量表面,松开拨叉,并再按下,松开拨叉 1~2 次,再从表盘上读数。取出零件时也应先按拨叉。如果所测零件的数量较多,可以根据校测零件尺寸公差的上下偏差,调整公差带指针的位置。测量零件时,如果指针9在两个公差带指针间,所测尺寸就是合格的。

(四)指示表

1.百分表

百分表是一种指针量具,其表盘的分度值是 0.01 mm,如图 2-3-17 所示为百分表的外部形状。

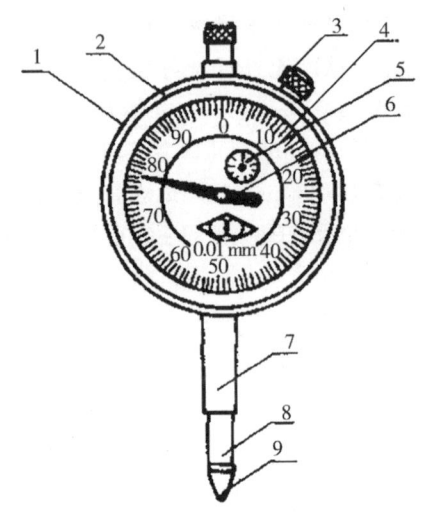

图 2-3-17　百分表的外部形状

1—表体;2—表圈;3—紧固螺钉;4—分度盘;5—指针;6—转数指针;7—装夹套筒;8—测杆;9—测头

常用百分表的测量范围有 0~3 mm、0~5 mm、0~10 mm 三种类别。它们的制造精度有 0 级和 1 级两种。如表 2-3-4 所示为百分表的示值误差、回程误差和示值变化,使用中应不大于表中所列数值。

表 2-3-4　百分表的示值误差、回程误差和示值变化

精度等级	测量范围(mm)			示值误差 (mm/mm)	回程误差 (mm)	示值变化 (mm)
	0~3	0~5	0~10			
0	0.009	0.011	0.014	0.006	0.004	0.003
1	0.014	0.017	0.021	0.010	0.010	0.003

(1)百分表的原理与使用方法

在实际的测量工作中,如图 2-3-17 所示,只要测杆移动,指针 5 和转数指针 6 都会转动。测杆移动 1 mm 时,指针 5 就会旋转一周,转数指针 6 就转过一格。在做较大尺寸测量时,指针 5 和转数指针 6 起始位置都应记住,整数部分从转数指针 6 转过的格数读得,小数部分从指针 5 离开起始位置的格数读得(单位为 mm)。数值读取时,眼睛一定要垂直看指针,否则会由于偏、斜视而产生读数误差。

百分表是灵敏度较高的量具,使用时应仔细检查,以免产生不应有的误差。它的检查方式主要有:

①灵敏度检查。检查测杆移动是否灵活自如,指针与分度盘是否有摩擦,分度盘有无晃动。如果测杆运动有卡滞,指针有跳动现象,则该百分表不能再使用。

②稳定性检查。拨动测头或提动测杆提柄数次,检查指针是否回到原位(任何位置)。如不能回原位,则表示其稳定性不好,就不应使用。

③检查百分表外观状况,有无破损,测杆、测头等活动部分是否有锈蚀或碰伤等现象,外表状况不好的百分表最好不要使用。

(2)百分表使用时的注意事项

①测量前应将测杆、测头、装夹套筒和被测零件表面擦净。百分表应装在百分表架或其他牢固的支架上,防止因不稳固而造成测量误差和可能摔坏百分表。

②应防止装夹力过大,使装夹套筒变形造成测杆卡住或卡滞后不能灵活移动,应反复轻提测杆提柄1~2 mm,进行校验。

③百分表校对零位的方法有两种。一种方法是旋转分度盘,使盘上的0线对准指针。此法是使测头与被测表面接触,并使指针转过一圈,然后把表紧固。让表针先转一圈的目的是在测量中既能读出正数,也能读出负数。转动分度盘使之与0线对齐。另一种方法是调整百分表架上悬臂杆的位置,即调整百分表的装夹套筒与表杆的高低位置,使指针与分度盘上的0线对准。上述两种方法无论哪种都要再重新提起测杆提柄1~2 mm,让其自由落下,检查指针是否仍旧回原位与0线重合,不然将重复调试,直到校对好零位为止。

当然,测量前也可以不校对零位,让测头与被测表面接触,并使指针转过一圈左右后,百分表指针停在什么位置,就以该处直接作为测量的起始位置也可以,但读取数值时比较麻烦,容易混淆出错。一般来说,使用第一种方法较为准确。

④测量平面时,百分表的测杆应与平面垂直,否则误差过大。粗糙的工件表面和凹凸不平的表面不得使用百分表测量,严重时会损坏百分表,如图2-3-18所示为正确、错误两种测量方式的对比。所以测量圆柱形零件表面时,测杆中心线要垂直通过零件轴线。

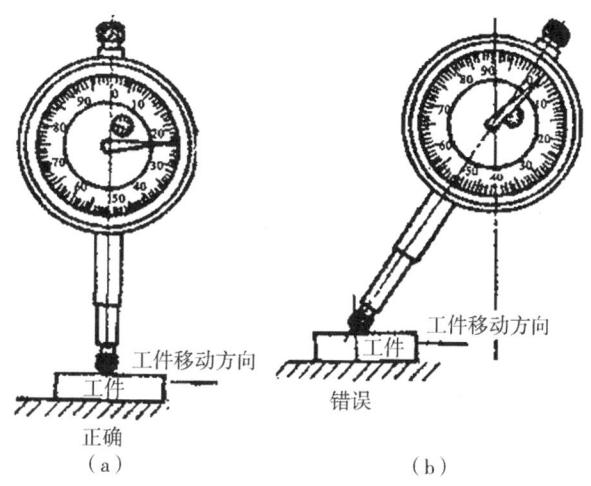

图 2-3-18 正确、错误两种测量方式的对比

⑤测量时不要使测杆移动的距离太大,更不能使测杆移动距离超过它的测量范围,否则易使表内零件损坏。

2.千分表

千分表的构造与百分表基本相同,不同之处主要有两点:一是齿轮的齿数比大;二是表盘刻度不是 100 等份的,而是分成 20 个等份的大格,每个大格的分度值是 0.01 mm。每个大格内又分为 10 个等份的小格,每个小格的分度值是 0.001 mm。如图 2-3-19 所示为千分表的外形结构。

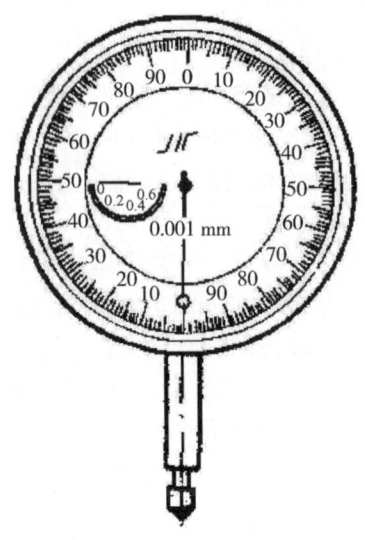

图 2-3-19　千分表的外形结构

当测杆移动 0.2 mm 时,指针旋转一圈,转数指针转过一格,即从 0 转到 0.2 或从 0.2 转到 0.4 等。测杆移动 1 mm 时,指针旋转 5 圈,转数指针转过半圈,即从 0 转到 1。

3. 拐挡表

拐挡表是专门用来测量曲轴臂距差的量具,其外形、结构和表盘分度位等都与百分表类似。它与百分表的不同之处是表盘上的示值数值是随测杆的伸长和缩短(即所测量包容尺寸的增大和减小)而增大和减小的,而百分表正好相反(在测杆伸长和缩短时,表盘的示值数值会随之减小和增大)。

4. 内径百分表

每种内径百分表都带有一套可换测头。它可根据被测内径尺寸的大小来选择,带中心支架的内径百分表的测量范围一般有 6 ~ 10 mm、10 ~ 18 mm、18 ~ 35 mm、35 ~ 50 mm、50 ~ 100 mm、100 ~ 160 mm、160 ~ 250 mm、250 ~ 450 mm、450 ~ 700 mm、700 ~ 1 000 mm 等几种。不带中心架的内径百分表的测量范围是 2.85 ~ 20 mm。

(1)内径百分表的构造

内径百分表的构造可以分成带中心支架式和不带中心支架式两种,如图 2-3-20 所示为两种内径百分表的外形结构。它由内表头和表架组成。表头可以是百分表和千分表,表架由连接管和测量端组成。

如图 2-3-21 所示为带中心支架内径百分表的外形结构,测量端有可换测头 1 和活动测头 2。测量内孔时,孔壁使活动测头 2 向左移动,从而推动摆动块 3,将推杆 4 向上推,于是推动百分表的推杆。内径百分表从孔内取出后,在弹簧 5 的作用下,活动测头 2 复位。

(2)内径百分表的使用方法

①清洁百分表和装夹套筒,随即把它装到表架的弹簧夹头中,使表的指针转过一圈后,紧固弹簧夹头,并注意夹紧力,不要拧得太紧,以防影响百分表测杆移动的灵敏度。

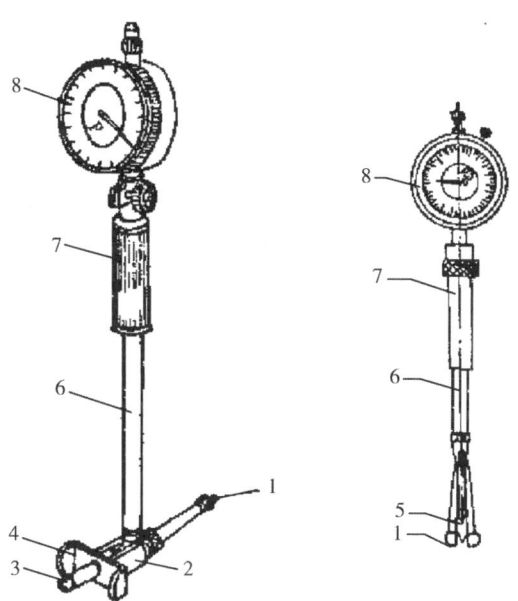

（a）带中心支架的内径百分表　　（b）不带中心支架的内径百分表

图 2-3-20　两种内径百分表的外形结构

1—可换测头；2—中心支架；3—活动测头；4—本体；5—测杆；6—连接管；7—绝热套；8—百分表

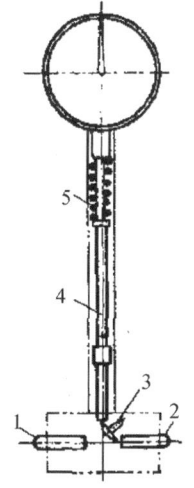

图 2-3-21　带中心支架内径百分表的外形结构

1—可换测头；2—活动测头；3—摆动块；4—推杆；5—弹簧

②根据被测尺寸的大小选取相应尺寸的可换测头装到表架上，并尽可能使活动测头在它的活动范围的中间位置上使用，因为在这个位置左右杠杆传动误差最小。

③拨动活动测头几次，检查百分表在表架上装好以后的灵敏度和稳定性，否则重新进行装调。

④按准确尺寸认真校对零位。可以用外径千分尺来进行调校，使百分表刻度表上的0线对准指针。如果进行相对测量，可以在测量前把内径百分表放到被测孔的第一测量位置来校对零位。

如图2-3-22所示为校对零位的方法，首先摆动连接管，找出活动测头和可换测头轴线与孔壁垂直时指针所指的刻度(通常称这个刻度为"拐点")。然后转动分度盘,使 0 线对准指着"拐点"位置的指针,校对好零位后,即可进行测量。

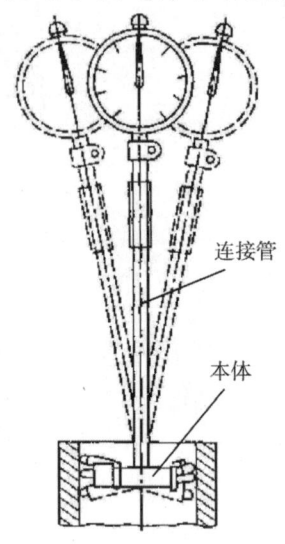

图 2-3-22　校对零位的方法

也可以不校对零位,直接进行相对测量,首先将内径百分表放至被测孔的第一个测量位置,看指针所指刻度,记下该位置的数值。然后再测量第二个测量位置……

⑤由于内径百分表的示值误差略微大一点,一般为±0.015 mm,因此,在绝对测量时应该用外径千分尺复校尺寸。

(五)厚薄规

厚薄规,又称塞尺,它是用来检查、检验两个零部件接合面的间隙大小,或与其他量具配合,检验零件相关表面间的位置误差。

厚薄规是由若干片各种厚度的薄钢片所组成,每片薄钢片上都刻有本片自身厚度的数字,测量时可根据要求直接抽取某个厚度片使用,如图 2-3-23 所示为厚薄规示意图。如表 2-3-5 所示为我国成套厚薄规的规格。

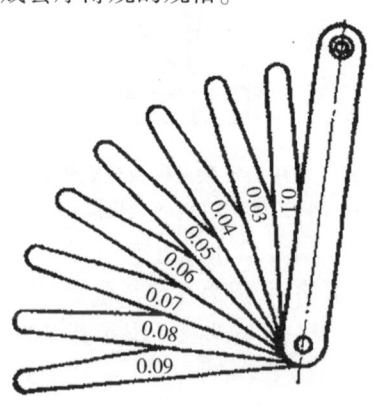

图 2-3-23　厚薄规示意图

表 2-3-5　我国成套厚薄规的规格　　　　　　　　　　　　　（mm）

组号	1	2	3	4	5
规格	0.02（2片）	0.03	0.03	0.05	0.50
	0.03（2片）	0.04	0.04	0.05	0.55
	0.04（2片）	0.05	0.05	0.07	0.60
	0.05（3片）	0.06	0.06	0.08	0.65
	0.06	0.07	0.07	0.09	0.70
	0.07	0.08	0.10	0.10	0.75
	0.08	0.09	0.15	0.15	0.80
	0.09	0.10	0.20	0.20	0.85
	0.10	0.15	0.30	0.25	0.90
		0.20	0.40	0.30	0.95
		0.25	0.50	0.40	1.00
		0.30		0.50	
		0.35		0.75	
		0.40		1.00	
		0.45			
		0.50			
	共13片	共16片	共11片	共14片	共11片
长度	50、100、200				
精度等级	1、2				

厚薄规的尺片很薄，使用时稍微不注意或使用方法不当就会将尺片弄弯曲甚至折断，所以测量时应力求小心仔细，使用前应将尺片擦拭干净。

检查间隙时，可选用较薄的尺片先试塞测一下，当然按所测间隙值的大小，可选用1片或数片尺片叠加进行测量，但片数越少越好，因为这样相对于测量值的误差越小，也就越准确。使用中切不可在塞入时用力太大，更不可硬塞，以免折弯尺片。

检验使用完毕后应马上把尺片擦净，然后折合后放入专用尺套里。

任务实施

1.工量具使用前的准备

（1）开始测量前，确认工量具是否归零。

（2）检查工量具测量面有无锈蚀、磨损或刮伤等。

（3）先清除工件测量面的毛边、油污或渣屑等。

（4）用精洁软布或无尘纸擦拭干净。

（5）需要定期检验记录簿，必要时再校正一次。

（6）将待使用的工量具及仪器整齐排列到适当位置，不可重叠放置。

（7）易损的工量具，要用软绒布或软擦拭纸铺在工作台上（如：光学平镜等）。

2.工量具使用时的注意事项

（1）测量时与工件接触应适当，不可偏斜，要避免用手触及测量面，保护工量具。

（2）测量压力应适当，过大的测量压力会产生测量误差，容易对工量具造成损伤。

（3）工件夹持方式要适当，以免测量不准确。

(4)不可测量转动中的工件,以免发生危险。

(5)不要将工量具强行推入工件中或夹虎钳上使用。

(6)不可任意敲击、乱丢或乱放工量具。

(7)特殊量具的使用,应遵照一定的方法和步骤。

3.工量具使用后的保养

(1)使用后,应清洁干净。

(2)将清洁后的工量具涂上防锈油,存放于柜内。

(3)拆卸、调整、修改及装配等,应由专门管理人员实施,不可擅自施行。

(4)储存的工量具应定期检查性能是否正常,并做保养记录。

(5)工量具尺寸应定期检验、校验是否合格,以作为继续使用或淘汰的依据,并形成校验保养记录。

项目三

主动力设备的拆装与检修

柴油机气缸盖是柴油机中结构最复杂的铸件,用来封闭机体并与活塞、气缸套构成燃烧室空间,以保证柴油机进、排气过程的顺利进行。

学习要素

1.气缸盖的作用与结构；

2.气缸盖的拆装步骤；

3.气缸盖的检查要点；

4.气缸盖故障常见维修方法。

教学目标

能力目标

1.能够对柴油机气缸盖进行正确拆装；

2.能够根据故障现象分析气缸盖可能出现的问题；

3.针对出现的问题能够提出解决方案。

知识目标

1.了解气缸盖的作用；

2.正确掌握气缸盖的组成与结构特点；

3.熟悉气缸盖的拆装、检查要点。

素质目标

1.培养学生严谨、细致的工作作风；

2.培养学生良好的学风;

3.培养学生良好的职业意识;

4.培养学生良好的团队合作意识。

相关知识

气缸盖是柴油机的固定件和燃烧室的组成部分。气缸盖上安装着喷油器、起动空气阀、安全阀和示功阀等。筒状活塞式柴油机气缸盖上还装有进、排气阀,二冲程直流扫气式柴油机气缸盖上装有排气阀。此外,气缸盖内部有各种气道和冷却水空间。船用柴油机气缸盖的结构形式繁多,随机型而异,但共同特点是结构复杂、孔道较多、壁厚不均。

气缸盖的工作条件极其恶劣。气缸盖底面为触火面,直接与高温、高压燃气接触,承受较高的周期变化的机械负荷与热负荷、燃气腐蚀与冲刷,产生很大的机械应力与热应力。冷却面承受机械应力与腐蚀。气缸盖螺栓预紧力使气缸盖受到压应力,在截面变化处还会产生应力集中。

气缸盖常见的损坏形式有底面和冷却面的裂纹、腐蚀,气阀座面和导套的磨损等。

(一)气缸盖的裂纹

1.部位

气缸盖底面裂纹一般产生在底面阀孔的边缘过渡圆角处与孔之间,即有应力集中之处。具体裂纹部位将随机型、结构和材料不同而异。

(1)气缸盖底面裂纹

Sulzer 老式柴油机 RD、RND 型气缸盖裂纹大多产生在中央小缸盖底面上喷油器孔、起动阀孔和安全阀孔四周的过渡圆角处,且沿径向扩展;在大缸盖底面上产生圆周向裂纹,如图 3-1-1 所示为气缸盖底面裂纹。新式气缸盖多为钻孔冷却,冷却效果好,一般较少产生裂纹。

船用四冲程柴油机气缸盖底面积小,但是孔较多,气缸盖的强度被严重削弱。所以在进、排气孔间与喷油器孔之间容易产生径向裂纹,且大多自中央喷油器孔向其他阀孔扩展。

(2)气缸盖冷却侧裂纹

由于下半部缸盖冷却水侧有环形冷却水道,裂纹多产生在冷却水道的环形筋根部有应力集中处,裂纹沿圆周方向向深度(即向触火面)扩展,乃至裂穿。如图 3-1-2 所示为 MAN 型柴油机气缸盖裂纹。

B&W 型柴油机气缸盖是由耐热合金钢制成的整体式结构,其下部呈锥形,可插入气缸套上部的喇叭口中,两者装配后使气缸盖冷却水腔位置下移,增强了燃烧室的冷却效果,改善了机件的受热状况,从而防止产生裂纹。当紧固力过大时,缸盖受弯曲应力较大,故在抗弯截面较小的部位容易产生裂纹。此外,还会在冷却水腔的底部和阀孔上产生裂纹。如图 3-1-3 所示为 B&W 型柴油机气缸盖裂纹。

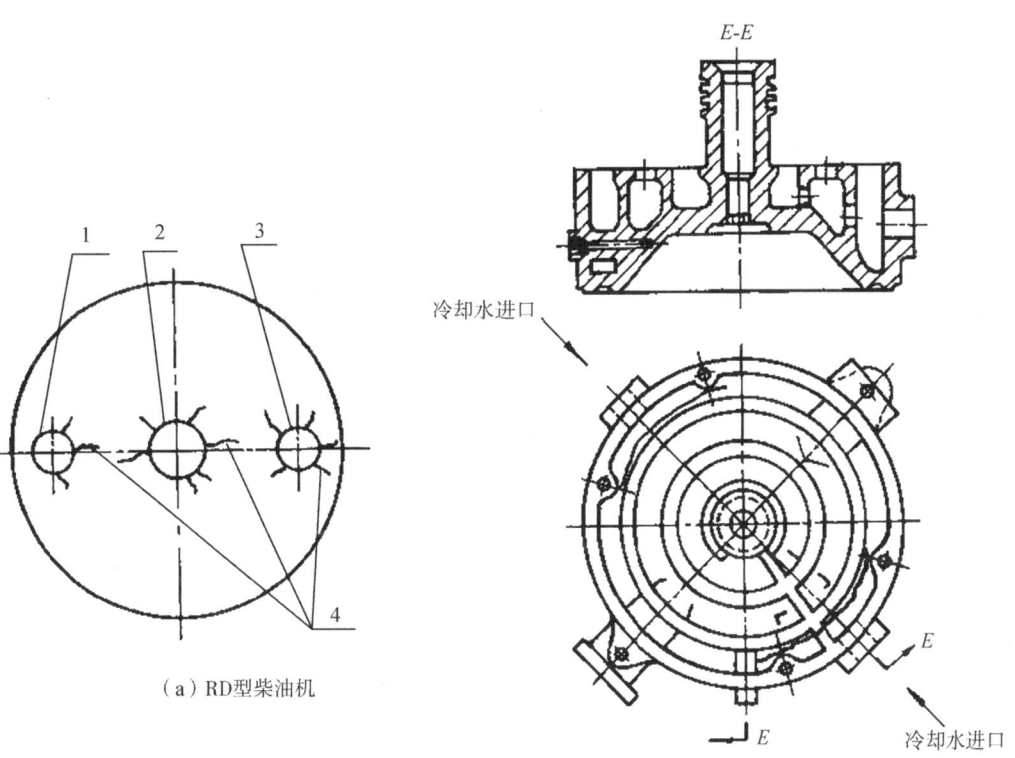

（a）RD型柴油机　　　（b）6ESDZ76/160型柴油机

图 3-1-1　气缸盖底面裂纹

1—安全阀孔;2—喷油器孔;3—起动阀孔;4—裂纹

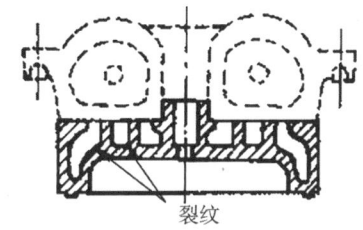

图 3-1-2　MAN 型柴油机气缸盖裂纹

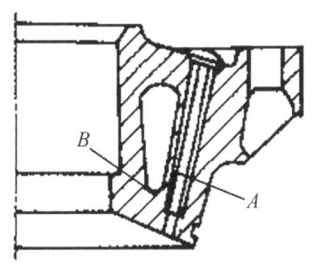

图 3-1-3　B&W 型柴油机气缸盖裂纹

2.气缸盖产生裂纹的原因

气缸盖产生裂纹的根本原因是热应力和机械应力。缸盖底面高温区的温度可达

400~480 ℃,在热膨胀变形受到限制时,产生高的压应力。铸铁材料温度超过 350 ℃,抗蠕变性能下降,因蠕变发生塑性变形,导致压应力逐渐下降。停车后,受热面温度未降到室温,压应力就完全消失。降到室温,表面出现了拉应力。随着柴油机的起动、运行、停车、经过若干次加热和冷却,拉应力逐渐增加,最终出现裂纹。就是这种低频热应力引起了疲劳破坏。

柴油机的爆发压力作用在气缸盖底面,使底面产生了弯曲变形,触火面受压,水腔面受拉。柴油机每进行一个工作循环,这种应力就循环作用一次,因此,应力变化的频率高。这种高频的机械应力不断地作用,使水腔面上、圆角根部存在应力集小;或因原始铸造缺陷而可能产生裂纹,并逐渐扩展。此外,水波面局部区域的冷却水往往处于沸腾状态,产生的 SO_4^{2-} 和 CL^- 等酸离子会使电位不同的晶粒间产生电化学腐蚀。同时,因水中溶解有一定数量的氧,会使金属氧化,水温越高腐蚀越强烈。高频交变应力和腐蚀同时作用,将引起金属材料的疲劳强度显著下降,造成疲劳腐蚀破坏。水蒸气与金属作用产生金属氧化物与氢离子,当氢离子渗透到裂纹尖端周围时,会使金属材料脆化,造成应力腐蚀。

除了上述热应力、机械应力、疲劳腐蚀及应力腐蚀之外,结构设计的不合理、安装不当、铸造缺陷、材料缺陷、操作管理不当等都会引起缸盖产生裂纹。

(1)结构设计上的原因

气缸盖底面阀孔周围之所以经常产生裂纹,是由于该处的结构使金属有较大的表面积,受热时的膨胀速度和冷却时的收缩速度都较大。例如,柴油机在停车时,气缸盖温度分布变化剧烈,热量由冷却水和进、排气道迅速散发,所以底面中央部分,尤其是气阀孔处收缩快,产生拉伸应力,铸铁的抗拉强度低,故此处极易产生裂纹;喷油孔加工呈尖角,造成应力集中,更助长了裂纹的生成。如图 3-1-4 所示为气缸盖喷油器孔口修圆,将孔口尖角改成圆角过渡后,如图中虚线所示,可以减小应力集中,对消除裂纹起到一定的效果。

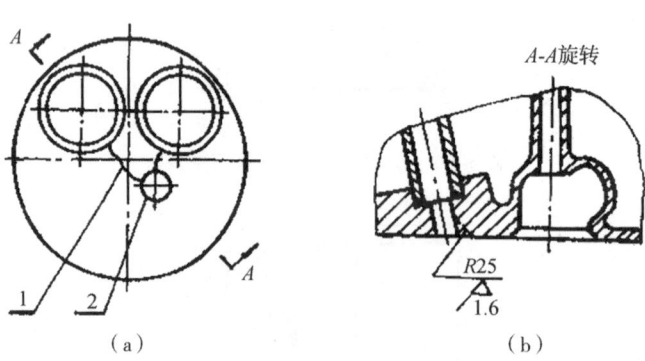

图 3-1-4　气缸盖喷油器孔口修圆

1—裂纹;2—喷油器孔

如图 3-1-5 所示为 6ESDZ76/160 型柴油机上、下缸盖组合示意图,经常在下缸盖环形支承筋处产生裂纹。其原因是:上紧缸盖螺栓后,上缸盖产生上拱变形。当缸盖四周支承筋(M、N、P、Q)事先做成在一个平面上时,由于上紧后的拱曲变形,只有 M 筋处在压紧状态,而内层的 N、P、Q 结合面存在间隙处不受力。在柴油机工作爆发压力作用时,下缸盖产生向上弯曲不受限制,正好在水腔面产生拉应力,加上支承筋圆角处应力集中,就产生了裂纹。改进后的结构为,将四周支承筋做成阶梯,中间高、边缘低,各相差 0.20 mm。上紧后,即使上缸盖上拱变形,但 M、N、P、Q 四个结合面上也不会出现间隙。在柴油机爆发压力作用时下缸盖向上弯曲变形,就受到上缸盖的限制,使拉应力值减小,从而达到了防止产生裂纹的目的。

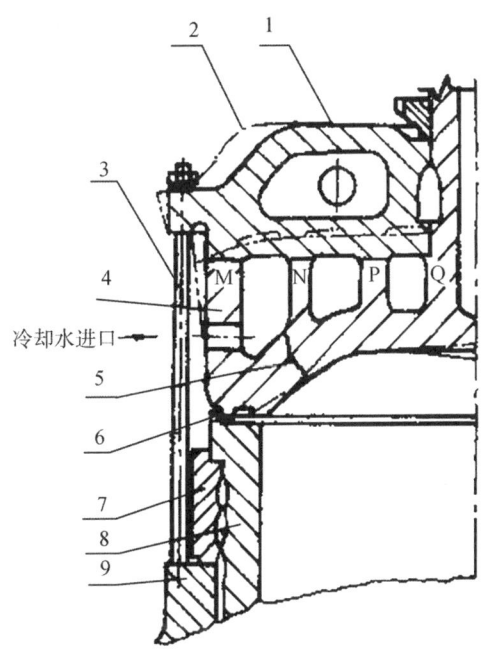

图 3-1-5 6ESDZ76/160 型柴油机上、下缸盖组合示意图

1—上缸盖;2—上拱变形后的缸盖;3—气缸盖螺栓;4—下缸盖;5—裂纹;6—气缸盖垫片;
7—水套;8—气缸套;9—气缸体

正确地设计冷却水道有利于减少在气缸盖上产生裂纹:为了保证气缸盖燃烧室方向的温度不超过 350 ℃,水腔面的温度不宜超过 120~160 ℃,否则,冷却水就可能沸腾,使传热效率大大下降,从而使冷却面温度上升。如此恶性循环,最后促使受热面温度高到无法控制的地步。因此,必须增加气缸盖局部高温区的冷却水量,如喷油器、进排气阀壁应得到充分的冷却。例如,135 型柴油机气缸盖原设计中布置有一个平行底面的定向喷管,以强制冷却高温区,在柴油机强载程度提高以后,此种结构又不适应了,将水道改为垂直于底面的定向水流后,冷却效果更佳。

（2）材料、工艺上的原因

铸铁表面的任何缺陷都会使疲劳强度下降。疲劳源与铸造产生的微小裂纹、氧化物、夹杂物以及热处理产生的脱炭有关。可以对下缸盖水腔面进行喷丸强化处理,产生残余压应力,降低表面粗糙度,减少和消除表面铸造缺陷,从而提高其疲劳强度。

在铸铁中添加少量的铬、钼、镍等合金元素可以提高铸铁的强度,并使其在一定温度及应力下的蠕变缓和。

（3）装配质量的影响

气缸盖螺栓拧紧程度如果不均匀或使用中发现气缸盖平面漏气,采用拧紧该处螺母来解决,就会造成气缸盖结构受力不均匀或预紧过度等问题,容易产生裂纹。由于喷油器安装不正,往往会引起气缸盖底面局部过度变形,这就大大地增加了喷油器孔处所受的拉应力,使之容易产生裂纹。

(4)操作管理上的原因

柴油机冷车起动或起动后加速太快,致使气缸盖底面与水腔面温差过大,从而引起热应力增大产生裂纹。故应该在暖机后再起动,起动后待油、水温度升高后方可加速。频繁起动、停车和长期超负荷运转,均会使机械应力和热应力增加,引起产生裂纹;冷却水量不足或中断,停车时过早中断循环冷却水,都会导致机件过热;长期运转后,对冷却水不进行投药处理或处理不当使冷却水腔积垢严重,影响传热效果,使局部过热等都会引起产生裂纹。

3.裂纹的检查

气缸盖裂纹通常在下列各种检验中可以被发现:

(1)根据中国船级社(CCS)的规范:营运船舶每5年进行一次保持船级的特别检验,其中对柴油机气缸盖及其阀件等进行打开检验。

(2)按照主、副柴油机说明书维修保养大纲的要求检验气缸盖及其阀件等。

(3)新造、修理的气缸盖或怀疑有裂纹的气缸盖采用观察法粗检,采用无损探伤如渗透探伤、磁粉探伤、超声波探伤和水压试验法等进行精检,判断气缸盖上有无裂纹。

另外,航行中可根据下列现象判断燃烧室组成零件有无穿透性裂纹。

(1)柴油机在运转中,可根据冷却水压力波动和膨胀水柜中水的波动或气泡来判断气缸盖是否产生了穿透性的裂纹。当气缸盖有穿透性裂纹时,燃烧室中的高压燃气会沿着裂缝进入冷却水腔,使冷却水系统的压力波动。在系统放气后上述现象仍然出现,说明气缸盖确有裂纹。若出现冷却水温升高、淡水消耗量增加及扫气箱有水流出等现象,亦可证明气缸盖或缸套有裂纹存在。

(2)若膨胀水柜的通气管有气泡,冷却水中有油渍,打开各缸示功阀有水汽或水珠,排气冒白烟或燃烧不良,则可确定该缸有关部件产生了裂纹。

(3)曲轴箱(或循环油柜)中滑油量不正常增多,或润滑油水分明显增加,或润滑油迅速乳化变质,均表明燃烧室组成零件有穿透性裂纹,使冷却水大量漏入。

(4)吊缸检修时,轮机员应认真仔细观察各个零件,如发现活塞、气缸套或气缸盖工作表面有锈痕,或活塞顶部有积水等,说明燃烧室组成零件有穿透性裂纹。

(二)气阀座面的损伤

1.气阀座面的磨损

气阀座面的磨损主要表现在气阀座面上存在拉毛的伤痕,磨损严重时,会导致气阀座严重下陷。这是由于气阀座受到气阀的冲击,使工作表面塑性变形而产生的。此外,由于爆发压力将迫使气缸盖底部及气阀产生弹性变形,引起气阀与气阀座之间有很微小滑动,因而引起微动磨损。

燃烧产物、硬的颗粒、金属屑及其他杂质落到气阀座面上,起到磨料的作用,从而引起磨粒磨损。

燃料中含有钒、硫等,高温时引起钒腐蚀,低温时引起硫酸腐蚀,因而使气阀座引起腐蚀磨损。

气阀座与气阀受冲击载荷,因接触疲劳而产生表面疲劳磨损。

因此,气阀与气阀座之间存在着上述几种磨损形式的综合作用。

在非增压柴油机上,由于进气阀工作条件较排气阀好,所以进气阀座面的磨损较小。但是在增压柴油机上,情况则相反,即进气阀座面的磨损较排气阀座面大。因为增压柴油机的进气压力较高,使得润滑油无法从导管中进入座面,润滑条件差,导致磨损增大。排气阀座靠残留在废气中的滑油、灰末与烟粒组成一层很薄的非金属层,使得气阀工作面不发生金属的直接接触,因而磨损减轻。

2.气阀座面的烧损

烧伤发生在排气阀座面上,其主要原因是气阀座扭曲变形和积炭,以致使气阀与气阀座接触面暴露于高温燃气中引起烧损。气阀磨损过大、裂开,气阀杆与导管间隙太小,以及气阀盘翘起等也能引起气阀座的烧损。燃料与滑油不完全燃烧生成的炭粒,堆积在气阀与气阀座的接触面上,在气阀的冲击作用下,它便不稳定而碎裂,部分脱离,从而使燃气经常流过其间隙。时间一长,就在此处发生吹蚀,甚至在气阀座面上会形成若干条沟,烧损使其表面产生麻点及凹坑。

3.气阀座的裂纹

气阀座在高温下受强烈的冲击载荷,经常使气阀座产生裂纹。由于排气阀座的工作条件差,因此排气阀座开裂的现象更多一些。

上述缺陷都严重地破坏了气阀与气阀座的密封性。由于漏气,导致柴油机各缸功率不均匀,起动困难,甚至不发火。同时,火焰还会从不密封的部分穿出,引起局部过热,进一步损坏气阀座。

✎ 任务实施

1.气缸盖的拆卸

(1)首先放掉气缸盖、缸套冷却水腔的冷却水。

(2)拆除与缸头和缸头附件相连接的管子(与缸头连接的进、排气管,气缸起动阀的压缩空气管,喷油器的高压油管及回油管。如有进油冷却管也应拆除)。所有向上的管口、油孔用布包扎好。将拆下的螺栓、零件和密封垫妥善存放。

(3)拆卸时应先对气缸盖每个螺母与螺栓相对位置编号,并做好记号,然后按对角线交叉顺序逐一拧松,取下缸头螺母用铁丝或麻绳穿起来。

(4)拆除进、排气阀的摇臂机构,抽出气阀顶杆,拆除缸头上的仪表(排烟温度表、冷却水出口温度表等)。

(5)吊起气缸盖。将吊环螺栓拧入起吊螺孔中,穿好钢丝索,为防止起重吊环被扭伤,最好在钢丝绳中加上一块撑板。

(6)在起吊过程中切勿用力过猛,尤其是用电动葫芦时。在起吊瞬间当钢丝绳被拉紧时可用手锤垫上木块轻轻击打气缸盖的侧面,并用手摇动钢丝绳使气缸盖松动,一旦松动即可缓慢吊起。如果粘得很牢,可以用撬杠小心地试撬或者用楔子在缸盖一侧打松。

(7)气缸盖应用木板垫好放稳,注意保护密封面。若不吊起或暂不吊起活塞,用木盖将气缸口盖好,缸体上的冷却水孔道应用清洁布或木塞子塞住。

(8)拆除气缸盖上的气缸起动阀、进排气阀、喷油器、安全阀和示功考克等。

2.气缸盖的检查

首先,用轻柴油或煤油或化学洗涤剂清除气缸盖的油污,零件配合表面的油污可用毛刷、铜丝刷或泡沫塑料来刷洗。其次,积炭可用钝刮刀、钢丝刷等机械法清除。冷却水腔锈垢用刮刀或钢丝刷掏搅。

气缸盖除了经受很大的爆发压力的机械应力作用外,还受高温燃气的热应力作用。由于它结构复杂,壁厚不均,在高温下各部分热负荷极不均匀,这些都会引起热应力集中,因而气缸盖的裂纹、烧蚀将是损坏的主要形式。

(1)气缸盖底部烧蚀检查。气缸盖烧蚀时,底面会出现金属层剥落而逐渐变薄,并且出现麻点,其大小、深浅及分布各异。可用肉眼或放大镜进行观察检查。

(2)缸盖裂纹检查。气缸盖裂纹主要发生在底面上孔与孔之间和孔的圆角处,即发生在应力集中处。有时也发生在缸盖内部的薄弱环节。缸盖裂纹检查方法主要有:目测法、液体压力试验法、粉剂显痕法(煤油白粉法和着色法)等。

(3)重点:液体压力试验法

先将被检查的气缸盖所有孔洞全部堵塞起来→向冷却水空间注满液体→加压到0.7 MPa 或不小于1.5 倍冷却水压力→保持15 min→观察零部件表面上有无渗漏现象。

3.气缸盖的安装

气缸盖安装需在活塞连杆组件安装完毕之后进行。

(1)应严格按照说明书规定的尺寸要求选取气缸盖与机体之间的密封垫,否则会改变压缩比。

(2)吊起气缸盖后应用干净的抹布清洁干净密封面,再慢慢地把气缸盖落座在气缸体上。

(3)为保证气缸盖各处受力均匀,要特别注意固定螺母的拧紧次序和力矩大小。在进行多缸柴油机气缸盖安装时,最好在进气总管和排气总管的螺栓均装好后,再最后拧紧气缸盖螺母。

(4)最后安装外部管系。如高压油管、回油管、冷却水管、起动空气管等,注意密封垫应换新,管接头要清洁,丝扣要对正,上紧的力量要适中。

(5)安装仪表,如温度表和缸套冷却水出口温度表等。盖上气阀摇臂机构帽子。

整个安装完毕,以备进行调试和试运转。

拓展知识

零件修复的意义和原则

1.船机零件修复的意义

船舶机械运行一段时间后,船机零件不可避免地会产生损伤,大部分是磨损,严重时会明显改变零件的原有尺寸、几何形状、表面层的机械物理性能及配合特征。针对零件磨损、裂纹与腐蚀等损坏的修理,不仅延长了零部件的使用寿命,而且节约了经费和时间,提高了营运效益。零部件的修复具有以下几点意义:

(1)可以减少机舱备件数量,从而减少闲置资金。

(2)减少新零件的购置或制造,不仅可以大幅度降低修船费用,而且可以缩短修船期。

（3）促进修复工艺的发展和修理技术水平的提高。

2.船机零件修复的原则

在零件修理过程中,应合理选择修理方法以保证修理质量,降低维修成本,缩短修理时间。一般情况下,选择修理方法总的原则是生产可行、工艺合理、经济合算。主要应从以下几个方面考虑:

（1）修理工艺对零件材料性质的适应性。例如,用焊补方法修理不同材料的零件时,应根据焊件材料及焊后的强度要求选用不同焊条并采取相应的工艺措施。

（2）修理工艺所能达到的修理层厚度。不同的修理方法所能达到的修理层安全厚度范围不一样,应根据修理零件的要求正确选用修理方法。

（3）零件修理后的强度指标。修复层与零件机体的结合强度,修复层本身的抗拉强度、硬度、耐磨性,修复层对零件疲劳强度的影响等强度指标应能满足零件使用工况的要求。

（4）修理过程对零件精度和表面性能的影响。不同的修理方法对零件的热变形、表面层淬硬组织等影响不一,一般应根据修复方法和零件的技术要求,对零件进行修复前的预热及修复后进行适当的热处理和整形加工处理。

（5）零件修理后的耐用度至少应能维持一个修理间隔期。例如,中、小修范围的零件经修理后应能使用到下一个中、小修期。

任务二　气阀机构的拆装与检修

建议学时：2学时

四冲程柴油机的进、排气阀和二冲程直流扫气柴油机的排气阀是燃烧室的组成零件,直接受到高温高压燃气作用,承受着很高的热负荷,尤其是排气阀还受着排气气流的冲刷和加热,温度更高。在高增压柴油机上,排气阀阀盘的温度可达 $650 \sim 800$ ℃；进气阀由于新气的冷却作用,温度相对低一些,可达 $450 \sim 500$ ℃。

学习要素

1.气阀机构的作用和组成；
2.气阀机构的拆卸方法；
3.气阀机构的检查方法；
4.气阀机构的维护与修理。

教学目标

能力目标
1.能熟练拆装气阀机构；
2.能正确掌握气阀机构缺陷检查方法；

3.针对气阀机构的故障,能提出修理方案。

知识目标

1.了解气阀机构的工作原理和特点;

2.熟悉气阀机构的基本结构及故障排除。

素质目标

1.培养学生严谨、细致的工作作风;

2.培养学生良好的学风;

3.培养学生良好的职业意识;

4.培养学生良好的团队合作意识。

相关知识

气阀机构组成:气阀、气阀弹簧、气间导管、气阀锁紧装置、气阀旋转器,如图 3-2-1 所示为气阀机构的部分组成部件。

1.气阀

气阀包括进气阀和排气阀,一般进气阀阀盘直径大于排气阀,目的是提高充气量。

(1)气阀的结构

气阀由阀头、阀杆组成,采用大圆弧过度,以降低机械应力。

气阀座面是锥面,锥面角有 30°和 45°两种。

30°锥面角:阀口流通面积大,进气阻力小,单位承压面积小,阀面与阀座磨损小,一般被进气阀采用。

45°锥面角:自动居中性能好,接合面单位面积压力大,密封性能好,一般被排气阀采用。

阀杆:上部开有环形槽,用于安装锥形锁块。

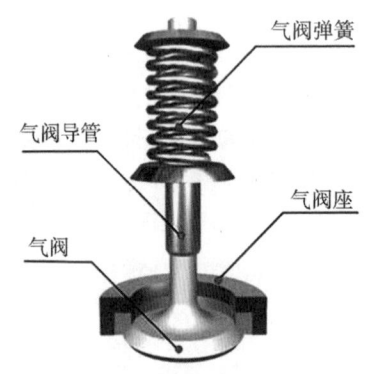

图 3-2-1　气阀机构的部分组成部件

(2)工作条件

进气阀:①受高温作用,温度为 450~500 ℃;②受到撞击(阀座、导管);③磨损。

排气阀:①受高温作用,温度为 650~800 ℃;②受到撞击(阀座、导管);③磨损;④燃气腐蚀。

(3)材料

进气阀采用普通合金钢,如 40Cr、40CrNi,有高的耐磨、耐热和抗腐蚀性能。

排气阀采用耐热合金钢,如 9CrSi2Mo 等。

阀杆顶部由于不断受到摇臂撞击,一般堆焊 60 号钢,淬火硬度≥50,也有安装硬质合金钢的阀帽或撞击块以提高耐磨性。

（4）阀头的型式

如图 3-2-2 所示为阀头的型式。

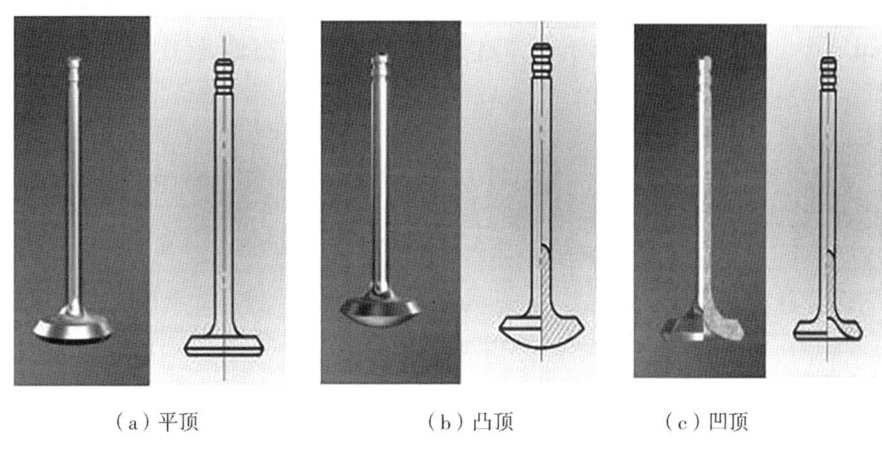

（a）平顶　　　　　　　（b）凸顶　　　　　　　（c）凹顶

图 3-2-2　阀头的型式

（5）阀座

阀座工作条件与气阀相似,一般采用合金铸铁或耐热合金钢。注意:阀座材料与缸盖材料的热膨胀系数应基本相同。

（6）阀面与阀座的配合

①全接触式:阀面与座面锥角相同,接触面积大,耐磨,传热好,但易结炭,敲击产生麻点,用于小型高速机。

②外接触式:阀面锥角小于座面锥角 0.5°～1°,接触面积小,密封性好,阀盘在高压燃气作用下产生拱腰变形,增加阀与座的接触面积,降低接触应力,提高散热,用于强载中速机。

③内接触式:阀面锥角大于座面锥角 0.2°～0.5°,接触面积小,密封性好,接触面离燃烧室远,温度低,腐蚀小,阀盘发生周边翘曲变形,增加阀与座的接触面积,降低接触应力,提高散热,用于长行程低速机。

2.气阀弹簧

（1）作用

当摇臂抬起时气阀弹簧使气阀关闭。

（2）采用内外弹簧的目的

①在不降低应有弹力的条件下,可采用较细软的弹簧钢丝制造,使其工作时动作柔和,提高抗疲劳能力。

②两根弹簧的自振频率不同,在工作中互为阻尼,可避免发生共振。

③当其中一根弹簧折断时,气阀不致落入气缸内,提高工作可靠性。

④两根气阀弹簧旋向相反,可防止互相夹插,还可以减少阀在开关时由于弹簧产生扭转而发生的自动研磨。

3.气阀导管

(1)作用

气阀导管可以保证气阀与阀座在同一中心线上工作,并起散热作用。

(2)材料

一般气阀导管选用铸铁或青铜。

(3)要求

气阀导管与阀杆的间隙必须合适。过大:散热不良,磨损增大,造成阀杆处漏气,甚至造成滑油结焦使阀卡死。过小:导致气阀卡阻。

4.气阀锁紧装置

(1)螺栓连接:紧固件旋于阀杆上端的螺纹中,并用锁紧螺栓紧固于弹簧上盖上,使弹簧能以很大的预紧力保证气阀与阀座的密封。

(2)锥形卡块:由两半式锥形块固定于气阀阀杆环槽内。

5.气阀旋转器

气阀旋转器用于燃烧重油的大功率中速柴油机。

(1)作用

①使阀盘均匀受热、散热,保证阀盘的温度分布均匀,改善阀盘的热应力状态。②减少密封锥面上导热不良的沉积物,使之贴合严密,有利于散热,减少高温腐蚀,减少烧损磨损。③可改善阀杆与气阀导管之间的润滑条件,减少阀杆漏气,减少阀杆周围形成积炭,防止卡阻。

(2)结构

如图3-2-3所示为旋阀器的构造。它由旋阀器本体4、钢珠2及6、碟形弹簧1、旋阀器外壳(又是气阀弹簧的上弹簧盘)3及复位弹簧5组成。

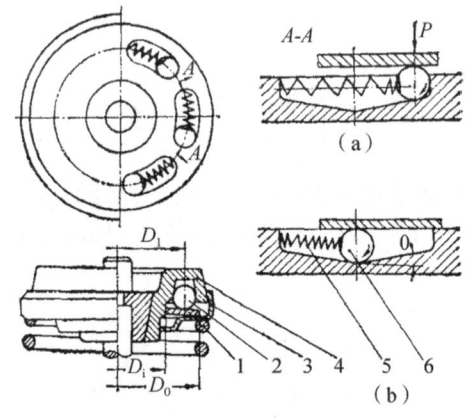

图 3-2-3　旋阀器的构造

1—碟形弹簧;2、6—钢珠;3—旋阀器外壳;4—旋阀器本体;5—复位弹簧

(3)工作原理

当气阀闭合时,气阀弹簧弹力较小,气阀弹簧弹力通过旋阀器外壳传递至碟形弹簧,由碟形弹簧再传至旋阀器本体,旋阀器本体将力传给卡块,最终传给气阀,使气阀保持闭合,钢珠不受力。这时钢珠被复位弹簧推至腰形槽的顶端。当打开气阀时,碟形弹簧因受力增大而变平,气阀弹簧力逐渐转移到钢珠上,使钢珠受压并滚至槽底最低点,

复位弹簧被压缩,如图 3-2-3(b)所示。在钢珠滚向槽底最低点时,由于碟形弹簧、旋阀器外壳与气阀弹簧压紧不能转动,本体就带动卡块、气阀,一起向前转一个角度。当气阀关闭时,由于气阀弹簧弹力逐渐减小,碟形弹簧逐渐恢复原先形状,钢珠的压力逐渐消失。当它被释放时,复位弹簧又把它推回槽的顶端。这样,气阀在不断开启中慢慢转动。

常见的气阀损伤有阀盘锥面与阀杆的磨损,阀面的烧伤与高温腐蚀,阀盘与阀杆的裂纹,以及阀杆的弯曲变形等。

气阀在关闭时,阀盘锥面与阀座座面不断地相互撞击,致使阀面产生塑性变形,出现凹坑、拉毛现象。高温下金属易变形,阀面损伤更加严重。又由于在高温燃气作用下,爆发压力还会使阀面与座面产生微小错动,使气阀面产生磨损。当有磨损产物,比如灰分和炭粒等时,阀面磨损更加严重。特别是大型低速二冲程柴油机使用重油,不仅使阀面磨损加剧,而且还会由于燃油中含有较高的 V、Na 等元素而使阀面产生高温腐蚀。

正是由于气阀在高温、高压、撞击、腐蚀等的恶劣条件下工作,所以会产生磨损、烧伤、高温腐蚀和断裂等损坏。

任务实施

1.气阀机构的拆卸

(1)首先将气缸盖从柴油机上拆卸下来。找一处平整地面用木板垫平放稳,用如图 3-2-4 所示的进、排气阀的拆卸方法进行拆卸。

(2)将气阀拆卸专用工具套在气阀的弹簧上承座上,向下用力压缩气阀弹簧,从弹簧上承座中取出两半气阀锁块,注意防止锁块弹出伤人或弹出而失落。然后依次取出气阀弹簧、卡簧及承座,将气缸盖翻转(密封面朝上),从气阀座中抽出进、排气阀,注意其各自的位置不要混淆,应有序放好。

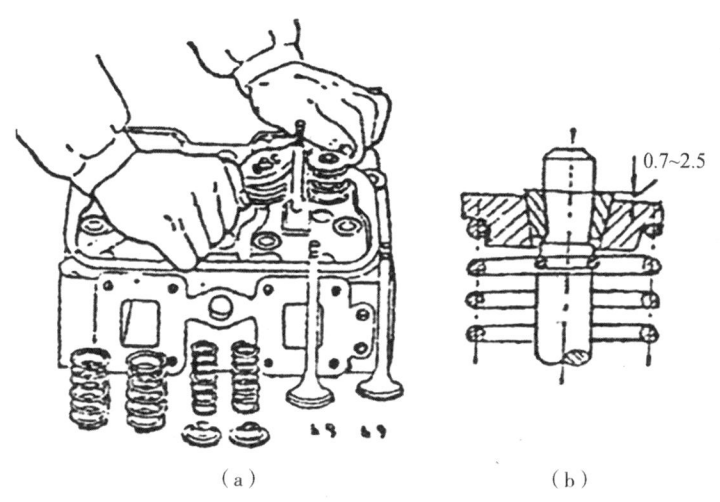

（a）　　　　　　　　　　（b）

图 3-2-4　进、排气阀的拆卸方法

2.气阀机构的安装

(1)安装进、排气阀时,首先做好气缸盖各部位、气阀、弹簧、承座、锁块等零件的清洁工作,并加注适量的润滑油。

(2)安装气阀时,要检查气阀杆与导管之间有无卡滞、松动现象,上下应活动。

(3)安装气阀时,注意进、排气阀不能互换,切不可搞错。

(4)安装气阀时,要防止阀杆上的锥形锁块错位,气阀装上后用卡簧锁好。防止因气阀弹簧断裂而使气阀掉入气缸内。

3.气阀机构的检修

(1)将气缸盖清洗干净,特别是进排通道、气阀导管、阀座处的积炭要清洗干净。将气阀做好记号,以免弄错。

(2)研磨时用带木柄的橡胶皮碗将气阀阀面吸住,以拍打与转动相结合的动作进行研磨。如图 3-2-5 所示为气阀的研磨。先在气阀密封锥面上涂一层薄薄的研磨砂。最好初研磨用 200 目粗砂。将缺陷处磨掉后,用 600 目砂研磨。最后涂上一层机油,研磨数分钟后检查磨合情况。直到气阀锥面出现一条十分整齐的光亮环带为止。研磨时不要用力太大,并注意阀线的宽度:进气阀阀线应为 1.5~2 mm,排气阀阀线应为 2~3 mm。阀线过宽则密封性不好,过窄则工作寿命不长。

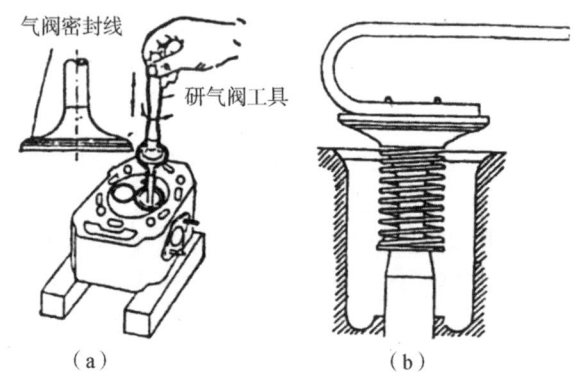

图 3-2-5　气阀的研磨

(3)注意不要将研磨砂涂得太多,以免弄进气阀导管内,造成阀杆和气阀导管的磨损拉毛和正常的间隙被破坏。

(4)阀座工作面凹痕太深或角度不对时,用铰刀手工修整或用车床光车的方法解决。

4.气阀与阀座的密封性检查要求

(1)如图 3-2-6 所示为气阀的密封性检查。在气阀密封锥面上沿圆周方向均匀画出 8~12 道铅笔线痕迹,如图 3-2-6(a)所示。将气阀放在气阀座上,上下轻轻地拍打几下

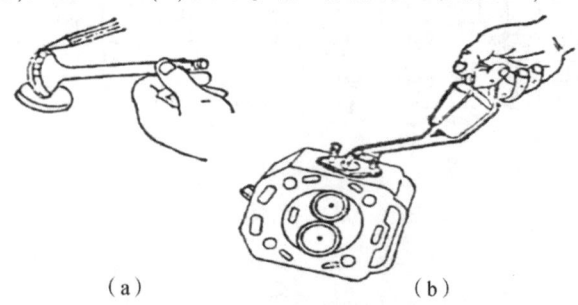

图 3-2-6　气阀的密封性检查

(注意不要转动)。若铅笔线痕迹在环带上部分中断,说明密封性差;若铅笔线痕迹全部中断,说明密封性好。

(2)将气阀和气阀弹簧装复,然后在进、排气道中注入煤油或轻柴油,如图3-2-6(b)所示。历时3~5 min无渗漏,说明密封良好。

(3)将气缸盖倒置放平,密封面朝上,在气阀阀窝内注入煤油,历时10 min不渗漏,说明密封性良好。

拓展知识

研磨是精密和超精密零件精加工的主要方法之一。研磨加工可使零件获得极高的尺寸精度、几何形状精度和位置精度,最高的表面粗糙度等级,以及极高的配合精度。零件的内圆表面、外圆表面、平面、圆锥面、斜面、螺旋面、齿轮的齿面及其他特殊的表面均可采用此种方法进行加工。船舶主、副柴油机燃油系统中的三对精密偶件:柱塞-套筒偶件、针阀-针阀体偶件、出油阀-出油阀座偶件的内圆表面、外圆表面、圆锥面、平面在制造时都需要采用研磨进行精加工。在针阀-针阀体配合锥面磨损和柴油机的进排气阀配合锥面磨损后均需采用研磨技术进行修复,使配合面恢复密封性能。

进行研磨的零件材料可以是经淬火或未经淬火的碳钢、合金钢、硬质合金,也可以是铸铁、铜及其合金等有色金属材料,玻璃、水晶和塑料等非金属材料。

灵活的研磨技术是进行精密零件修理的有效方法,在备件缺乏、时间紧迫的情况下此法尤为重要。例如,主、副柴油机的喷油器故障大多数是针阀-针阀体偶件的锥面配合不良引起的,轮机人员应经常进行针阀偶件的研配工作。所以,研磨技术在船上工作中是克服精密设备短缺、延长零件寿命、节省修理费用和保证船舶正常航行的有效工艺,轮机人员应该掌握研磨技术。

1.研磨原理

研磨是使零件与研磨工具在无强制的相对滑动或滚动的情况下,通过加入其间的研磨剂进行微切削和研磨液的化学作用,在零件表面生成易被磨削的氧化膜,从而加速研磨过程。所以研磨加工是机械、化学联合作用完成的精密加工。

(1)零件与研磨工具的相对运动

零件与研磨工具不受外力的强制引导,以免引起误差和缺陷;运动方向周期变换,以使研磨剂均匀分布在零件表面上并加工出纵横交叉的切削痕,均匀研磨零件表面;研磨表面上各点相对于研磨工具表面的滑动路程相等,以达到均匀切削。

(2)研磨压力

在实际应用的压力范围内,研磨效率随压力的增加而提高。研磨压力取决于零件材料、研磨工具材料和外界压力等因素,一般通过实验确定。常用的压力范围为0.05~0.3 MPa,粗研磨宜为0.1~0.2 MPa,精研磨宜为0.01~0.1 MPa。研磨压力过大,则研磨剂磨粒被压碎,切削作用减小,表面划痕加深,研磨质量降低;过小,则研磨效率大大降低。

(3)研磨速度

研磨速度影响研磨效率,一定条件下,研磨速度增加将使研磨效率提高。研磨速度取决于零件加工精度、材质、重量、硬度、研磨面积等。一般研磨速度为10~150 m/min。速度过高,产生的热量较多,引起零件变形、表面加工痕迹明显等质量问题,所以精密零件研磨速度不应超过 30 m/min。一般手工粗研往复次数为 30~60 次/min,精研为 20~40 次/min。

(4)研磨时间

研磨开始阶段,因研磨剂磨粒锋利,微切削作用强,零件研磨表面的几何形状误差和粗糙度较快得以纠正。随着研磨时间的延长,磨粒纯化,微切削作用下降,不仅加工精度不能提高,反而热量增加使质量下降。一般精研时间为 1~3 min,超过 3 min 则研磨效果不大。所以,粗研时选用较粗的研磨剂、较高的压力和较低的速度进行研磨,以期较快地消除几何形状误差和切去较多的加工余量;精研时选用较细的研磨剂、较小的压力和较快的速度进行研磨,以获得精确的形状、尺寸和最高的粗糙度等级。

2.研磨材料

研磨材料包括磨料和研磨膏。研磨膏是在研磨粉中加入油溶性或水溶性辅助材料制成的。研磨膏在使用时需用研磨液稀释。

(1)磨料

常用的磨料有以 AL_2O_3 为主要成分的各种刚玉、SiC 和 Cr_2O_3 等。

磨料的粒度是指磨料颗粒的尺寸大小,粒度号根据 1 英寸长度上有多少个孔筛而定。按磨粒的颗粒尺寸范围和粒度号分为磨粒、磨粉、微粉和超微粉四种。研磨加工仅使用粒度号为 100 以上的磨料,称为磨粉。

磨料的研磨性能与其粒度、硬度和强度有关。磨料的硬度是指磨料表面抵抗局部塑性变形的能力。研磨加工就是利用磨粒与零件材料的硬度差来实现的,所以磨料硬度越高,切削能力越强,研磨性能越好。磨料的强度是磨粒承受外力不被压碎的能力。磨料的强度越高,切削力越强,寿命越长,研磨性也越好。以金刚石的研磨能力为准,设为 1,其他磨料的研磨能力为:碳化硼为 0.50;绿碳化硅为 0.28;棕刚玉为 0.10;黑碳化硅为 0.26;白刚玉为 0.12。

(2)研磨膏

研磨膏分为油溶性和水溶性两大类。油溶性研磨膏使用时需用煤油或其他油类研磨液稀释。油溶性研磨膏可使加工表面获得最高粗糙度等级和精度尺寸,水溶性研磨膏使用时需用水、甘油等研磨液稀释,研磨后需用水、酒精等将零件洗涤干净。研磨膏用研磨液稀释后才能进行研磨加工。研磨液应具有一定的黏度和稀释能力(以黏吸磨料并使之均匀),具有较好的润滑和冷却能力,此外还应具有加速研磨的化学作用及具有化学活性和无腐蚀性。

研磨膏是一种重要的表面光整加工材料,除船用外,广泛用于仪表、仪器、光学玻璃镜头、量具、金相试片和精密零件的精研磨和抛光。常用研磨膏有氧化铬、氧化铝、碳化硼、碳化硅、氧化铁等。

研磨分为粗研、半精研、精研三种。

3.研磨工具

研磨是精密和超精密加工方法,是精密零件加工制造的最后工序。在研磨过程中,零件与研具表面接触并相对运动。研具的几何形状精度直接影响零件的加工表面,因此对研具有较高的要求。

研具分为手工研具和机械研具。研具按工作表面形状分为研磨平板、研磨尺、研磨盘、研磨棒、研磨套和研磨环等;按用途分为平面研磨工具,具体分为外圆、内孔、锥面、球面、螺纹、齿轮等研磨工具。研磨工具的材料一般常用灰碳钢、铜、铝和木材、皮革等。

零件外圆或内孔研磨时,分别用机床夹持零件或研磨棒,使之按一定转速回转,然后用手握研磨套或零件,涂上研磨膏使磨粒随研磨工具做往复和回转运动进行研磨切削。

配合件的配合面磨损、腐蚀,用研磨方法进行修复时,常采用在配合面上涂研磨膏使之相对运动相互研磨,即互研。

任务三　气缸套的拆装、测量与计算

建议学时:2学时

气缸套是一个圆筒形零件,置于柴油机的气缸体孔中,上面由气缸盖压紧固定。活塞在其内孔做往复运动,其外有冷却水冷却。由于工作环境恶劣复杂,气缸套是柴油机工作中经常出现故障的零件。

学习要素

1.气缸套的作用与结构特点;

2.气缸套的拆卸步骤;

3.气缸套的检查要点;

4.气缸套常见故障的维修方法。

教学目标

能力目标

1.能够根据规范要求对气缸套进行拆装;

2.根据现象分析气缸套的故障原因,并提出解决办法。

知识目标

1.了解气缸套的结构;

2.正确掌握气缸套的拆装步骤;

3.熟悉气缸套的故障及其排除方法。

素质目标

1.培养学生严谨、细致的工作作风;

2.培养学生良好的学风;

3.培养学生良好的职业意识;

4.培养学生良好的团队合作意识。

相关知识

气缸套是柴油机的重要零件之一。它的内圆表面的上部是柴油机燃烧室的组成部分之一,直接受到燃气高温、高压及腐蚀的作用。同时,气缸套的内圆表面与活塞组件还存在相对运动,承受侧推力和摩擦力;气缸套外圆表面与气缸体组成冷却水腔,受到穴蚀等腐蚀作用。所以气缸套是在恶劣环境下工作的零件,是柴油机的易损零件之一。

气缸套的常见损伤形式有:内圆表面的磨损、擦伤及拉缸;外圆表面的穴蚀及裂纹等。

(一)气缸套的磨损

气缸套内圆表面会因磨损而产生圆度及圆柱度误差、造成直径增大、出现磨台、产生擦伤与划痕等,严重拉缸时表面还会产生金属熔融黏着的现象。这些缺陷的存在会影响柴油机的正常运转。例如,圆度误差太大时活塞与气缸套接触不紧密造成漏气;磨台可能导致活塞环折断。

气缸套内圆表面磨损的检查:为了检查气缸套内圆表面不均匀磨损情况,应沿气缸套纵向的几个部位进行测量,每个部位的测量应在垂直于曲轴轴心线及平行于曲轴轴心线两个方向上进行。中小型四冲程筒形活塞式柴油机如无测量用的定位样板,又缺少说明书等资料,可参考以下 4 个位置进行缸套磨损测量:

(1)当活塞位于上止点时,第一道活塞环所对应的缸壁位置;

(2)当活塞位于行程中点时,第一道活塞环所对应的缸壁位置;

(3)当活塞位于行程中点时,末道刮油环所对应的缸壁位置;

(4)当活塞位于下止点时,末道刮油环所对应的缸壁位置。

根据气缸套磨损规律,在如图 3-3-1 所示的气缸套磨损测量位置对应的部位进行测量较为合理。其中部位 Ⅰ 为活塞处于上止点时第一道活塞环所在的位置;部位 Ⅱ、Ⅲ、Ⅳ 分别为第一道活塞环行程的 10%、50% 及 100% 的位置;而部位 Ⅴ 为距气缸套下端 5～10 mm 的位置。

以上仅是一般的规定,对不同结构和不同类型柴油机,可根据说明书规定来测量。为了使测量工作方便、迅速以及每次测量都在同一个部位,从而减小测量误差,便于测量数据的比较,可使用专用样板在测量中定位。使用时将样板挂在气缸套的上端面上,样板紧贴内圆表面,如图 3-3-2 所示为 B&W 型柴油机气缸测量位置。当被测缸套的圆度或圆柱度超过或接近规定极限值时,应予以修理。

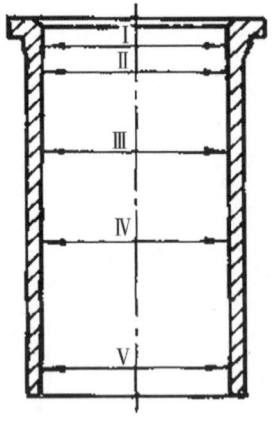 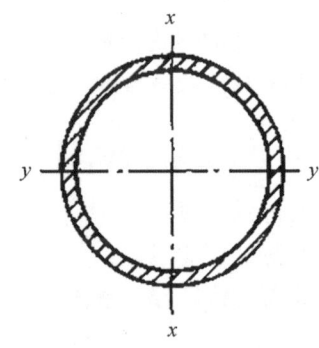

图 3-3-1 气缸套磨损测量位置

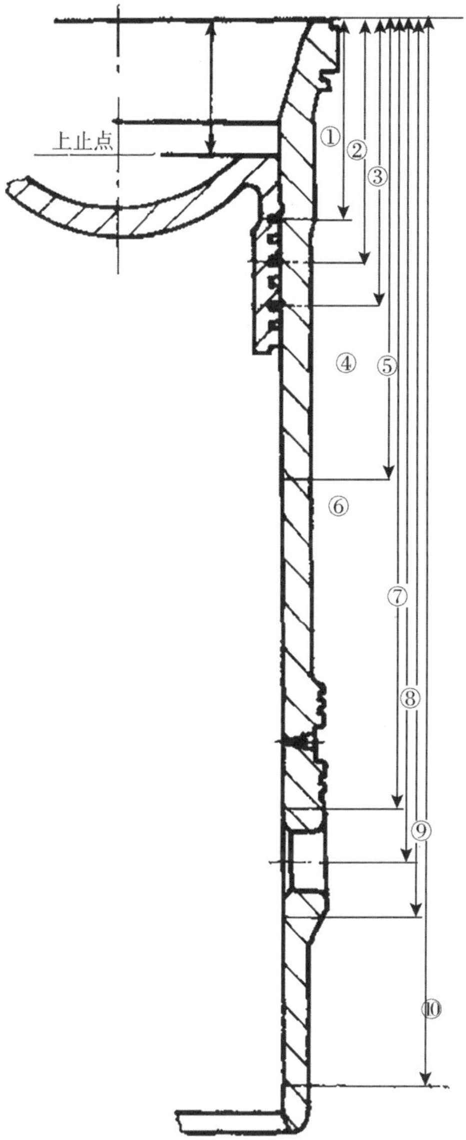

（a）测量位置 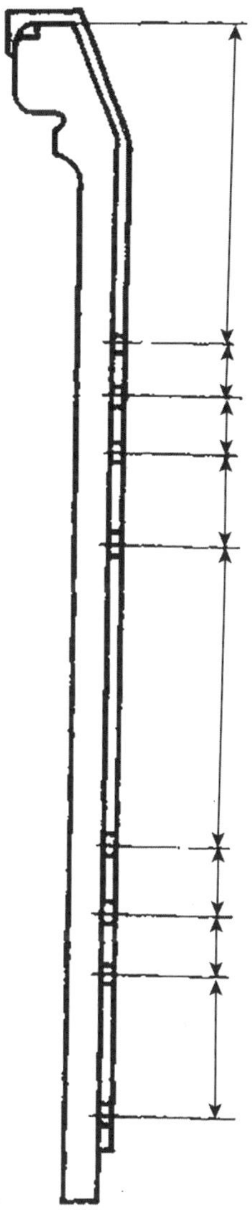　　　　　　　　　（b）测量样板

图 3-3-2 B&W 型柴油机气缸测量位置

①—活塞在上止点,第 1 道环的中央;②—活塞在上止点,第 3 道环的中央;③—活塞在上止点,第 5 道环的中央;④—活塞在上止点后 45°曲柄转角处,第 1 道环中央附近;⑤—活塞在上止点以下 1/3 行程处,第 1 道环中央附近;⑥—活塞在注油孔附近;⑦—活塞在扫气口上部附近;⑧—活塞在扫气口中央;⑨—活塞在扫气口下部附近;⑩—活塞在下止点第 6 道环下部附近(用于确定气缸直径)

（二）气缸套的裂纹

柴油机气缸套裂纹损坏虽然比缸套过度磨损的数量少,但在大缸径、强载的中低速柴油机的气缸套中是常见的损坏形式。气缸套裂纹大多为受到热疲劳和机械疲劳等所产生的破坏。引起疲劳裂纹的原因与缸套的结构、材料、毛坯缺陷及维护管理等有关。在船上工作条件下往往维护保养不良、管理不当是产生裂纹的直接原因。一般来说,缸套裂纹总是发生在结构设计不合理、强度较差和有应力集中的部位。常见的缸套裂纹

主要有：

1.气缸套冷却侧裂纹

在气缸套外表面上部支承凸缘的根部多发生周向裂纹,严重时扩展伸入到缸套内表面,即裂穿,甚至整个圆周上裂纹连通,造成支承凸缘以下部分缸套脱落的严重事故。例如,国产9ESDZ43/82型柴油机、B&W型高增压柴油机的气缸套均有此种损坏。

产生裂纹的原因多为设计不合理,设计时支承力点布置不当致使缸套受力后在支承凸缘的根部产生过大的弯曲应力,加上凸缘根部圆角处的应力集中,使缸套不可避免地产生裂纹。目前,通过改变支承力点位置或减小弯矩、增大凸缘根部圆角半径和控制气缸盖螺栓预紧力等措施均使裂纹情况得到改善。

柴油机气缸套冷却水侧因流道设计结构不良使冷却水流速过高,局部过度冷却引起过大的热应力,再加上流道圆根处的应力集中使缸套冷却侧上部产生裂纹并向内表面扩展,造成缸套上部纵向裂纹。

此外,如果二冲程柴油机气缸套有内铸冷却水管,会产生纵向裂纹,该纵向裂纹甚至裂穿至内表面。这是由于铸造缸套时内铸冷却水管与气缸套之间熔合不良或冷却水压力波动原因所致,也可能是由于冷却水处理不佳发生腐蚀等原因所致。

2.气缸套内表面裂纹

二冲程柴油机气缸套内表面上部纵向裂纹或龟裂严重时会扩展到冷却水侧。当缸套冷却水侧结垢较厚或有死水区时,会使缸套局部过热产生裂纹或者过大交变热应力引起热疲劳裂纹。裂纹始于缸套内表面,经较长时间运转后裂穿。另外,如果燃油黏度过高,喷射压力较大,则燃油喷射距离加长,炽烈的火焰侵袭缸套内表面造成局部过热,亦使缸套上部产生裂纹。

气缸套排气口附近裂纹是排气温度过高使排气口附近金属过热所致。拉缸使内表面产生纵向裂纹,也使气口处产生裂纹。

（三）拉缸

在活塞环、气缸套和活塞工作表面上,沿着活塞运动方向,出现条纹状损伤,细看时能看出熔融的粗糙表面,大多数情况下伴有暗红、发蓝等颜色的损伤时,就可以判断气缸套产生了拉缸。拉缸是柴油机制造、修理试车及运行中常易出现的事故,强载柴油机上这种情况尤其严重。拉缸时的磨损率很高,可达正常磨损率的几十倍,甚至几百倍。拉缸严重时,会产生咬缸,继而造成严重的机损事故。

拉缸多发生在磨合阶段,但也有在长期运转后发生的。如在运行中出现下列情况,就可能出现拉缸,必须慢慢地停车检查。

（1）运转的声音不正常,如发出"咄咄""嗒嗒"声等。

（2）车速下降或自动停车,曲柄箱或扫气箱冒烟。

（3）排气、冷却水和润滑油温度显著提高。

"拉缸"实质上就是黏着磨损,气缸套与活塞环之间由于油膜减薄或被破坏,在高压力作用下,炽热的摩擦引起材料的显微熔化、黏着,并与其周围质点扯断。轻微的拉缸很难与磨料磨损区别,只是磨损量大一点而已。再严重一点,由于黏着磨损产生塑性变形,常常露出新的金属表面,因此,磨损表面特别光亮;在磨损大的情况下,滑动表面可以看到伤痕,开始是几条细纹,以后伤痕沟纹越来越多,而且越来越大,最后摩擦面烧融黏成粗糙的表面,出现咬缸,使柴油机停止运转。同样,活塞裙部和气缸套工作表面也会因油膜遭到破坏而黏着。

四冲程柴油机拉缸多出现在活塞位于上止点位置时第一道活塞环附近,而二冲程柴油机在排气口附近易出现拉缸。

引起拉缸的因素是多方面的,往往是几个因素的综合,但最根本的一点是油膜过薄。而油膜过薄的原因不外乎两个方面:一是供油状况不佳,难以形成足够的油膜;二是窜气或过大的局部压力破坏了正常的油膜。在实际运行中,引起拉缸的因素有:

(1)活塞环和气缸套表面粗糙度及精度配合不当;或在不均匀磨料磨损处,两者不能完全吻合,引起过大的局部接触压力。前者使柴油机在磨合期易引起拉缸,后者在长期运转后易引起拉缸。

(2)导板间隙过大,活塞部件安装不正,引起活塞和气缸套过度磨损并产生过热,使机件变形增加,同时会产生变形不均匀现象,都能引起拉缸。例如,某船主机(筒形活塞式柴油机)在修船后的试车中,第 5 缸和第 1 缸先后发生拉缸。从活塞与气缸套的间隙数据中可以看出,间隙在前后方向上出现零值,说明活塞运动装置对中不良,以致产生拉缸,如表 3-3-1 所示为活塞与气缸套间隙测量记录。

表 3-3-1　活塞与气缸套间隙测量记录　　　　　　　　　　　　　　　(mm)

缸号		第 1 缸		第 5 缸		缸号		第 1 缸		第 5 缸	
测量部位		前	后	前	后	测量部位		前	后	前	后
上止点	上	0.51	0.84	0.46	0.91	上止点	上	0.69	0.67	0.70	0.64
	下	0.33	0	0.31	0		下	0.20	0.15	0.28	0

(3)气缸套、活塞组件装配间隙过大或过小。间隙过大,不仅窜气严重,破坏油膜,而且活塞在气缸套内摆动大时,活塞环外圆表面的上、下棱缘与气缸壁接触,使接触压力增大,容易破坏油膜。间隙过小,使活塞环出现所谓"机械黏着"。随着活塞环的往复上、下运动,活塞环与气缸套壁之间可能出现过大的接触压力而黏着,使活塞环胀死,甚至折断。

(4)气缸套变形。例如,封水橡胶圈太粗,使气缸套装进机体时过紧,引起气缸套内圆表面变形。

(5)活塞环折断。

(6)操作管理不当。例如,活塞环弹力丧失后,未及时更换,引起窜气破坏油膜,甚至活塞环折断而引起拉缸。

✏️ 任务实施

(一)拆卸气缸套

(1)放出气缸套冷却水腔的冷却水;

(2)安装气缸套拆装专用工具;

(3)检查校验气缸套与气缸体之间的装配标记,以便于装复时的准确定位;

(4)用专用扳手旋转六角螺帽,缸套会慢慢上升,直到缸套外圆上下两个外配合凸肩与曲轴箱的上下气缸孔脱开;

（5）拆去气缸套拆装专用工具，用手或者吊具拉出缸套；

（6）清洁缸套内外的油脂与水垢、积炭，并磨掉缸套内表面磨痕台阶；

（7）更换气缸套密封圈，检查气缸套内表面的受损情况，并采取相应的修复措施。

（二）缸套测量操作步骤

对于大型低速二冲程柴油机气缸套，因为行程较长和有气口，所以除前述四点测量位置外，应根据相邻的两个测量点之间的距离大小，适当增加测量点，并在气口上下方增加两个测量点。

1.量缸表的使用

测量前的准备：需先进行内径量表的装配和调制。

调制的方法如下：

（1）按所要测量的缸径选用合适的可换量头。选择可换量头的方法是在使用的活动量头与可换量头两端距离的量程内，将可换量头外螺纹端装入滚花螺母后拧入三通管的螺孔中，旋动可换量头，调节到量头间距比缸径公称值大 1~2 mm 为宜，拧紧滚花螺母紧固可换量头。

（2）将百分表装到表杆上，使百分表指针有 0.5 mm 左右的读数，将固定百分表壳的紧固螺栓适当拧紧。

（3）调整好外径千分尺。擦净外径千尺的两端测量面。使用随尺提供的校准棒检验外径千分尺微分筒"0"刻度线是否与固定套筒上的水平线重合，同时微分筒边缘应与固定套筒上的"0"线的右边缘恰好相切。如果"0"位校准不对，要重新调整。调整方法是：先松开固定套筒上的顶丝，用随外径千尺带来的专用小扳手插入固定套筒"0"线背面的小孔，扳动固定套筒，使套筒水平线和微分筒的"0"刻度线对到合乎要求，然后紧固顶丝。

将外径千分尺两端测量面距离调至缸径的公称尺寸，锁住微分筒保持此距离。

（4）用内径量表测量调好缸径值的外径千分尺，转动百分表使大指针对"0"，记下百分表小指针的读数（再重复查一下可换量头是否紧固）。

2.测量的步骤

用右手握住内径量表表杆（握住表杆上的胶木部位），左手两指使表的定心架压在缸套壁面，使可换量头进入缸内，如图 3-3-3 所示为气缸套内径测量。

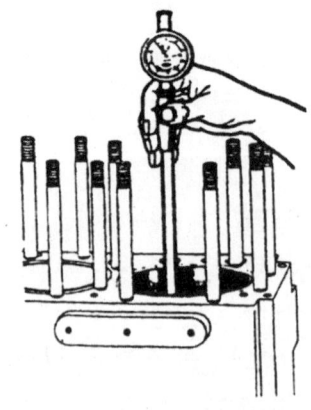

图 3-3-3　气缸套内径测量

（1）将定心架放在要测量的部位,右手握住表杆前后稍做摆动。这样可换量头沿缸套母线略做上下移动,观察表杆摆动时表面上指针的偏转,应使表杆向表针转动的减值（所量值减小）的方向摆动。到表针刚要反转时,表杆立即停止摆动,这时百分表的读数为内径的相应尺寸。记下百分表上的读数,与气缸直径的规定数值或上次测量数值进行比较,可得到该测量部位的实际尺寸或相对磨损量。根据同一个气缸同一个缸套不同部位的测量结果,可计算缸套的圆柱度和圆度。

（2）测量值读数要根据大指针离开“0”位的格数和指针偏转方向来决定。百分表大指针每偏转 1 格为 0.01 mm,偏差的正负可在测量前用手按动量头观察大指针的转动方向来确定:用手按动量头,若大指针顺时针转,则当表杆在缸内摆动时,指针按反时针方向偏转,距“0”的偏转格数为缸径比公称值的增大量,即实际测量尺寸为正偏差;反之,指针按顺时针方向偏转,距“0”的偏转格数为缸径比公称值的减小量,为负偏差。注意,千万不可搞反。

（3）也可使装配好的内径量表进入缸套上部（注意:活塞上止点以上未磨损过的部位）,调“0”作为该缸磨损量测量依据。将缸套上部未磨损部位去除积炭,擦拭干净。内径量表在该部位如上述测量缸套方法一样略摆动,当大指针向减值方向偏转刚要反转时,停止摆动。将表面转动调至“0”位,在将可换量头紧固后（以用它作为比较标准）去测量规定部位的尺寸,可读得相对磨损量。

（4）测量时应注意如下几点:

①不许用百分表、内径量表、千分尺测量粗糙的表面或有明显凹凸不平的表面或毛坯件。不许将零件强行推入百分表触针的下端,也不能让百分表受剧烈振动或撞击,以免造成损坏。

②使用内径量表或千分尺的过程中,要严防水、油和灰尘渗入表内,测量杆上也不要加油,免得测量杆粘有灰尘、杂物和油污进入表内,影响其表的灵活性。

③在观察表的读数时,视线应与表盘相垂直。因为指针与表盘之间有一段距离,视线歪斜时,会造成读数的误差。

内径量表使用完毕后,应从表杆上卸下百分表、可换量头、螺母等,擦拭干净后置于盒内妥善保存,以防止随意碰撞而损坏。

3.缸套内径圆度、圆柱度的计算

（1）圆度

同一测量环上 $x-x$ 和 $y-y$ 方向上两相互垂直直径的半径差,取三个环带中最大的差值为最大圆度。

（2）圆柱度

沿 $x-x$ 和 $y-y$ 方向不同环带上最大与最小直径的半径差,取其中的最大差值为最大圆柱度。

最后,将其测量的结果记入如表 3-3-2 所示的气缸套测量记录表中,再根据缸套的磨损极限和说明书的要求进行修复、更换。

表 3-3-2　气缸套测量记录表

船名		柴油机气缸套测量记录表							测量		第　页　共　页			
机名									记录		日期			
缸套编号 截面方向	1		2		3		4		5		6		7	8
	艏艉	左右	艏艉	左右	艏艉	左右	艏艉	左右	艏艉	左右	艏艉	左右	艏艉 左右	艏艉 左右
I														
II														
III														
IV														
最大圆度														
最大圆柱度														
直径最大增量														

拓展知识

金属与周围介质发生化学作用、电化学作用或物理溶解而产生的变质和破坏称为腐蚀。金属腐蚀是在外部介质作用下发生在金属与介质的相界面上的破坏。所以,金属腐蚀破坏总是从零件表面开始,然后向零件内部扩展或同时向四周蔓延。

在船舶机械和设备中腐蚀破坏相当严重。例如,船体钢板和管路的腐蚀,柴油机气缸盖、气缸套和活塞的冷却水腔的电化学腐蚀,活塞顶部和排气阀的高温化学腐蚀,气缸套外圆表面和螺旋桨桨叶上的穴蚀等。腐蚀的后果轻者使零件的尺寸、几何形状改变,表面损坏;重者造成零件裂纹、穿孔和断裂而报废,机器不能正常运转。然而,腐蚀的恶果并非是一朝一夕形成的,而是较长时间作用的结果。学习和了解金属腐蚀的意义和目的就在于增强防止金属腐蚀的观念,为延长船舶机械和设备的使用寿命而加强日常的维护保养工作。

(一)化学腐蚀

1.化学腐蚀概念

金属与周围介质(非电解质)直接发生化学作用引起的破坏称为化学腐蚀。在化学腐蚀过程中不产生电流。化学腐蚀分为气体腐蚀和有机介质腐蚀。气体腐蚀是指在干燥气体中或高温气体中的腐蚀。金属与介质中的氧化剂直接作用就在金属表面生成一层氧化物薄膜,即腐蚀产物。金属能否继续被氧化取决于氧化物薄膜的结构和与基体的结合强度。碳钢零件在 560 ℃以下被氧化,生成 Fe_2O_3 或 Fe_3O_4 的结构致密、与基体结合牢固的稳定膜,可阻止原子的扩散,从而保护金属表面不再继续被氧化。而在 560 ℃以上时,氧化生成 FeO 的结构疏松、与基体结合不牢的膜,原子容易穿过膜使金属继续被氧化,达一定厚度后脱落。

金属的高温氧化曾被视为典型的化学腐蚀。近年来研究认为:在高温气体中金属最初的氧化属于化学反应,但氧化膜的成长过程则属于电化学机理。因为金属表面的介质已由气相变为既能电子导电又能离子导电的氧化膜。所以,金属的高温氧化不再是单纯的化学腐蚀。

金属在有机介质中被腐蚀,有机介质为不导电的非电解质。例如,有机酸、卤代化合物和含硫的化合物等。实际生产中纯化学腐蚀的现象较少,例如,铝在四氯化碳、三氯甲烷或乙醇中,镁或钛在甲醇中,金属钠在氯化氢气体中等的腐蚀都属于化学腐蚀。但实际上这些介质中都含有少量水分而使有机介质不纯,使化学腐蚀变为电化学腐蚀。

2.柴油机零件的化学腐蚀

柴油机运转时,燃烧室中的高温高压燃气直接与燃烧室组成零件——气缸盖及其上的阀件、气缸套和活塞组件接触,燃气中某些低熔点灰分熔化附着在零件金属表面,在高温下发生化学作用使零件表面受到破坏的化学腐蚀,称为高温腐蚀或钒腐蚀。

重油燃烧后产生灰分,灰分是一些氧化物、无机盐或低共熔混合物。重油中含有钒、钠、硫的化合物,燃烧后生成这些元素的氧化物或硫酸盐,如 V_2O_4、V_2O_5、Na_2O 和 Na_2SO_4 等以及低共熔混合物。如表 3-3-3 所示为灰分中一些物质的熔点和软化点。

表 3-3-3　灰分中一些物质的熔点或软化点

物质	熔点($℃$)	物质	熔点或软化点($℃$)
$CaSO_4$	1 450	$Na_2O \cdot V_2O_5$	640
Fe_2O_3	1 565	$Na_2O \cdot V_2O_4 \cdot V_2O_5$	625
NiO	2 090	$2Na_2O \cdot V_2O_5$	600
SiO_2	1 720	$V_2O_5 \cdot Na_2SO_4$	550~580
Na_2SO_4	880	$5Na_2O \cdot V_2O_4 \cdot 11V_2O_5$	535
V_2O_4	1 970	$60\%Na_2SO_4+40\%V_2O_5$	330
V_2O_5	675	$Na_2O \cdot V_2O_4$	630

高温下钢铁零件上附着熔化或软化的钒钠化合物后,由于 V_2O_5 是酸性氧化物,直接与金属接触使其表面上的氧化膜被溶解,并使裸露的基体金属不断氧化而形成腐蚀麻点或凹坑。如排气阀盘面烧成孔洞。零件金属温度越高,腐蚀速度越快,后果越严重。

柴油机燃用重油为发生高温腐蚀提供了条件,但并非燃用重油就必然发生高温腐蚀,还必须具备:

(1)零件温度在 550 ℃以上,足以使钒、钠化合物处于熔化状态附着于零件表面。

(2)灰分的成分影响腐蚀速度。当灰分中 $V_2O_5/Na_2O \approx 3$ 时,软化温度由 600 ℃降至 400 ℃,灰分非常易熔,所以腐蚀速度急剧增加;当 $V_2O_5/Na_2O \approx 1$ 时,腐蚀速度最小,因为软化温度高,而零件温度低,所以不会发生高温腐蚀。

3.防止化学腐蚀的措施

根据化学腐蚀的机理,可在零件表面上覆盖一层保护膜,如镀锡、镀锌、发蓝处理等。为防止排气阀等的高温腐蚀,可选用含钒、钠、硫少的燃油,控制其成分;加强燃烧室零件的冷却,使零件温度在 550 ℃以下等。

此外,还应注意零件材料的选择,对腐蚀环境下工作的零件应选用耐腐蚀性强的材料。

（二）电化学腐蚀

金属表面与离子导电的电解介质溶液发生电化学作用产生的破坏称为电化学腐蚀。电化学腐蚀过程中产生电流。电化学腐蚀是自然界和生产中最普遍、最常见的腐蚀，破坏作用也最显著。金属在大气、湿空气、海水、土壤及酸、碱、盐溶液中都能发生电化学腐蚀。在船上，船体与船机发生电化学腐蚀的零件和部位也较多，也是一种主要的故障模式。电化学腐蚀亦分为全面腐蚀和局部腐蚀。

1.电化学腐蚀原理

零件表面发生电化学腐蚀必须同时具备两个条件：一是表面有电解液黏附；二是表面有电位差。

任何金属都有杂质或不同元素，不同元素的电位不同，因而它们之间产生电位差。零件表面有如盐酸电解液时，就形成阳极区和阴极区，同时产生原电池作用，如图 3-3-4 所示为电化学腐蚀原理。金属离子由阴极区电离进入溶液，与其中的氯离子结合，形成氯化铁。氢离子到达阳极区，形成氢气放出，零件表面被破坏。

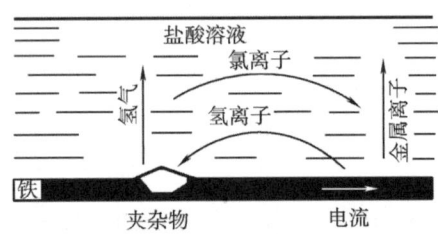

图 3-3-4　电化学腐蚀原理

在电化学腐蚀中，腐蚀电池起着重要的作用。根据构成腐蚀电池的电极大小，可将腐蚀电池分为宏观和微观两种。

（1）宏观腐蚀电池

宏观腐蚀电池是肉眼可见电极构成的宏观大电池，它引起金属零件或构件的局部宏观腐蚀破坏。

①异金属接触电池

两种具有不同电位的金属或合金相互接触（直接接触或用导线连接），并处于同一种电解质溶液中时，便会使电位较低的金属不断遭到腐蚀，这种电池称为异金属接触电池。两种金属的电极电位差越大，腐蚀越严重。

例如，装有冷却水的冷凝器的碳钢壳体与黄铜管子构成异金属接触电池。

②浓差电池

同一种金属的不同部位与浓度（含氧量或食盐量）或温度不同的介质接触构成的腐蚀电池称为浓差电池，最常见的有氧浓差电池、盐浓差电池和温差电池等。这是一种普遍存在的、危害很大的腐蚀电池，也是造成局部腐蚀的重要原因。

金属与含氧量不同的介质接触，在氧浓度较低处金属的电极电位较低，为阳极；在氧浓度较高处金属的电极电位较高，为阴极，从而构成氧浓度差电池，阳极区的金属遭到腐蚀。例如，铁棒埋于土壤中，因土壤深度不同含氧量不同，故在铁棒埋得最深部位的金属腐蚀最严重。

同样，如果一根长铜棒两端分别插入稀、浓硫酸铜溶液中，则稀硫酸铜溶液中的铜棒端电极电位低,为阳极;而铜棒另一端电极电位高,为阴极,阳极棒端遭到腐蚀。

浸于电解质溶液中的金属,其不同部位处于不同温度时构成的电池为温差电池。例如,换热器的高温端比低温端腐蚀严重。

（2）微观腐蚀电池

微观腐蚀电池是指零件金属表面由于电化学不均匀性而构成许多微小电极的电池,又称为微电池,如图 3-3-5 所示为微观腐蚀电池。零件金属表面电化学不均匀性是由金属的微观不均匀性引起的,主要有以下几点原因:

①化学成分的不均匀性。工业上使用的金属材料不同程度地含有杂质、非金属夹杂物或存在偏析,使金属化学成分不均匀。金属、杂质、非金属夹杂物的电极电位不同,当与电解质溶液接触时就构成无数微电池。

②金属组织不均匀性。同一种金属或合金中有不同的组织结构和晶体缺陷,如位错、空位、畸变等,因而有不同的电极电位。晶粒内部与晶界的电位不同,例如,钢中的铁素体 1 与渗碳体 2 在有电解质溶液时构成无数的微电池,如图 3-3-5(a)所示。

③物理性质或状态不均匀性。金属材料进行冷、热加工后使金属材料各部分的受力和变形不同,一般应力较高和变形较大的部位电位较低,成为阳极,容易被腐蚀,如图 3-3-5(b)中的变形部位。

④金属表面膜不完整性。金属表面都有一层氧化膜,当表面膜破裂、有孔而不完整时,破裂处和有孔处的金属电位较低成为阳极。例如,船体钢板上的铁锈与铁锈脱落后裸露的钢板构成微电池,如图 3-3-5(c)所示。

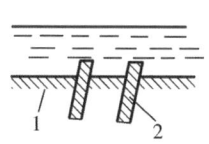

（a）钢中铁素体与渗碳体构成微电池

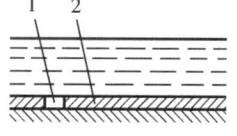

（b）钢板弯曲变形构成微电池
（c）表面膜不完整构成微电池

图 3-3-5 微观腐蚀电池

2.船上常见的电化学腐蚀

船上常发生的电化学腐蚀一般为局部腐蚀。主要有以下几种:

(1)电偶腐蚀。船上零件只要能构成异金属接触电池就会发生电偶腐蚀,且较为普遍。例如,螺旋桨与艉轴、离心泵的叶轮与轴等。

(2)氧浓差腐蚀。金属浸入含氧溶液中就形成氧电极。溶液含氧浓度越高,氧分压就越大,氧电极的电位就越高,为阴极。例如,柴油机气缸套与气缸体下部密封圈处的缝隙,因充气不足或冷却水停滞而使氧浓度低,此处的金属为阳极与附近氧浓度高处的金属——阴极形成氧浓差电池,发生氧浓差腐蚀。

(3)选择性腐蚀。由微电池引起的电化学腐蚀,例如,黄铜制件脱锌、柴油机气缸套外圆表面石墨化腐蚀(铁素体被腐蚀,仅剩下石墨),都是选择性腐蚀。

(4)应力腐蚀。工程上常用不锈钢、黄铜、碳钢等加工制件,都会发生应力腐蚀。例如,黄铜管的季裂。

(5)海水腐蚀。海水是唯一含盐浓度高的电解质溶液,是腐蚀性最强的天然腐蚀剂之一。海水由于含盐高而成为腐蚀性介质,盐分总量为 3.5%~3.7%,在世界大洋中海水的成分和总盐度恒定,内海则因地而异。海水中的盐类主要是氯化物($NaCl$、$MgCl_2$),其次是硫酸盐($MgSO_4$、$CaSO_4$)。由于海水能离解盐类,所以海水是一种导电性很强的电解质溶液。海水中的大量氯离子,能使零件金属表面的氧化膜遭到破坏,因而海水对大多数金属有很强的腐蚀作用。腐蚀可能是微观电池作用,也可能是宏观电池作用。钢铁在海水中的腐蚀速度为 0.13 mm/a。如果海水流速增加、海水温度升高等还会加速海水腐蚀。

船舶常年航行在海上,在海水与海洋大气包围之中,船体、甲板机械等与海水接触的零部件等受到严重的腐蚀,如船体钢板、螺旋桨、艉轴、舵及甲板机械——起货机、起锚机、绞缆机等。此外,柴油机的空冷器、冷却器、冷凝器、空气压缩机的机体、各种海水管等都要用海水冷却。所以,海水腐蚀不容忽视。

3. 防止电化学腐蚀的措施

根据电化学腐蚀原理可知,只要破坏产生电化学腐蚀的条件之一就能有效地阻止腐蚀的发生,这是防止电化学腐蚀的基本原则。另外,由于电化学腐蚀破坏的形式较多,每种破坏形式都有其产生的具体原因和条件,所以防止腐蚀的方法也是多种多样,根据不同情况选用不同方法。生产中主要有以下几种:

(1)合理选材

根据介质和使用条件尽量选用相同材料或电位相近的材料或其他耐腐蚀的材料。

(2)阴极保护

利用电化学腐蚀原理使被保护零件成为阴极则可防止腐蚀。一种方法是将被保护零件与外加直流电源的负极相连,用外加阴极电流使阴极电位向负的方向变化,即实施阴极极化阻止腐蚀过程的进行。另一种方法是牺牲阳极保护法,即在被保护零件上安装电位更低的金属使之成为阳极,被保护零件成为阴极而不被腐蚀。例如,在船体钢板上、气缸套外表面上安装锌块。

(3)阳极保护

将被保护零件与外加直流电源的正极相连,用外加电流使阳极电位向正的方向变化,即实施阳极极化使零件金属腐蚀速度迅速降低并保持一个稳定的低电位,使阳极钝化降低腐蚀。

(4)介质处理

除去介质中促进腐蚀的有害成分。例如,锅炉给水的除氧处理;调节介质的 pH 值和改变介质的湿度;在介质中添加阻止和减缓腐蚀的物质,例如,常在柴油机冷却水中添加铬酸盐、亚硝酸盐等无机缓蚀剂,使在零件金属表面上形成钝化膜,抑制阳极腐蚀。此外,还可在冷却水中添加乳化防锈油。

(5)表面覆盖保护膜

在零件表面上覆盖一层金属或非金属保护膜,使与腐蚀介质隔开以防止腐蚀。如采用电镀、电刷镀、喷涂或磷化、氧化处理等工艺在零件表面上形成金属膜或非金属膜。

(6)加强维护和管理

轮机员应对船上容易发生腐蚀的零部件加强维护管理,防止或减少腐蚀。船舶动力装置中凡与海、淡水和湿空气接触的零件、构件和管系均有发生电化学腐蚀的可能。

故应：

①定期进行柴油机冷却水处理。

②适时更换船体钢板上和缸套冷却侧上的防腐锌块。

③选用低硫燃油，当燃用含硫高的燃油时采用与之匹配的碱性气缸油。

④加强柴油机和艉轴润滑油的定期检验。

⑤机件经碱洗后，一定用清水彻底清洗和涂油保护。

（三）穴蚀

穴蚀是水力机械或机件与液体相对高速运动时在机件表面上产生的一种破坏。穴蚀又称空泡腐蚀，或气蚀。

穴蚀也是一种局部腐蚀。穴蚀的特征是机件金属表面上聚集着小孔群，呈蜂窝状或呈分散状的孔穴。孔穴表面清洁无腐蚀产物附着，孔穴直径一般在 1 mm 以上。例如，柴油机气缸套外表面上穴蚀小孔直径为 1 ~ 5 mm，最大可达 30 mm，孔深可达 2 ~ 3 mm，严重时穿透缸壁。

船机零件发生穴蚀破坏的除柴油机气缸套外，还有轴瓦、喷油泵柱塞、螺旋桨桨叶及离心泵叶轮等。机件穴蚀破坏日益引起人们的关注，尤其缸套穴蚀已是船用发电柴油机的重要问题，引起国内外的重视与研究。

气缸套穴蚀是船用中高速柴油机普遍存在的严重问题。随着柴油机的功率、强载度的提高和高速、轻型化，气缸套穴蚀破坏就成为妨碍柴油机正常运转的首要问题，严重地影响柴油机的工作可靠性和气缸套的使用寿命。

一般说来，船用中速和高速筒状活塞式柴油机，特别是高速、轻型大功率柴油机，不论是开式冷却还是闭式冷却，气缸套都有不同程度的穴蚀。例如，12V180、6150 等高速柴油机，6300、6250 等中速柴油机。有的柴油机投入运转不久（仅几十小时）就会在气缸外圆表面出现穴蚀小孔，甚至柴油机运转不足千小时就因缸套穴蚀穿孔而报废，此时，缸套内表面尚未磨损。而二冲程十字头式低速柴油机气缸套基本不发生穴蚀破坏。

1. 穴蚀部位

缸套穴蚀发生在湿式气缸套外圆表面上，一般集中在柴油机左右侧方向，特别是承受侧推力最大一侧的偏上方；冷却水进口、水流转向处和水腔狭窄处对应的缸壁上；缸套下部密封圈附近缸壁上。穴蚀小孔呈蜂窝状或呈分散状，如图 3-3-6 所示为气缸套的穴蚀。

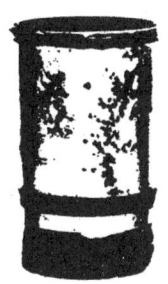

图 3-3-6　气缸套的穴蚀

缸套冷却水腔除缸套穴蚀外，不应忽视气缸套和气缸体材料的差异和材料内部的各种电位不均匀性导致的宏观和微观电化学腐蚀。这两种腐蚀同时存在或交替进行均会加重缸套的腐蚀。此外,冷却水(海水或淡水)的水质、含气量、流速等均对穴蚀有影响。

2.气缸套穴蚀机理

(1)一般穴蚀机理

迄今为止,关于穴蚀机理的论述很多,其中较为普遍接受的一种理论认为:机件发生穴蚀的先决条件是机件浸于液体中,并与液体有相对运动,或机件在液体中受到某种能量的传递作用,形成液体中的局部瞬时高压或瞬时高真空。在瞬时高真空区,液体汽化形成气泡,或溶于水中的空气以空泡形式从液体中分离出来;在另一瞬间形成高压时,空泡、气泡被压缩,泡内气体迅速液化而使泡溃灭,这时周围液体急速冲向溃灭处,产生极强的冲击波作用在金属表面。频繁地冲击,使机件表面金属逐渐剥落。与此同时,金属表面还产生微观电化学腐蚀,两种腐蚀交替进行共同作用致使机件穴蚀破坏。

(2)气缸套穴蚀机理

柴油机气缸套外圆表面与气缸体(或机体)构成冷却水空间,在狭小的环形通道中流动着淡水或海水。柴油机运转时,由于缸套与活塞的间隙,活塞在侧推力作用下不断地冲撞着缸壁的左、右侧,使气缸套产生高频振动。缸套的高频振动和缸壁的弹性变形使冷却水空间的容积交替地增大和减小,冷却水相应交替地膨胀与被压缩。膨胀时受拉伸作用形成瞬时低压,被压缩时形成瞬时高压。此外,冷却水进入和流动时产生涡漩使冷却水通道内压力变化,也会形成瞬时高压或低压,在瞬时低压时产生空泡,在瞬时高压时空泡溃灭使缸套外圆表面频繁受到冲击和微观电化学腐蚀作用而破坏。

灰口铸铁气缸套在高达 1 GPa 的冲击力作用下,缸套表面微小局部金属发生塑性变形,不断地作用使金属疲劳而剥落。此外,缸套振动能量的转化、液体间摩擦和空泡破裂时产生大量的热,缸套表面局部产生高温使金属达熔化状态,高压作用下更容易造成金属破坏,剥落后形成针孔。冲击波的继续作用和电化学腐蚀使孔穴增大、增多。

3.影响缸套穴蚀的因素

生产中并非所有的筒状活塞式柴油机气缸套都发生穴蚀破坏,即使是发生穴蚀破坏,其程度也各不相同。缸套穴蚀与柴油机的机型、结构、爆发压力、冷却水腔和冷却介质、工艺参数等有关。

(1)缸套振动

柴油机运转中缸套高频振动是产生穴蚀的根本原因,缸套振动强度与以下各点有关。

①活塞与气缸套的配合间隙。活塞在气缸中运动时,活塞对气缸壁的冲击能量的大小取决于活塞质量和活塞在气缸中横摆时的速度。活塞质量固定不变,但速度随着活塞与缸套的配合间隙的增大而增大。所以,活塞对缸壁的冲击能量取决于活塞与缸套的配合间隙。配合间隙大,活塞横摆加速度大,冲击缸壁能量大,则缸套振动增强。例如,12V180G 型高速柴油机的铸铝活塞头部与气缸套的配合间隙为 0.9 mm,缸套穴蚀严重。当改用线膨胀系数小的锻铝(LD3)活塞时,配合间隙减小到 0.7 mm,穴蚀明显减小。又如 4105 型高速柴油机采用铝活塞时,其与气缸套的配合间隙为 0.52 mm,缸套振动加速度为 $58g$(g 为重力加速度),柴油机运转 30 h,缸套外圆表面产生 1 mm 深的穴蚀

小孔。改为铸铁活塞时冷态间隙为 0.15 mm,缸套振动加速度为 23g,缸套振动减弱。改变活塞材料虽然可以降低穴蚀,但会使活塞惯性力增加产生其他问题。

②缸套刚度。缸套刚度直接影响缸套的振动。刚度大,受活塞冲击时变形小,振动小,可有效地防止穴蚀。缸套刚度除与其材料有关外,还与缸套壁厚和纵向支承跨距有关。缸壁厚度增加,支承跨距缩短,缸套刚度增大。柴油机设计时缸套壁厚 δ 与缸径 D 之比有一定选取范围:

高速柴油机 $\delta/D = 3.5\% \sim 6.8\%$

中速柴油机 $\delta/D = 8\% \sim 10\%$

③冷却水腔结构。冷却水腔通道太窄,水流速度增高,容易产生空泡。柴油机设计时要求冷却水腔内水流速度应小于 2 m/s,水腔宽度 $t = 14\% D$ 或不小于 10 mm,各处均匀一致,水流畅通不形成死水区和涡流区,有利于降低穴蚀。4115 型柴油机把冷却水腔最窄处由 1.5 mm 增至 7 mm,大大降低缸套穴蚀。

(2)冷却水温度与压力

冷却水温度过高将加速腐蚀的进程,但也不宜长期水温过低。实验证明,钢、铁和铝等金属材料在淡水温度为 50~60 ℃时穴蚀严重,随着水温的升高,穴蚀破坏减轻。从发挥柴油机的效能和降低腐蚀和穴蚀出发,冷却水腔淡水温度为 80~90 ℃时最佳。

冷却水压力高可以抑制空泡的形成,减少穴蚀的发生。但冷却水压力提高将使温度升高而加速穴蚀。

4.防止缸套穴蚀的措施

除靠材质和结构上的改进来防止和降低穴蚀外,对船用中高速柴油机气缸套穴蚀,还可采用以下措施:

(1)缸套外圆表面覆盖保护层或强化层。采用镀铬、渗氮、喷陶瓷、涂环氧树脂或涂尼龙等工艺使金属表面与冷却水隔开,或使缸套外圆表面强化,可有效地防止电化学腐蚀与穴蚀。例如,12V180 柴油机缸套外表面镀铬,8300 型柴油机机体冷却水腔表面涂环氧树脂,防腐蚀和防穴蚀效果较好。

(2)在冷却水腔内安装锌块实施阴极保护防止电化学腐蚀。例如,6300、8300 型柴油机气缸套外表面安装锌块并坚持定期更换取得防止穴蚀的良好效果。

(3)在冷却水中加入缓蚀剂。例如,乳化油缓蚀剂,使在缸套外表面上形成一层较薄的连续保护膜,不仅可以防止电化学腐蚀,而且可以减弱空泡破裂时的冲击波对缸套表面的冲击作用,从而减轻穴蚀。在实践中防止或减轻穴蚀的方法很多,选用时必须依具体机型、结构和产生穴蚀的原因而定,以取得良好的预防效果。

任务四 活塞组件的拆装、解体、测量与计算

建议学时：2学时

由于活塞在燃烧室中进行着压缩、燃烧和膨胀过程,受到燃气高温、高压和腐蚀作用以及摩擦、敲击和侧推力作用,因此,它是柴油机中工作条件最恶劣的部件之一。

学习要素

1.吊出活塞连杆组件;
2.解体活塞连杆组件(浮动式活塞销);
3.组装活塞连杆(浮动式活塞销);
4.活塞销磨损测量及连杆小端轴承间隙测量;
5.活塞连杆组件的装复。

教学目标

能力目标
1.能够掌握活塞组件的拆装程序;
2.能够进行活塞的测量与圆度和圆柱度的计算;
3.能够完成活塞销及连杆小端轴承间隙的测量。

知识目标
1.了解活塞拆装的技术要求、安全规则;
2.掌握活塞组件拆装、解体工具的选择及使用方法;
3.掌握活塞组件的结构、部件组成及工作原理。

素质目标
1.培养学生严谨、细致的工作作风;
2.培养学生良好的学风;
3.培养学生良好的职业意识;
4.培养学生良好的团队合作意识。

相关知识

1.活塞的作用及工作条件

活塞是柴油机中的关键部件,可分为十字头式活塞和筒形活塞两大类。它既是燃烧室部件的组成部分,又与连杆、曲轴等部件组成运动机构。活塞的主要作用是在保证密封的情况下完成压缩和膨胀过程,并将气体力经连杆传递给曲轴。在筒形活塞式柴油机中,活塞承受侧推力,起着滑块的作用。在二冲程柴油机中,活塞还启闭气口,控制换气。

在柴油机工作中,活塞受到燃气高温、高压、烧蚀和腐蚀作用。它的热负荷和机械负荷很高,而活塞材料在高温下机械性能又有所降低,所以活塞在工作中容易产生裂纹和变形。活塞与气缸之间,在相对运动中产生摩擦和撞击。在气缸中,活塞由于温度很高、燃气冲刷、往复运动等原因,它与气缸之间不可能建立液体动力润滑,因此摩擦损失功大,磨损严重。在中高速柴油机中,活塞具有较大的往复惯性力,使得柴油机的振动加剧。

由于活塞对柴油机的动力性、经济性和可靠性影响很大,因此,要求活塞强度高、刚度大、密封可靠、散热性好、冷却效果好、摩擦损失小、耐磨损。对中高速柴油机还要求活塞重量小。

2.十字头式柴油机活塞的构造

十字头式柴油机活塞由活塞头、活塞裙、活塞环、活塞杆和活塞冷却机构组成,如图3-4-1所示为 MAN B&W S50MC-C 型柴油机活塞。

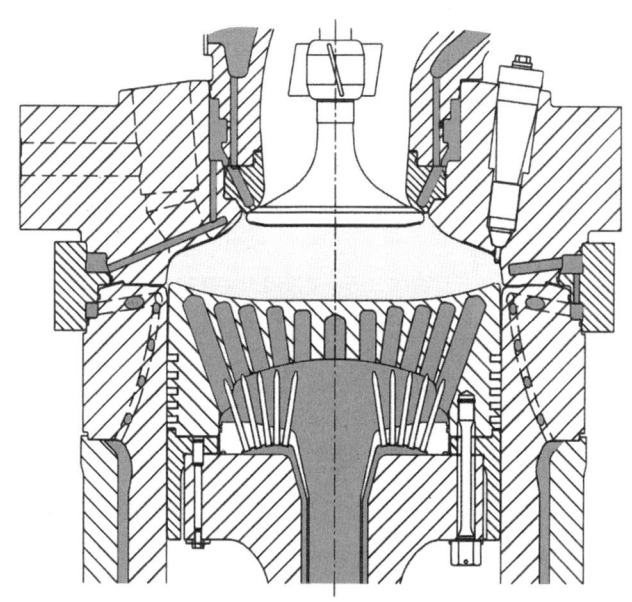

图 3-4-1　MAN B&W S50MC-C 型柴油机活塞

活塞主要由活塞头和活塞裙两部分组成。活塞头用螺栓固定在活塞杆的顶部,活塞裙由螺栓固定在活塞头上。由于活塞头部与燃气接触,承受高温和高压,活塞裙部与气缸套接触,产生摩擦和磨损。为了合理使用材料和方便制造,活塞头和活塞裙分别用耐热合金钢和耐磨铸铁制造。活塞头的顶部呈下凹形,利于燃油与空气混合。活塞头的内部支承体现了薄壁强背的设计原则。

活塞头的侧面有四道镀铬的活塞环槽,构成活塞环带,以装配活塞环密封燃烧室。由于第一、二道环承受的气体压力较高,环的尺寸较高。第一道环是压力释放环,为重叠搭口,其上有六个释压槽,可以使第一、二道环承受的气体压力更加均匀。第二、三、四道环为斜搭口,活塞头的顶部环槽用于吊缸时安装起吊工具。

该活塞在结构上采用了低置活塞环组,以提高活塞顶岸(活塞顶至第一道环的距离)高度,这对于柴油机气缸工作是非常有利的。由于活塞环位置的降低,活塞环处于温度较低的区域,离燃气区较远,使燃烧产物不易进入摩擦面,活塞环工作条件和润滑性能改善,活塞环组的工作性能提高,活塞的磨损大大减轻。

活塞裙为圆筒状。因十字头式活塞不受侧推力的作用,对于直流扫气柴油机,活塞裙做得较短。

活塞杆由锻钢制造,表面经硬化处理。工作中活塞杆承受气体力和惯性力的作用,一般不受拉力只受压力,因而应有足够的抗压强度。又因它的长度与直径的比值较大,所以还要满足压杆稳定性的要求。活塞杆的底部与十字头连接,并由十字头上的凹槽定位。为了适应不同工况,可在活塞杆与十字头之间装配调节垫片。活塞杆用四个螺栓与十字头固紧。

活塞采用滑油冷却,在空心活塞杆顶端固定着滑油管。冷却油由固定在十字头上的套管供入,经十字头与活塞杆底部的钻孔进入活塞杆中的滑油管内部,再进活塞头的冷却油腔,通过活塞头支撑部分的油孔到达外部环形油腔,冷却活塞后经滑油管外的环形空间和十字头流出。

3.筒形柴油机活塞的构造

筒形柴油机活塞由活塞头、活塞裙、活塞环和活塞销组成。对于中型强载柴油机,活塞头部和裙部是分开制造的,而对于强化程度不大的柴油机及小型柴油机,通常将活塞头和活塞裙制成一体,称之为活塞本体,如图 3-4-2 所示为 Wärtsilä 32 型柴油机的活塞。

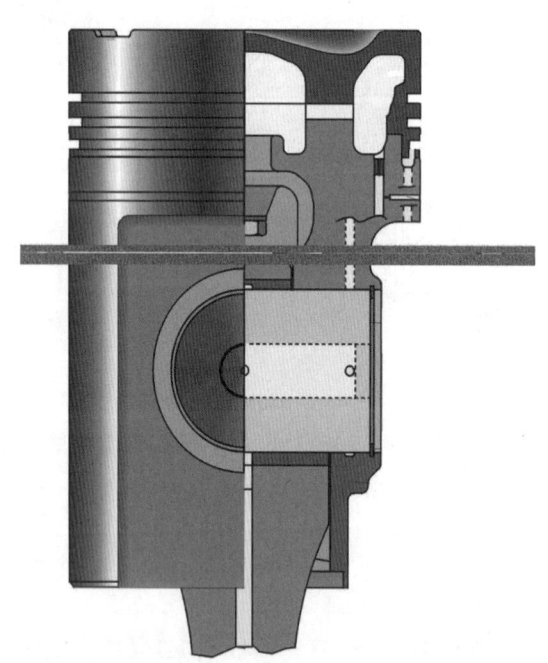

图 3-4-2 Wärtsilä 32 型柴油机的活塞

活塞头部由铸钢制造,活塞裙由球墨铸铁制造并组合在一起。浅盆形活塞顶与气缸盖的平底面相配合,形成一定形状的空间,以适应喷油器所喷出的油束,利于油、气混合和燃烧。活塞顶部四周突起，在与气阀开启相干涉的部位铣出避让坑。活塞头的环带上车有两道压缩环槽和一道刮油环槽。活塞头与活塞裙之间的空间为冷却腔。活塞采用滑油冷却，滑油由曲轴、连杆、活塞销和活塞裙中的通道送至环形冷却腔，再由此流入中央冷却腔，最后由冷却腔的中央孔泄至曲轴箱中。中央孔的位置及孔径保证了振荡冷却的实现。由于活塞头是钢制的，活塞顶板和侧壁较薄，冷却腔较大，使冷却油振荡作用加强，提高了传热效果。活塞顶的这种结构也明显体现了薄壁强背的设计思想。

筒形活塞的活塞裙除承受气体力的作用外，还受到较大的侧推力的作用，所以要造得十分坚韧。对于圆筒形的活塞裙，活塞销处金属较多，当受热时会使活塞销轴线方向的膨胀较大；活塞裙在侧推力作用下也会使活塞销轴线方向伸长，这样，在工作时活塞裙变成椭圆形，使活塞和气缸发生卡阻。为了避免这种现象，Wärtsilä 32 型柴油机的活塞裙在设计阶段就除去了这部分金属。

4.十字头组件的作用、工作条件及构造

十字头组件是船用二冲程十字头式柴油机的特有部件。它的主要作用是将活塞组件与连杆组件连接起来，把活塞的气体力和惯性力传给连杆，承受侧推力并给活塞在气缸中的运动导向。它主要包括十字头本体、十字头滑块和十字头轴承（连杆小端轴承）等。如图 3-4-3 所示为柴油机十字头组件。

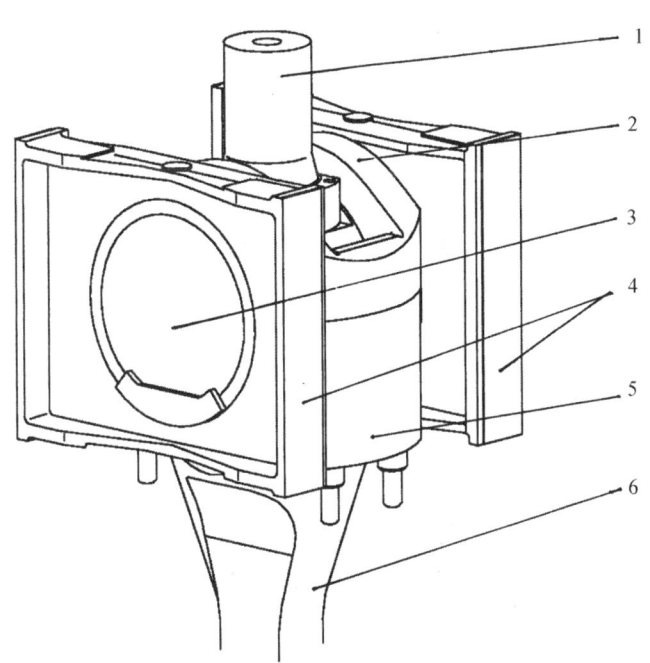

图 3-4-3 柴油机十字头组件

1—活塞杆；2—连杆小端轴承盖；3—十字头销；4—十字头滑块；5—连杆
小端轴承；6—连杆杆身

十字头组件的工作条件是比较苛刻的。十字头本体和轴承要承受周期性的气体爆发压力；十字头滑块要承受侧推力的作用。特别是十字头轴承，由于单向受力及连杆只做摆动，不易形成良好的润滑，工作条件更为恶劣。

十字头的结构有以下几种类型。根据十字头滑块的结构形式可分为双滑块结构、单滑块结构和圆筒形滑块结构。双滑块结构的正、倒车承压面相同,比较安全可靠。导板设在机架的横隔板上,如图 3-4-4 所示为 L35MC/MCE 型柴油机的十字头导板,使连杆摆动平面宽敞,由机器的两侧进行检修工作比较方便,因此应用广泛。单滑块式十字头结构简单,制造与安装容易,以前应用较多,现在已很少采用。圆筒形滑块仅为个别机型使用。

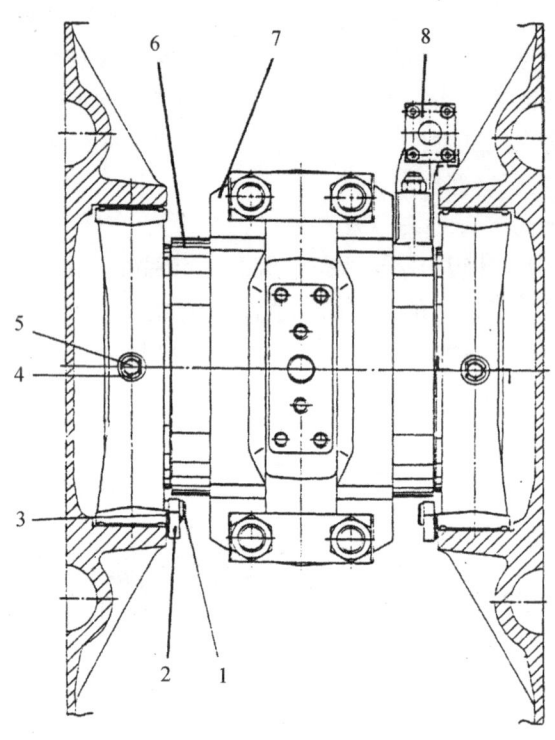

图 3-4-4　L35MC/MCE 型柴油机的十字头导板
1、5—螺栓;2—导轨;3、4—垫片;6—十字头销;7—连杆小端轴承;8—托架

十字头与活塞杆的连接方式有两种:一种是活塞杆穿过十字头上的孔用螺帽固定;另一种是利用活塞杆下部凸缘和螺栓与十字头连接。第一种方式由于活塞杆穿过十字头,连杆小端必须采用分岔形式,使十字头轴承工作可靠性降低,现在已基本不用。而第二种方式由于连杆小端采用全支撑式结构,扩大了轴承的承载面积,改善了轴承的受力状况,使十字头轴承的工作可靠性大大提高。目前 MAN B&W 和 SULZER 公司最新生产的柴油机都采用这种结构。

图 3-4-3 所示为 MAN B&W 公司生产的 S-MC-C 型柴油机的十字头,它主要由十字头销 3 和十字头滑块 4 组成。活塞杆通过四个螺栓固定在十字头销上部的平面上,十字头销由连杆小端轴承 5 支撑,连杆小端轴承盖为中空结构,两侧为十字头滑块,滑块两侧的工作面上都浇有减磨合金,并开设油槽,滑块可沿着固定在机架上两侧的相应导板滑动,并传递侧推力。

任务实施

1.拆卸连杆大端

(1)盘车转动曲轴,使准备吊出的活塞位于气缸内上止点的位置。

(2)由曲柄箱道门处认准连杆大端轴承上、下盖之间的记号和连杆螺栓与螺母之间的位置标记,以备安装时参考。

(3)用专用扳手从曲柄箱道门两边拧松连杆螺栓的紧固螺帽。通常此项操作时需要至少两人在两侧道门同时进行,并做好相互协调配合。

2.起吊活塞

(1)用丝攻清除活塞顶上起吊螺栓孔内的积炭。

(2)将一对专用工具装在对称的气缸盖螺栓上,并用气缸盖螺帽上紧,压紧气缸套,防止起吊活塞时拉松气缸套。

(3)在活塞顶装上专用提升工具,利用手拉葫芦吊起活塞连杆组件。起吊葫芦的索引绳应与气缸中心线在同一条直线位置上。

(4)起吊活塞连杆组件时应注意,连杆大端轴承的上瓦不要跌落到曲柄箱内,应从曲柄箱道门取出。

(5)活塞连杆组件起吊过程中,要防止连杆左右摆动而碰伤气缸套或活塞裙部。

(6)拆出活塞连杆组件后,连杆轴承、连杆螺栓应装回连杆上,并小心保护连杆轴瓦,不要擦伤其表面。活塞连杆组件应平稳地放置在木板垫上,以备进一步拆检、清洗和测量。

3.连杆活塞组件分解

连杆活塞组件基本采用的是浮动式活塞销,两端用弹性卡簧定位。拆卸时,将活塞放平稳,用卡簧钳先拆下活塞两端的定位卡簧,然后用手锤垫上木块由活塞销的一端敲击,将活塞销从另一端推出。活塞销取下时注意方向并将分解的部件分别整齐地摆放在木板上。清洁后包裹好,准备检查与测量。

4.活塞销及连杆小端间隙测量(测量准备与缸套测量一样)

(1)活塞销测量部位分为三段,即活塞销的两端和中间位置,在每个位置的水平和垂直两个方向上应用外径千分尺测量直径,如图3-4-5所示为活塞销外径测量。

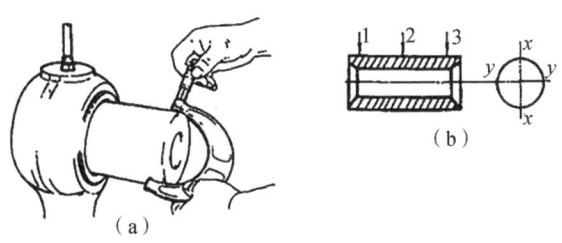

(b)

(a)

图 3-4-5　活塞销外径测量

(2)求出圆度值和圆柱度值

圆度值:所测量的同一部位的纵横向直径的半径之差。

圆柱度值:同一条活塞母线上直径的半径之差。

连杆小端的装配间隙可用厚薄规(塞尺)检查。间隙超过规定极限,小端衬套应换新。

5.活塞组件的装入

活塞组件各零部件经过检查、修复或更新后,符合要求,才能进行组装,步骤如下:

(1)活塞销的安装

先将其中一个卡簧用尖嘴钳装进活塞销座孔的沟槽内,再将涂过滑油的活塞销垫着木块用手锤轻轻打入活塞销孔和连杆小端衬套孔内。注意活塞与连杆的安装方向。

活塞运动件在气缸中的校中(活塞与气缸间隙、导板与滑块间隙的测量及连杆大小端轴承轴向间隙的测量)。

(2)活塞环的安装

活塞环平装入气缸套内,接口处要有一定的开口间隙;活塞环应装在活塞上,在环槽中,沿高度方向要有一定的边间隙;镀铬环应装在第一道,开口不要对着活塞顶部的涡流凹坑方向;各活塞环开口在互相错开120°,均不准对着活塞销孔;锥形断面活塞环,安装时锥面应向上;扭转环安装时,倒角或切槽应向上;安装组合环时,应先装轴向衬环,再装扁平环和波形环。波形环上边装两片扁平环,下边装一片扁平环,开口应相互错开。

(3)活塞组件装入气缸

装入前,应先转动曲轴,使准备安装活塞连杆组件的曲柄销位于上止点位置。再将活塞环、缸套表面及曲柄销颈上涂以薄薄的机油(如有气缸注油器,应摇动气缸注油泵,观察气缸壁上的注油孔是否畅通)。在活塞顶上装好专用提升工具,用手拉葫芦将活塞吊起。活塞连杆组件装入气缸时,要注意活塞在气缸中的方向(应按照拆卸时的原方向装)。特别要注意的是,如果大端瓦是45°斜剖分,则连杆瓦盖一定要装在与曲轴旋转方向相同的一边(这样可减轻连杆螺栓工作时的冲击力)。在缸套上部安放安装活塞环的专用工具,然后由锥形套筒收紧活塞环,缓慢地将活塞装入气缸内。如有挡阻,可用手锤柄轻击活塞头部,并轻轻摇动活塞便可以将活塞慢慢推入气缸内。在连杆大端瓦平稳地落座在曲柄销轴上后,盖上连杆大端瓦轴承盖,上紧连杆螺栓。连接时,应注意连杆大端上、下轴承盖处的记号,有调整垫片的不要漏装、错装。上紧连杆螺栓时应按说明书的规定均匀地扭紧连杆螺栓。最后,用新铁丝或开口销将连杆螺栓固紧螺母锁紧。

拓展知识

1.拆卸活塞连杆组件前做哪些工作?

【答】应首先清除气缸内(尤其是气缸上部边缘处)积炭,避免在活塞吊出时,由于积炭的阻碍而拉动气缸套。

2.拆卸连杆大端时要注意什么?

【答】为避免当连杆螺帽拆下后连杆大端轴瓦盖跌落于曲柄箱内造成机件损坏,在螺帽拆下前应用方木或专用的垫架垫在连杆大端轴承盖下方,然后均匀拧松两边的连杆螺栓,使大端轴承盖平稳地落在方木或垫架上,再由曲柄箱道门取出。

3.活塞、连杆组件安装时应注意哪些事项?

【答】(1)缸套、活塞、活塞环与环槽内应均布滑油,以利于活塞顺利下滑;(2)活塞环搭口应错开;(3)缸套上部应放置安装活塞环用的专用锥套(内表面呈上大下小锥形),便于将活塞环缓慢压入环槽内,顺利装复;(4)每缸活塞、连杆组件装复后应进行盘车以检查转动有无卡阻现象。

4.柴油机活塞销的材料一般是什么? 有什么特点呢?

【答】柴油机活塞销的材料一般选用低碳钢(如 15 号钢、20 号钢)、合金渗碳钢(如 20Cr、12CrNi3 等),并经表面渗碳、淬火和低温回火处理,以使其表面硬度高、耐磨性好,芯部具有较高的韧性。活塞销的主要损坏形式是磨损和裂纹。

任务五　活塞环的拆装、检修与测量

建议学时：2学时

活塞环的工作条件十分恶劣,第一道活塞环直接受到高温高压燃气的作用,其他环由于燃气经环的搭口、气缸壁面和环槽处漏泄,也受到燃气不同程度的作用。

学习要素

1.活塞环拆卸;

2.测量活塞环搭口间隙及天地间隙;

3.活塞环检查,判断活塞环能否继续使用;

4 活塞环装配。

教学目标

能力目标

1.能够完成活塞环的拆装和检查;

2.能够完成活塞环间隙的测量与掌握塞尺的使用。

知识目标

1.了解活塞环拆装的技术要求、安全规则;

2.掌握活塞环拆装、间隙测量工具的选择及使用方法;

3.掌握活塞环的天地间隙、搭口间隙、活塞环厚度及环槽的测量方法。

素质目标

1.培养学生严谨、细致的工作作风;

2.培养学生良好的学风;

3.培养学生良好的职业意识;

4.培养学生良好的团队合作意识。

相关知识

1.活塞环

根据活塞环所起的作用不同,有压缩环(气环)和刮油环两种。压缩环主要是用来保证活塞与气缸之间在相对运动条件下的密封。刮油环的作用是除去气缸套表面过多的滑油,通常用于筒形活塞式柴油机。而十字头式柴油机气缸采用的是注油润滑,一般只装气环,在活塞裙比较长的活塞上还要装承磨环。

活塞环在工作中被活塞带动相对于气缸套做往复运动。由于气体压力、活塞环往复运动的惯性力和与气缸套之间产生的摩擦力、活塞横向振动和气口挂碰等作用,活塞环在环槽中产生十分复杂的运动。其中有轴向运动和轴向振动、径向运动和径向振动、回转运动、扭曲振动等。由于气缸套壁面失圆、有锥度,活塞环在本身弹力作用下还要产生张合的交变运动。活塞环在高温下工作,润滑条件较差,在环槽中的运动状态又十分复杂,使它与气缸套、活塞环槽之间产生严重的摩擦和磨损。活塞环因振动、与气口挂碰、弹性张合等作用而有可能产生裂纹或折断。柴油机在运行中,还会因燃烧不良、滑油过多而将活塞环黏着在环槽里,使活塞环失去密封作用,造成燃烧室窜气,使活塞环损坏。因此,要求活塞环应有良好的密封性能,且要耐磨,特别是抗熔着磨损的性能要高;要有适当的弹性、足够的强度和热稳定性。

活塞环的材料要弹性较好、摩擦系数小、耐磨、耐高温,有良好的初期磨合性、储油性和耐酸腐蚀。一般采用合金铸铁(加硼、高硅)、可锻铸铁、球墨铸铁。为了提高活塞环的工作能力,常采用的结构措施和制造工艺有:表面镀铬以提高耐磨性;松孔镀铬以提高表面储油性,加快磨合;内表面刻纹以提高弹性;环外表面开设蓄油沟槽;环外表面镀铜以利磨合,喷镀钼以防止黏着磨损等。

2.压缩环(气环)

压缩环的主要作用是防止气缸中的气体漏泄和将活塞上的部分热量传给气缸。压缩环的密封作用是依靠本身的弹性和作用在它上面以及漏到环的内侧的气体压力,使环紧紧贴合到气缸壁和环槽壁上,如图3-5-1所示为压缩环的密封作用示意图。这样就阻止了气体通过活塞与气缸壁的间隙漏至气缸下部空间。但由于活塞环在气缸中要留有搭口间隙,因此,正常工作的压缩环也不可能完全阻断燃气的漏泄。再加上活塞环可能出现的失效,为了提高密封效果,一个活塞上要设多道压缩环。但为了减少摩擦损失,压缩环也不能设置过多,通常高速柴油机装2~4道,低速柴油机装4~6道。每道环的密封作用可由燃气压力在各道环槽中的变化情况看出。第1道环由于高温高压燃气的直接作用,承受的负荷最大。在新型柴油机上,常采用将第1道环加高的方法提高其承载能力,并在环的外侧开设4~6道压力释放槽,以使第1、2道环的负荷更加均匀。

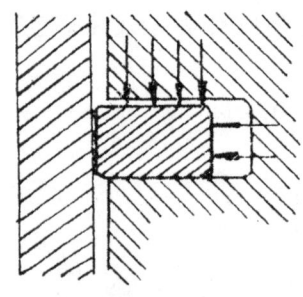

图 3-5-1 压缩环的密封作用示意图

压缩环的结构型式是多种多样的,根据其断面形状,可分为矩形环、梯形环、倒角环、扭曲环等。如图3-5-2所示为气环的断面形状。矩形环制造简单,应用最广,但温度超过200 ℃时容易结焦卡死。梯形环、倒角环和扭曲环用在中高速柴油机中。压缩环的搭口形状有直搭口、斜搭口和重叠搭口,如图 3-5-3 所示为气环的搭口形式。直搭口和斜搭口结构简单,加工方便。重叠搭口气密性好,但容易折断。为了减少通过搭口的漏气,安装时活塞环搭口不要摆在上下一条直线上,应该错开并且相邻环的斜搭口方向要彼此相反。

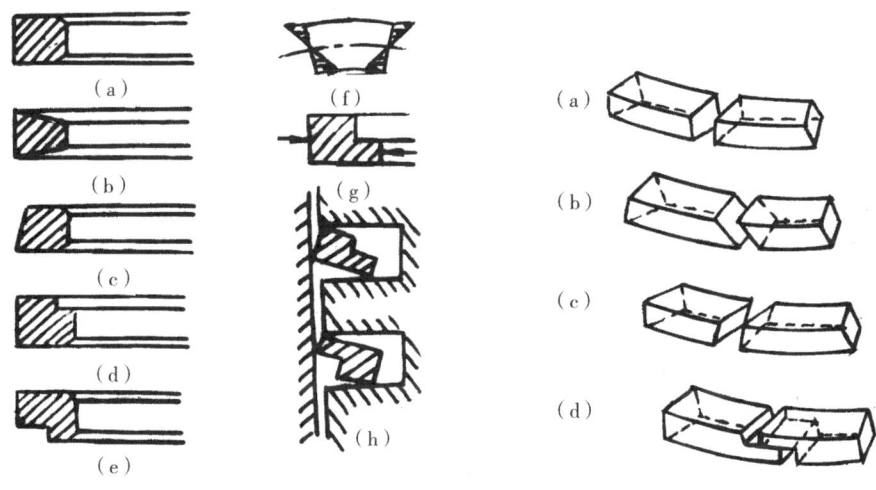

图 3-5-2　气环的断面形状　　　　图 3-5-3　气环的搭口形式

3.油环

在筒形活塞式柴油机中,做回转运动的曲柄销轴承把润滑油甩到气缸壁上。活塞与气缸套之间就是依靠这样飞溅来的油进行润滑的,故称飞溅润滑。由于飞溅到气缸壁上的滑油过多,气环会通过泵油作用把它泵入燃烧室,这不仅增加了滑油的消耗量,而且还会严重地污染活塞、气缸、气阀和排气道,因此,筒形活塞要在气环下面装设 1~2道刮油环。新型柴油机通常只装设 1 道刮油环。

气环的泵油作用是由活塞环在缸壁上的刮油作用和在环槽中的挤油作用引起的,如图 3-5-4 所示为气环的泵油原理。活塞环在环槽中的运动是由气体力、惯性力和摩擦力的合力来决定的。例如在进气过程中,如图 3-5-4(a)所示,如果合力向上,环紧压在环槽顶面上。环在运动中把缸壁上的油刮到环槽中。当活塞经过下止点回行时,环所受的合力向下,环由槽的顶面移向底面,把环槽中的油由下方挤到上方,如图 3-5-4(b)所示。而第一道环槽上方的油被挤入燃烧室。气环在其他工作过程中也有类似的运动,随着柴油机工作循环的进行,滑油就从一道环到另一道环逐渐被泵上去,最后被第一道环泵入燃烧室。

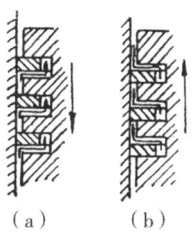

图 3-5-4　气环的泵油原理

如图 3-5-5 所示为油环的结构形式和工作原理。其可分为单刃刮油环和双刃刮油环。油环的特点是:环与缸壁的接触面积小,以增加接触压力,提高刮油效果;环与槽的天地间隙小,以减小泵油作用;油环及环槽开有泄油孔,可将刮在环槽中的油经环与槽上的泄油孔排回曲轴箱。要注意,当安装的刮油环刮刃为锥状表面时,要把刮刃的尖端放在下方,如图 3-5-5(a)、(c)所示,以便油环下行时刮油,上行时让滑油从它的倾斜面上流过。如果装反了,它就会向上刮油,加强了气环的泵油作用,使大量的滑油窜入燃烧室中。

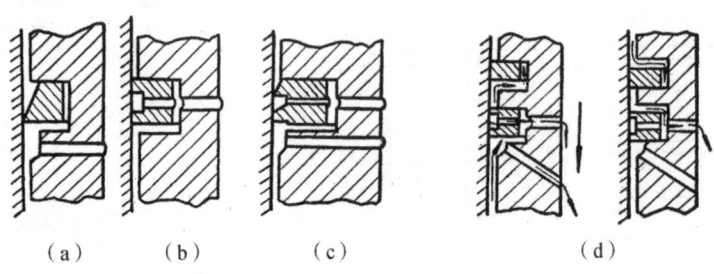

（a）　　（b）　　　（c）　　　　　（d）

图 3-5-5　油环的结构形式和工作原理

4.承磨环

十字头式活塞的承磨环是专为活塞与气缸的磨合而设置的。超短裙活塞可不装承磨环,短裙活塞装 1~2 道,长裙活塞装 2~4 道。在活塞裙上开设燕尾形的环槽,如图 3-5-6 所示为承磨环的安装工艺。把截面如图 3-5-6(a)所示的青铜条分成 3~4 段敲进环槽中,然后再加工到工作尺寸,如图 3-5-6(b)所示。承磨环的直径比活塞裙部的直径大。在磨合中,先是减磨金属与气缸磨合,待承磨环逐渐磨平后,磨合过的气缸再与活塞裙逐渐接触进行磨合。实践证明,如果在裙较长的活塞上不安装承磨环,活塞与气缸在磨合中就会拉缸。在中小型筒形活塞的活塞裙上不装设承磨环。

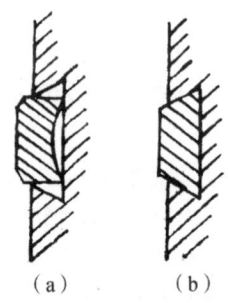

（a）　　　（b）

图 3-5-6　承磨环的安装工艺

承磨环在运行中虽已磨平,但不必更换。如果发现缸套有不正常的磨损和擦伤,或当承磨环出现单边严重磨损或碎裂时,在对缸套进行修整的同时应换新承磨环。缸套、活塞换新时承磨环应予换新。可根据承磨环的磨损情况来分析活塞的对中情况。

✐ 任务实施

1.拆卸活塞环

(1)活塞环的拆卸应该使用专用工具,在没有专用工具时,一般可用麻绳或铁丝,做成环套套在拇指上,分别挂在活塞环开口两端,缓慢地用力使活塞环张开后进行拆装。

（2）张开活塞环时,应尽量使它的开口在能拆卸的条件下张开得小些,否则很容易折断或使活塞环受到内伤,使之很快疲劳断裂。

（3）拆下的活塞环应按次序放置好以备检查,不要弄乱次序或随意乱放。

2.活塞环搭口与天地间隙的测量

（1）清除气缸套内表面上的积炭、油污,必要时用刮刀修刮缸口,并用细油石打磨光滑,再用干净的棉纱擦拭干净。

（2）用手握住活塞环开口的对边,将活塞环放入气缸缸径磨损最小的部位,一般在气缸下部 1/3 处,并且放平。

（3）用塞尺插入环的开口处,松紧合适的塞尺厚度就是环的搭口间隙。当搭口间隙大于规定最大允许间隙时,该环不能再使用,必须更换。当间隙值小于规定最小装配间隙时,应进行修锉。如图 3-5-7 所示为活塞环搭口间隙的测量。

（4）活塞环和环槽经过清洗后,将环依次装入各道环槽中（注意不可将上、下端面颠倒）,使下端面紧贴环槽下端面上,用塞尺沿圆周 3~4 个位置测取天地间隙的平均值,如图 3-5-8 所示为活塞环天地间隙的测量。

（5）将活塞环搭口间隙与天地间隙测量值记录在如表 3-5-1 所示的活塞环测量记录表中。

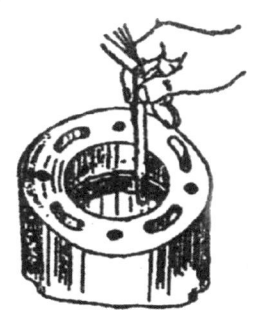 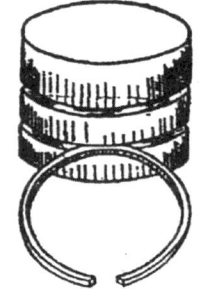 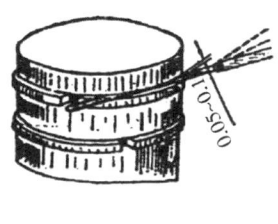

图 3-5-7　活塞环搭口间隙的测量　　　　图 3-5-8　活塞环天地间隙的测量

3.活塞环的弹性检查

活塞环自由开口是活塞在自由状态下开口间的距离,其大小直接影响环的弹力。

（1）测量自由开口法:将活塞环自活塞上取下后,测量自由状态下的开口大小。通常新环在自由状态下开口尺寸为（0.10~0.13）D,D 为缸径。若所测自由开口值小于新环自由开口值,说明环的弹性下降。

（2）永久变形量法:将活塞取下清洗后,人为将自由开口闭合或将其扩大 1 倍再松开,若其永久变形量大于自由开口值的 10%,则表明环的弹性下降。

（3）对比法:用新旧环的弹力对比检查弹力,如图 3-5-9 所示为活塞环弹力的检查。

（4）吊缸后将活塞环和气缸分别清洁干净,将环装入气缸并用手推动。

表 3-5-1　活塞环测量记录表

机器型号：　　　　　　　　测量日期：　　　　　　　　测量人：

活塞编号	活塞环编号		搭口间隙(mm)	平面间隙(天地间隙)(mm)
1	气环	1		
		2		
		3		
		4		
	油环	1		
		2		
2	气环	1		
		2		
		3		
		4		
	油环	1		
		2		
3	气环	1		
		2		
		3		
		4		
	油环	1		
		2		
4	气环	1		
		2		
		3		
		4		
	油环	1		
		2		
5	气环	1		
		2		
		3		
		4		
	油环	1		
		2		

续表

活塞编号	活塞环编号		搭口间隙(mm)	平面间隙(天地间隙)(mm)
6	气环	1		
		2		
		3		
		4		
	油环	1		
		2		

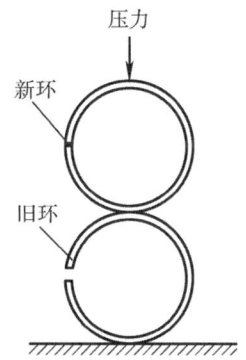

图 3-5-9　活塞环弹力的检查

4.活塞环的密封性检查

活塞环与缸套的密封性检查主要有漏光检查和环平面挠曲度检查。

(1)漏光检查

将活塞环放入标准气缸套(或圆筒形量规)内,用活塞把环推平。在缸套中活塞环的下侧放一个光源,上侧用比气缸外套内径小 3~4 mm 的盖板将环盖住,检查环圆面与缸套壁面的漏光情况。合格要求:每处漏光弧长不超过30°,同一根活塞环的漏光弧长总和不得超过 90°,但在活塞环开口处左右 30°范围内不允许漏光,并且漏光径向间隙用 0.02~0.03 mm 的塞尺不得通过。

(2)环平面挠曲度检查

环平面挠曲将影响环在环槽中的运动,容易使环在环槽中卡住,影响环的密封性。检查方法为将环平放在平板上,观察环端面与平板的接触情况。合格要求:环平面应与平板完全接触,不得有明显的间隙,但允许有局部间隙,其间隙值为:缸径≤200 mm 者,不大于 0.05 mm;缸径为 200~500 mm 者,不大于 0.08 mm;缸径>500 mm 者,不大于 0.1 mm。

5.活塞环装配

活塞环的搭口间隙、天地间隙和弹力情况都符合检查要求。如图 3-5-10 所示为活塞环的安装,安装时注意断面倒角(无倒角的环无上、下之分),倒角的一边朝下,或有记号的一边朝上安装;各道环的搭口应相互错开,3 道环的,每环相隔 120°;4 道环的,第 1 与第 2 道环相隔 180°,第 3 与第 4 道环相隔 180°,第 2 道与第 3 道环相隔 90°。

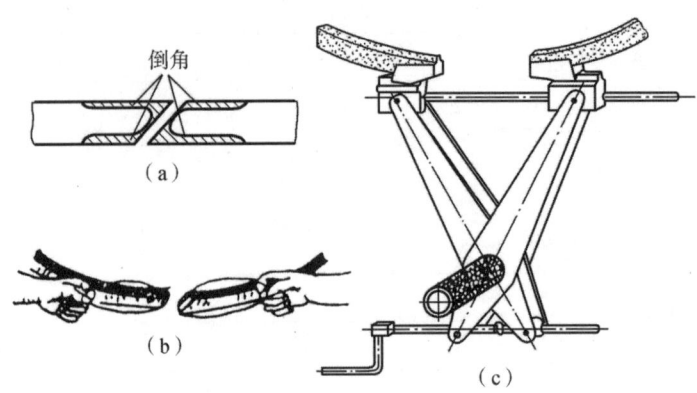

图 3-5-10 活塞环的安装

拓展知识

1.一般活塞环槽的正常磨损率是多少?

【答】一般活塞环槽的磨损率在 0.01 mm/kh 以内为正常磨损。环槽磨损情况是通过样板和塞尺测量环槽高度的变化来确定的。柴油机正常运转时活塞环的正常磨损率在 0.1~0.5 mm/kh 之内,活塞环的寿命一般为 8 000~10 000 h。

2.活塞环有哪几种? 有何作用?

【答】活塞环分为气环和油环两种。通过搭口间隙的测量可检查环的外表面磨损,通过天地间隙的测量可检查环的端面磨损。活塞环:针对十字头柴油机,起注油润滑的作用,分为压缩环、承磨环;针对筒形活塞柴油机,起飞溅润滑的作用,分为压缩环、刮油环。活塞环的作用:密封、散热、支承、布油、刮油。

3.活塞环的工作条件怎么样?

【答】①受到高温高压燃气的作用;②往复惯性力作用;③缸套摩擦力作用。

4.环在环槽中的运动状态有哪些?

【答】①轴向运动;②径向运动;③回转运动;④扭曲运动。

5.活塞环有哪些要求?

【答】良好的密封性、耐磨性;足够的强度、热稳定性及弹性;表面硬度稍高于缸套。

6.压缩环的断面形状有哪些? 分别有何特点?

【答】矩形环;梯形环;倒角环:不宜做第 1 和第 2 道环;扭曲环:分内切槽环和外切槽环两种。安装扭曲环时常将内切槽环放在第 2、第 3 道,目的是为下两道环切槽处存留滑油,以利润滑。另外,安装时应注意内切槽环的切槽朝上,外切槽环的切槽朝下。

7.活塞环的搭口形式有哪些?

【答】活塞环的搭口形式:直搭口、斜搭口、重叠搭口。

8.活塞环常见的故障有哪些?

【答】有活塞环异常磨损、粘环、断环。

(1)活塞环的异常磨损(正常磨损:0.3~0.5 mm/kh)

环外圆磨损反映在搭口间隙上,环与环槽磨损反映在天地间隙上。原因:润滑不良、燃烧不良、磨合不良、冷却不良、摩擦表面有硬质颗粒等。

（2）粘环

原因：①环或气缸过热；②滑油过多；③滑油不干净；④燃烧不良结炭。

判断：①严重漏气，柴油机工作无力；②润滑油（或冷却水）温度升高；③燃油和润滑油消耗量增加。

防止措施：

①防窜气，窜气会使滑油变质；②提高刮油环的刮油能力，防刮油环装反；③适当增加天地间隙；④控制气缸注油量；⑤保持气缸冷却水温度适宜；⑥定期更换润滑油和加入抗氧化添加剂。

粘环的后果：①燃烧室漏气；②活塞环断裂；③拉缸。

（3）断环

断环原因：

活塞方面：①环槽损坏，表面不平；②活塞头部热变形，使环槽表面相对活塞中心线扭曲；③活塞头部与缸套间隙过大。

气缸方面：①上止点附近因磨损严重而产生阶梯状，连杆大端轴瓦产生较大磨损，由于惯性力作用而断环；②二冲程机扫、排气口倒角不够大。

环自身方面：①环搭口间隙过小，常在开口对侧附近折断；②环的振动；③侧隙太大或太小；④开口处倒角不够大，环挂在气口上。

使用方面：①环温度太高；②润滑不良；③爆压过大。

断环的征象：①气缸压力下降，漏气加剧；②润滑油消耗量增加；③柴油机功率下降；④排气温度升高；⑤燃烧恶化冒黑烟。

防止措施：①防止粘环和磨损；②保证搭口间隙和天地间隙在要求范围内。

9.活塞环磨损如何测量？

【答】环与缸套的磨损使环的搭口间隙变大，环与环槽的磨损使天地间隙变大。活塞环与环槽天地间隙如过大，会引起活塞环对环槽的冲击而加速磨损并且泵油严重，应进行更换；活塞环的环槽轴向间隙过小，会使活塞环卡死在环槽中而失效，可用手工磨具磨削或徒手砂磨。此时将环的上端面放在铺有 0 号细金刚砂纸的平板上，用手按住环面，使它在砂纸上来回移动砂磨环的上端面。砂磨时用力要均匀，磨一会儿后将环转一个位置再磨。砂磨中要随时将环洗干净后进行测量，直到环槽轴向间隙合格为止。注意环的另一端面为工作面，不能动。

10.通常对活塞环检查哪些方面？

【答】活塞环检查项目有：

①质量缺陷的外观检查。

②环上、下端面的挠曲度检查：检查方法为将环平放在平板上，观察环端面与平板的接触情况。

合格要求：环平面应与平板完全接触，不得有明显的间隙，但允许有局部间隙，其间隙值为：缸径≤200 mm 者，不大于 0.05 mm；缸径为 200~500 mm 者，不大于 0.08 mm；缸径>500 mm 者，不大于 0.1 mm。

③漏光检查：将活塞环放入标准气缸套（或圆筒形量规）内，用活塞把环推平。在缸套中活塞环的下侧放一个光源，上侧用比气缸外套内径小 3~4 mm 的盖板将环盖住，检

查环圆面与缸套壁面的漏光情况。

合格要求:每处漏光弧长不得超过 30°,同一根活塞环的漏光弧长总和不得超过 90°,但在活塞环开口处左右 30°范围内不允许漏光,并且漏光径向间隙用 0.02~0.03 mm 的塞尺不得通过。

④活塞环弹性定性检验(自由开口法、永久变形量法)

自由开口法:活塞环自活塞上取下后,测量自由状态下的开口大小。通常新环在自由状态下开口尺寸为 $(0.10~0.13)D$,D 为缸径。若所测自由开口小于新环自由开口值,说明环的弹性下降。

永久变形量法:活塞环取下清洁后,人为将自由开口闭合或将其扩大 1 倍再松开,若其永久变形量大于自由开口值的 10%,则表明环的弹性下降。

⑤搭口间隙和天地间隙的检查。

11.活塞环失效对柴油机运转的影响有哪些?

【答】①发生漏气,使 P_C、P_Z、T_r、N_e 下降。

②活塞环的散热作用下降,使活塞头过热。

③刮油环的刮油作用下降,使缸壁表面积聚大量气缸油或使气缸油窜入燃烧室,引起积炭。

④缸壁油膜被破坏,加速活塞环与缸套之间的磨损。

⑤十字头式柴油机,漏气严重,会引起扫气箱着火。

⑥箱式柴油机,污染曲柄箱内滑油,加速氧化变质,甚至会使曲柄箱内滑油产生油雾引起爆炸。

12.活塞环拆卸(或装配)应注意什么?

【答】①配环工艺。新环的检查(a.外观检查、测量搭口间隙和平面间隙;b.修锉搭口两端和环的上端面、测量环的径向厚度和环槽深度;c.要求环的径向厚度比环槽深度小 0.5~1.0 mm、检查环的弹力);修锉搭口;修锉上、下两端的棱边。

②新环验收。材料:高磷铸铁、钒钛铸铁。硬度:在 HB180 和 HB250 之间,同一条活塞环上硬度差不超过 HB20。要求活塞环硬度比缸套硬度高 HB10~HB20,目的是既保护缸套不被很快磨损又有较长的活塞环寿命。活塞环密封性检查,采用漏光法,一处漏光弧度不超过 30°,几处漏光弧度总和不超过 90°,搭口附近 30°范围内不允许漏光。

13.柴油机活塞环弹性如何定性检验(自由开口法、永久变形量法)?

【答】在无备件的情况下可采用应急方法暂时恢复环的部分弹力。具体做法是用小锤敲击活塞环内圆表面。自搭口对面部位开始重敲,然后逐渐向两侧敲击,用力逐渐减小,使环的开口增大,弹力增加。

连杆、连杆大端轴瓦和连杆螺栓的拆装、检查与测量　　建议学时：2学时

连杆的功用是将作用在活塞上的气体压力和惯性力传给曲轴,并把活塞或十字头与曲轴连接起来,将活塞的往复运动变成曲轴的回转运动。连杆的运动复杂,连杆的小端随活塞做往复运动,大端随曲柄销做回转运动。连杆杆身在小端和大端运动的合成下,绕着往复运动的活塞销或十字头销摆动。杆身上任意一点的运动轨迹随其位置而异,都近似呈椭圆。

连杆不但运动复杂,而且受力也很复杂。连杆承受周期性变化的气体力和活塞、连杆惯性力的作用,并且气体力在燃烧时具有冲击性。在二冲程柴油机中,连杆始终是受压的,但压力的大小是周期性变化的。在四冲程柴油机中,连杆有时受拉,有时受压。连杆大、小端轴承还与活塞销或十字头销、曲柄销产生摩擦和磨损。

对连杆的主要要求是:连杆应耐疲劳、抗冲击,具有足够的强度和刚度。连杆长度应尽量短,以降低柴油机的高度和总重量。要求连杆轴承工作可靠、寿命长。此外还要求连杆重量轻,加工容易,拆装维修方便。在十字头式柴油机中连杆多用中碳钢,筒形活塞式柴油机中连杆采用优质碳钢或合金钢制造。

学习要素

1.连杆大端轴承盖拆卸;

2.连杆螺栓检验;

3.曲柄销测量及轴颈圆度、圆柱度计算,连杆大端轴承间隙测量;

4.连杆大端轴承盖装配。

教学目标

能力目标

1.能够完成连杆、连杆大端轴瓦和连杆螺栓的拆装和检查;

2.能够判断检查、测量结果是否符合机件本身状态。

知识目标

1.了解连杆、连杆大端轴瓦和连杆螺栓的拆卸与检查,连杆螺栓的上紧方法,曲柄销测量的技术要求、安全规则;

2.掌握连杆、连杆大端轴瓦和连杆螺栓的拆卸与检查,连杆螺栓的上紧方法,曲柄销测量的工具及其使用方法;

3.掌握连杆、连杆大端轴瓦和连杆螺栓的正确外观检查方法。

素质目标

1.培养学生严谨、细致的工作作风;

2.培养学生良好的学风;

3.培养学生良好的职业意识;

4.培养学生良好的团队合作意识。

 相关知识

1.十字头式柴油机连杆的构造

十字头式柴油机连杆一般由小端、杆身和大端三部分组成。对应于不同类型的十字头,连杆小端也有两种结构,一种是分岔式连杆小端,它对应于穿过活塞杆的十字头,由于这种十字头轴承工作可靠性较低,现在已基本不用。另一种是全支撑式连杆小端。连杆大端根据杆身与大端轴承座是否分开分为车用大端和船用大端。连杆杆身与连杆大端轴承座剖分式的大端结构称为船用大端,船用大端在剖分面处装有压缩比调节垫片,但结构比较复杂;杆身与大端轴承座不分开的结构称为车用大端,车用大端结构简单、紧凑,目前在大型船用低速柴油机中得到了广泛的应用。

如图3-6-1所示为RTA-T-B型柴油机连杆的构造。小端为十字头端,由小端轴承盖3、轴承座、薄壁轴瓦4和连杆螺栓2等组装而成。大端为曲柄销轴承,由大端轴承盖9、轴承座、薄壁轴瓦8以及连杆螺栓7等组装而成。大、小端的连杆螺栓2和7都是紧配螺栓,以保证轴承盖、轴承座和杆身之间正确而紧固地配合。连杆螺栓为柔性螺栓,有较高的疲劳强度,用专用液压工具上紧。

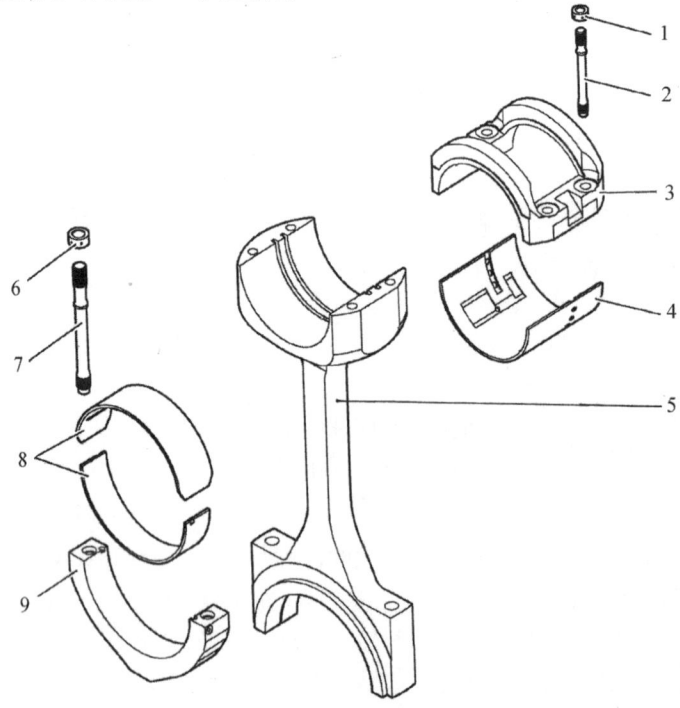

图3-6-1　RTA-T-B型柴油机连杆的构造

1、6—连杆螺栓螺母;2、7—连杆螺栓;3—小端轴承盖;4、8—薄壁轴瓦;5—连杆杆身;9—大端轴承盖

MAN B&W 公司的 MC 系列柴油机连杆也采用类似结构。这种连杆的杆身与连杆大、小端轴承座合为一体,整个连杆结构紧凑,长度很短,这对于现代超长行程柴油机减少整机高度是非常重要的。连杆小端刚性大,十字头销短而粗,采用全支承刚性十字头轴承。它的承载能力和工作可靠性都明显增加。

　　2.筒形活塞式柴油机连杆

　　筒形活塞式柴油机的连杆一般采用优质碳钢或合金钢锻造而成。

　　连杆杆身的截面形状通常有圆柱形截面和工字形截面两种。圆柱形截面是由自由锻造毛坯制成,主要用于中型或小批量生产的柴油机中。工字形截面在其摆动的平面内有较大的截面惯性矩,质量小,材料利用合理,通常采用模锻毛坯,适用于大批量生产的中高速柴油机。连杆杆身中常钻有油孔,其作用是把润滑油从大端输送到小端,以润滑连杆小端轴承和冷却活塞。

　　连杆小端是活塞销的轴承,小端孔内压入锡青铜衬套或浇有轴承合金的卷制衬套。对于中速强载柴油机,通常采用锥形或阶梯形的连杆小端,以增大连杆小端下部主要承压面的面积。

　　连杆大端是曲柄销轴承,通常制成剖分式结构,用螺栓连接起来。连杆大端首先要满足拆装条件,即在检修时连杆应能同活塞一起由气缸中吊出。随着柴油机强化程度越来越高,曲轴轴颈增粗,刚性增大,连杆轴承尺寸也越来越大,因此连杆大端出现了平切口、斜切口和阶梯切口以及船用大端等各种结构。

　　对于 V 型柴油机,近年来生产的新机型几乎全部采用并列连杆,主副连杆和叉骑式连杆基本不再使用。

　　如图 3-6-2 所示为 Wärtsilä 38 型柴油机连杆,连杆由合金钢锻造并加工成圆形截面,由于该机的最高燃烧压力已达到 19 MPa,为了保证曲轴的刚度和轴承的承载能力,连杆大端采用船用大端结构,可以在不打开大端轴承的情况下进行吊缸,并使吊缸高度达到最小。连杆大端轴承较宽,使轴承负荷较小,在连杆大端与杆身之间为一块铝合金板,保证了两部分很好的贴合。连杆小端为阶梯形小端,并采用三层结构的轴瓦,具有良好的承载能力。杆身中间钻孔,将润滑油从连杆大端送至小端,供小端轴承的润滑及活塞的冷却。杆身与连杆大端的结合面正处于连杆大端轴承座的上方,可以方便地拆卸和维护。所有螺栓用液压工具同时上紧。

　　如图 3-6-3 所示为 Wärtsilä 20 型柴油机连杆,连杆由合金钢锻造而成,由于该机的转速较高,为了减小惯性力,连杆采用工字形截面,杆身内开油孔以润滑小端和冷却活塞。为了同时满足连杆的拆装条件并减小轴承负荷和保证曲轴的刚度,连杆大端做成阶梯形切口。采用斜切口和阶梯切口的连杆大端会使连杆螺栓承受剪切作用。为了不使连杆螺栓承受剪切作用并在结合面处不产生滑动,在结合面处常采用锯齿形结构。连杆小端为阶梯形小端,具有良好的承载能力,螺栓由液压上紧。

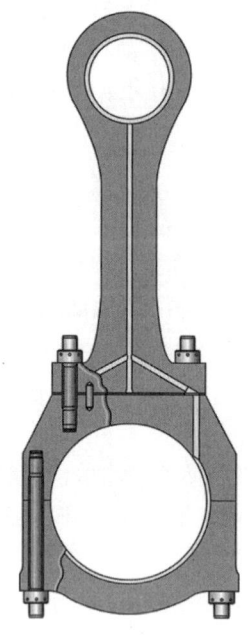

图 3-6-2　Wärtsilä 38 型柴油机连杆

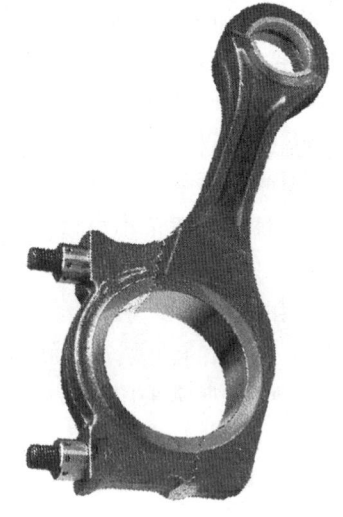

图 3-6-3　Wärtsilä 20 型柴油机连杆

3.连杆螺栓

连杆螺栓是连接连杆大端与轴承座的至关重要的连接螺栓。二冲程柴油机的连杆螺栓在工作中只受到预紧力的作用,而四冲程柴油机的连杆螺栓除受到预紧力外,在换气上止点附近还受到惯性力的拉伸作用,此外还受到大端变形所产生的附加弯矩作用。筒形活塞式柴油机的连杆螺栓由于受到曲柄销和大端外廓尺寸的限制,其直径较小。为了满足强度上的要求,一般均选用韧性好、强度高的优质碳钢或合金钢制造连杆螺栓。在设计上采用耐疲劳的柔性结构(增加螺栓长度,减小螺栓杆部直径以增加螺栓柔度);采用精细加工螺栓螺纹;在截面变化处以及螺纹部采用大圆角过渡,以减小应力集中;保证螺栓头与螺母支承平面与螺纹中心线垂直,以减小附加弯曲应力等。

连杆螺栓的安装方式可分为用螺帽连接与不用螺帽连接两类。

如在运转中连杆螺栓断裂,将发生机毁的重大事故,因此在安装中必须严格按照说明书的规定进行。如安装预紧力的大小、预紧方法、预紧次序,甚至对连杆螺栓的检查与换新等均需严格按规定进行。实践证明,正确的固紧与锁紧是避免发生断裂事故的有效措施。

✏️ 任务实施

1.拆卸连杆大端

(1)盘车转动曲轴,使准备吊出的活塞位于气缸内上止点的位置。

(2)在曲柄箱道门处认准连杆大端轴承上、下盖之间的记号和连杆螺栓与螺母之间的位置标记,以备安装时参考。

(3)用专用扳手从曲柄箱道门两边拧松连杆螺栓的紧固螺帽。通常进行此项操作时需要至少两人在两侧道门同时配合,并做好相互协调。

2.对连杆螺栓的检查

（1）柴油机按说明书规定检修时,对使用或换新的连杆螺栓必须进行探伤检查后方能装复使用。

（2）若无条件做探伤检查,应使用放大镜或肉眼检查有无缺陷,特别是对螺栓头部、螺纹及根部的检查。

（3）用牙规检查螺距,用直尺检查弯曲情况和伸长量。

（4）检查螺帽、螺杆与轴承接触面的配合及磨损程度。

（5）用手锤敲击螺栓,从声响判断有无明显缺陷。

（6）检查定位销是否松动或磨损。

（7）严格按使用期限更换连杆螺栓,四冲程柴油机为 15 000～20 000 运行小时。

（8）上紧螺帽后插入开口销并锁紧。

3.曲柄销测量及轴颈圆度、圆柱度计算,连杆大端轴承间隙测量

（1）曲柄销测量与轴颈圆度、圆柱度计算

测量部位:在两个（三个）部位和两个方向上进行测量,测量每段轴颈长度中间至两端各四分之一处截面上两个相互垂直方向的外径;量具使用:测量前,将被测轴颈表面清洁干净,使外径千分尺的测量中心线与轴颈中心线垂直（也可用游标卡尺或外卡钳测量）;圆度与圆柱度计算:测量每个截面上的纵向尺寸与横向尺寸。

（2）连杆大端间隙测量

塞尺法。塞尺自轴承端面直接在轴颈与轴瓦之间测量,测得的间隙应加 0.05 mm（适于端面便于插进塞尺的轴承）。

拨动法。用半米左右长的撬杠插入连杆大端瓦与曲柄臂间的缝隙,左右拨动,从一边到另一边不弹回中央位置为好。

测量法。用内、外径千分尺分别测量轴颈与轴瓦的孔径,两者之差即为间隙值（连杆螺栓要用正确的力矩上紧）。

压铅法。首先选取合适的软铅丝,一般为规定间隙的 1.5 倍,截取三段,每段的长度应能包住轴颈150°的弧长;用黄油将软铅丝等距粘在连杆轴承大端轴承下盖中,把轴承下盖装复盘出;将连杆螺栓上紧到规定的预紧值,拆下轴承盖,取出软铅丝并清洁,每道取三个点测量,然后取平均值。

4.连杆大端轴承盖装配

在连杆大端瓦平稳地落座在曲柄销轴上后,盖上连杆大端瓦轴承盖,上紧连杆螺栓。连接时,应注意连杆大端上下轴承盖处的记号,有调整垫片的不要漏装、错装。上紧连杆螺栓时应按说明书的规定均匀地扭紧连杆螺栓。最后用新铁丝或开口销将连杆螺栓固紧螺母锁紧。

拓展知识

1.上紧螺栓时应有哪些注意事项?

【答】上紧螺栓时的注意事项有:

（1）必须保持轴承上下接触面和垫片的清洁,保证贴合良好。

（2）使用扭力扳手,按规定的力度上紧螺帽。

（3）严格遵守上紧次序，切忌单边上紧，并应分几次交替上紧。

（4）注意原来的上紧记号。如为新换螺栓，可将螺帽拧紧后再继续旋紧 50° 作为固紧的限度。

（5）对于新型四冲程柴油机，上紧连杆螺帽有专用的样板，规定每次上紧每缸连杆螺栓的螺帽角度必须一致，也规定了上紧次序。

（6）某些四冲程柴油机设有螺栓伸长限制样板，在连杆螺栓依次上紧的过程中，用塞尺插入螺栓头部、样板平面之间，以确定螺栓伸长量是否在允许范围内。

2.如何计算轴颈的圆度与圆柱度？

【答】（1）圆度误差 t' 是用被测零件上指定横截面的两个相互垂直的直径差之半表示的：$t' = (D_1 - D_2)/2$ mm。

（2）圆柱度 u 用被测零件上指定纵截面上数个测量直径中最大直径 D_{max} 与最小直径 D_{min} 差的一半表示：$u' = (D_{max} - D_{min})/2$ mm。

（3）例如：某曲轴轴颈测量结果为：$D_1x = 290.26$ mm，$D_1y = 290.50$ mm；$D_2x = 290.16$ mm，$D_2y = 290.30$ mm，则最大的圆度误差与圆柱度误差分别为_____。

A.0.07 mm;0.05 mm   B.0.12 mm;0.10 mm

C.0.24 mm;0.10 mm   D.0.14 mm;0.20 mm

3.船用柴油机上的重要螺栓有哪些？

【答】主要有：气缸盖螺栓、组合式活塞的连接螺栓、连杆螺栓、主轴承螺栓、贯穿螺栓和底脚螺栓等。重要螺栓的材料为：优质碳钢和优质合金钢，如 45 号钢、40Cr、35CrMo 等。

4.连杆螺栓受力是怎样的？损坏形式有哪些？

【答】连杆大端轴承座+轴承盖。受到预紧力+往复惯性力（四冲程）。损坏形式有：螺纹变形或损坏，螺栓拉长或形成颈缩，螺栓弯曲变形、裂纹，螺栓与螺母配合松动等。连杆螺栓或螺母损坏后应成对换新。

5.重要螺栓的螺帽防松方法有哪些？

【答】金属丝锁紧防松法；弹簧垫圈防松法；销紧片防松法或开口销防松法等。在采用金属丝锁紧螺母时，金属丝缠绕螺母的方向应与螺母的旋紧方向相同。在检修连杆大端轴承时，必须换新的是防松垫片或开口销。

任务七　主轴承的拆装与测量以及轴承间隙的测量

建议学时：2学时

主轴承的作用是支承曲轴，保证曲轴的工作轴线，使曲轴在转动中以小的摩擦和磨损传递动力。有些柴油机还有一道主轴承（一般为最后一道主轴承）起着曲轴轴向定位作用，称为止推轴承，用来防止曲轴在柴油机振动、倾斜和摇摆时发生轴向窜动。

学习要素

1.柴油机主轴承拆卸；

2.柴油机主轴承安装；

3.用压铅丝法测量主轴承间隙。

教学目标

能力目标

1.能够正确选用合适的量具、工具拆卸及安装柴油机主轴承；

2.能够正确判断主轴承状态。

知识目标

1.掌握主轴承的拆卸与检查,工具量具的选用；

2.掌握主轴承的安装方法；

3.掌握主轴承的测量方法和检查程序。

素质目标

1.培养学生严谨、细致的工作作风；

2.培养学生良好的学风；

3.培养学生良好的职业意识；

4.培养学生良好的团队合作意识。

相关知识

1.主轴承

（1）主轴承的工作条件和要求

主轴承的工作条件比较恶劣。主轴承受到曲轴传来的气体力和往复惯性力的作用,具有很大的轴承负荷。曲轴的主轴颈在主轴承中转动,还受到摩擦力的作用。主轴承合金的硬度和强度远低于轴颈,因此比轴颈有较大的磨损。轴承工作表面与轴颈工作表面之间的相对运动速度很高,除造成轴承磨损外还使轴承发热。滑油在使用中的氧化变质,还会使轴承遭到腐蚀。主轴承决定着曲轴轴线,主轴承中心线与气缸中心线垂直并相交的准确性决定着曲轴、连杆、活塞和气缸之间的正确位置关系。主轴承刚性不足,会引起曲轴弯曲、轴承与轴颈产生不均匀磨损和过度磨损。主轴承的损坏将直接影响活塞在气缸中的工作,严重时会发生机械敲缸和拉缸事故,也有可能使曲轴挠曲变形过大甚至折断。

对主轴承的要求是要有正确而且固定的位置,要有足够的刚度,有较高的承载能力和疲劳强度。在工作温度下有足够的热强度和热硬度,有较好的抗腐蚀能力,有减磨性和耐磨性,能均布滑油和散走摩擦热量。另外,还要求维护管理方便。

（2）主轴承的构造

除个别高速柴油机采用滚动式主轴承外,船舶柴油机的主轴承几乎都是滑动式轴承。轴承材料一般采用巴氏合金或高锡铝合金。为了提高轴承的抗疲劳能力,新型柴油机的大型轴承普遍采用薄壁轴瓦结构,轴承材料使用 Sn40Al,这种轴承材料具有较低的温度敏感性和很强的抗疲劳能力,可以大大提高主轴承的可靠性。

按主轴承结构特点可把主轴承分为正置式和倒挂式两类。正置式主轴承的轴承盖固紧方式又有连接螺栓固紧和撑杆螺栓固紧两种。倒挂式主轴承的轴承盖或只采用倒挂的连接螺栓固紧,或再增加横向连接螺栓进一步固牢,如图 3-7-1 所示为正置式主轴承。

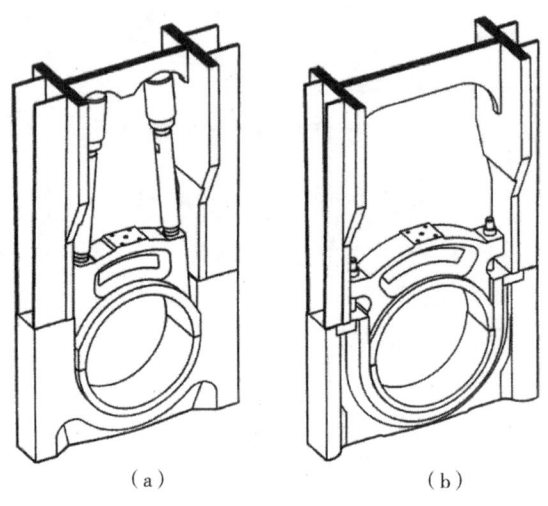

（a）　　　　　　　　　　（b）

图 3-7-1　正置式主轴承

①正置式主轴承

正置式主轴承是将曲轴支撑在机座的横梁上,主轴承盖用螺栓紧固,图 3-7-1(a)为 SULZER 型柴油机在 RTA-U 型机之前采用的撑杆螺栓紧固轴承盖的主轴承。它由轴承盖,上、下轴瓦和撑杆螺栓等组成。采用撑杆螺栓结构可以减小贯穿螺栓的间距和柴油机的横向尺寸。图 3-7-1(b)为 SULZER RTA-T 型柴油机采用的一种新型弹性压紧螺栓,这是对主轴承的应力、变形进行了大量计算后所做的改进,使轴承的受力更加合理,并且在省去了撑杆螺栓之后,使主轴承的重量减小了 40%,轴承的加工和维护保养也更加方便。

②倒挂式主轴承

如图 3-7-2 所示为 Wärtsilä 型柴油机的倒挂式主轴承。轴承座布置在机体的横梁上,用螺栓把轴承盖倒挂在机体上以支承曲轴。采用倒挂式主轴承可以省去机座,机体底部只需装一个轻便的油底壳。这种结构广泛地应用在中高速柴油机中。由于轴承盖受到气体力和往复惯性力的作用,轴承盖和其连接螺栓应该有足够高的疲劳强度。对于大功率中速机,轴承盖除用倒挂螺栓紧固到机体上之外,还用横向螺栓把轴承盖侧面与机架紧固到一起,使下部类似于封闭式结构,提高了主轴承和机体的刚性,避免了柴油机工作时机体下部张开而造成的较大塌腰变形,因此可以满足柴油机增压度提高的需要。

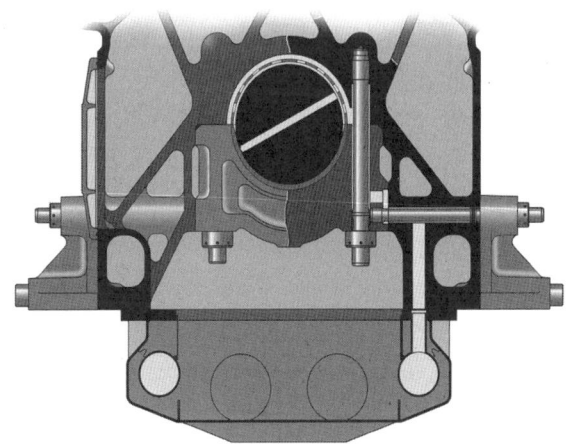

图 3-7-2　Wärtsilä 型柴油机的倒挂式主轴承

倒挂式主轴承结构在拆装和维修曲轴时,需将整个机体倒置,维修保养不太方便。

2.主轴承常见损坏形式及原因

主轴承常见损坏形式除过度磨损外尚有以下几种,至于它们的形成原因,有些已较清楚,但也有一些目前尚未弄清。

(1)划伤

划伤是硬质外来物随同滑油进入轴承造成的。轴颈带动这些硬物旋转,小的颗粒能嵌入软的轴承合金中,大的颗粒则划伤轴承和轴颈。划伤的特征是在轴承表面与轴颈表面出现周向线条,时间久了还会形成带状划痕。

(2)擦伤

擦伤的特征是白合金的部分覆盖层(对三层金属轴承)或白合金层被磨起毛,变得模糊不清,甚至有部分覆盖层或白合金金属进入油槽或楔形斜面。发展严重时可将楔形斜面和油槽填平,更有甚者会使白合金烧熔而发生抱轴现象。引起擦伤的原因有轴颈表面太粗糙,装轴时对中不良,滑油失压或变质,轴承间隙过大或过小,以及柴油机超负荷运转等。

(3)裂纹

裂纹是轴承受到周期性的交变负荷反复作用的结果。起初往往是很细的、少量的裂纹,称为发裂。以后发展成为网状的龟裂,再发展下去轴承合金会从瓦背上脱落下来,称为脱壳。

轴承裂纹乃至脱壳的原因主要有轴承座刚度不足,轴承合金与钢质瓦背贴合不牢,安装时轴颈与轴承承压面之间接触不均,磨合运转不够,轴颈偏磨与超负荷运转等。一般认为,在其他条件相同的情况下,负荷越大、轴的转速越高,则轴承的疲劳寿命越短。

(4)穴蚀

在液体动力润滑的轴承中,在轴承与轴颈最接近点之后,油膜中的滑油压力会突然下降,使溶解在滑油中的空气逸出而形成气泡。由于主轴承承受交变负荷,特别是负荷有冲击性质,气泡被吸附到金属表面会迅速破裂。这样,在轴承的局部地区就产生了空泡效应,使轴承表面产生麻点,出现穴蚀。穴蚀通常发生在油槽和油孔周围,特别是在低压区。

（5）腐蚀

轴承有可能遭到化学腐蚀、电化学腐蚀和火花腐蚀。

当滑油变质而含有机酸时,对于薄壁铜铅合金轴承和铅基合金轴承,容易发生化学作用,使铅析出,形成表面孔穴。锡基白合金虽不易受有机酸的侵蚀,但它的富锡基体表面与氧容易发生化学反应,形成极硬的二氧化锡。这层硬的氧化层外观上呈灰色或灰黑色。表面硬化后使轴承厚度增加,间隙变小,失去白合金原来的适应性和嵌入性,使轴颈易变粗糙。

当滑油中有水和酸时,酸与水结合就成了强电解质,使轴承遭到电化学腐蚀。

若船上电气设备漏电,螺旋桨工作时切割磁场,使主轴承与轴颈间产生静电动势,这样主轴承与主轴颈就组成了类似于电容的结构,润滑油膜起着电解质的作用。只要油膜厚度相对于静电动势来说是足够大的,就不会有放电现象。若由于转速的降低或轴颈的跳动使油膜变薄,就会穿过油膜产生放电现象。放电时的火花使轴承以点蚀的形式造成损坏。随着柴油机的运转,这个过程将重复进行,有可能形成严重损坏,而且轴颈也将变得粗糙。

✎ 任务实施

1.拆装要点

拆装方法正确;操作熟练;工具使用正确;工艺方法符合技术规范;工具整理放置整齐。

2.主轴承的拆卸

（1）做好记录和位置标记

在主轴承拆卸的前后,都应检测曲轴的轴向间隙并做好记录。应把各道主轴承锁紧螺母、轴承盖、垫片、轴瓦等按顺序、方位做好记号。整个检测、装配过程均应对号进行。

（2）均匀拧松主轴承盖螺栓,按顺序放置好。

（3）拆卸主轴承盖:拆卸小型柴油机的主轴承,在螺母拧松后可直接拆出。而对于大型柴油机的主轴承盖可用专用工具吊出。

（4）盘出下轴瓦:下瓦可通过转动曲轴盘出。一般中小型柴油机利用在曲轴颈上的润滑油孔中插入销钉,即可盘车取出下瓦。薄型轴瓦一侧有定位唇,此时应向有定位唇一侧盘瓦,以免损坏轴瓦。

（5）主轴承螺栓的检查

主轴承螺栓一端拧紧在轴承座的螺孔中,长期使用后会产生松动(特别是小型高速柴油机),需检查并拧紧。螺栓与螺母的螺纹不能有肉眼可见的倒牙和毛刺。螺栓与螺母旋合后,不能有明显的松动和时紧时松的感觉。对有明显倒牙现象或达不到规定扭紧力矩的螺栓、螺母,应予以换新。

（6）主轴承盖与机体定位两端面过盈量的检查

主轴承盖与机体(座)定位端面的定位检查工作非常重要。正常情况下,轴承盖定位端面没有磨损,其过盈量为 $0.03 \sim 0.05$ mm,靠此面与机体(座)定位,使各道轴承盖中心线保持在同一条直线上。

3.主轴承安装

（1）将轴承盖、轴承座、轴瓦、螺栓等清洗干净，进行必要检查后，确认可以装复。

（2）安装轴瓦：主轴瓦装入主轴承盖（座）前，应进行厚度检测，并做记录。将下瓦按盘出时的相反方向盘入主轴承座中。为保证轴瓦背面与轴承座孔有良好接触，要使轴瓦两端面对轴承盖（座）分开面有一定的凸出高度，一般凸出高度为 0.03~0.10 mm。

（3）安装主轴承盖：安装主轴承盖时，应在与轴承座配合的定位凸肩平面上涂布滑油。这样，轴承盖和轴承座不容易"咬"起来。

（4）上紧主轴承螺母：主轴承螺母上紧时应使用扭力扳手按规定的扭矩拧紧。如无扭力扳手，可用臂长 120 mm 的扳手把两个螺母扳到止动点，以后分三次相互交替地扳紧，每次扳动的角度为 50°~60°，共扳 150°~180°，使主轴承盖螺母上的记号与主轴承螺栓上的记号相对准，也即使两者的开口销孔对准。

（5）安装开口销：安装结束后必须装上开口销以防止螺母松动。

4.主轴承的间隙测量

（1）塞尺法

用塞尺自轴承端面直接插入轴颈与轴瓦之间测量，测量值加上 0.05 mm。

（2）压铅法

拆去主轴承上盖及上瓦；选直径为（1.5~2）倍轴承间隙，长 150° 轴颈弧长的铅丝 2~3 条，用牛油粘住；装好轴承上瓦及上盖，并按规定上紧；打开轴承，取出铅丝测量并做好记录；用千分尺测量铅丝的两端及中间位置厚度（中间厚度即为轴承径向间隙，两端为两侧间隙）。

（3）比较法

中高速柴油机主轴承和连杆大端轴承多采用薄壁轴瓦。通常采用内、外径千分尺分别测量轴、孔的对应部位直径，两个直径之差即为轴承间隙。一般应测量对应于曲柄销在上、下止点位置时的轴、孔直径，且在轴向首、中、尾三处测量，求其平均值进行比较。

拓展知识

1.一般主轴瓦检查哪些内容？

【答】船用中小型柴油机的主轴瓦，大都采用薄壁轴瓦。一旦发现工作表面有严重烧痕、划纹、麻点或剥脱现象，应及时换新。

2.轴承的损坏形式有哪些？

【答】轴承是船用主、副柴油机或其他辅机的易损件。轴承损坏主要与轴瓦上的耐磨合金层的损坏有关。其主要损坏形式有：过度磨损、裂纹和剥落、腐蚀和烧熔。

3.滑动轴承的安装有哪些要求？

【答】为了保证滑动轴承安全可靠地运转，轴承的安装质量和与轴的配合最为重要。在安装过程中应符合下列要求：

（1）轴瓦与轴承座孔配合面贴合良好。

（2）轴颈与轴承下瓦应在一定的角度内均匀接触：接触面积应大于75%。柴油机主轴颈与主轴承下瓦接触角应在机体中心线两侧 40°~60° 范围内;曲柄销颈与大端轴承上瓦的接触角应在连杆中心线两侧 60°~90° 范围内。

(3)轴承间隙应符合要求。

任务八　喷油泵的拆装与检修

建议学时：2学时

柴油机燃油系统中,高压油泵中的柱塞-套筒偶件、出油阀-阀座偶件,喷油器中的针阀-针阀体偶件,是三对极为精密的零件。由于它们都经过极精细的机械加工,所以它们的尺寸和形位精度高、表面粗糙度等级高、偶件的配合精度高。例如,柱塞、套筒的圆度和圆柱度误差不超过 0.001 mm,工作表面的粗糙度为 0.1~0.05 μm,柱塞与套筒的配合间隙为 0.002~0.003 mm。为了满足柴油机运转时的工作要求,这些偶件还应该具有较高的耐磨性、耐蚀性和尺寸稳定性。

精密偶件在高压燃油的介质中工作,受到高压、摩擦与腐蚀的作用,因此,偶件极易产生配合面的磨损、腐蚀等损坏。值得注意的是,即使偶件工作表面的微小损坏也会严重影响高压油泵、喷油器、燃油系统和柴油机的正常工作。所以,对这三对精密偶件特殊关注是非常必要的。

学习要素

1.回油孔式喷油泵解体;

2.出油阀偶件检验及研磨修理;

3.柱塞偶件检验;

4.回油孔式喷油泵组装;

5.喷油泵供油正时的检查与调整(冒油法或标志法)。

教学目标

能力目标

1.能够正确选用合适的量具、工具拆卸及安装;

2.能够正确检查喷油泵主要部件。

知识目标

1.掌握喷油泵的拆卸技术要求、安全规则;

2.能够正确理解专用工具、普通工具之间的替代关系;

3.掌握喷油泵主要部件的检查方法。

素质目标

1.培养学生严谨、细致的工作作风;

2.培养学生良好的学风;

3.培养学生良好的职业意识;

4.培养学生良好的团队合作意识。

相关知识

1.喷油泵结构

回油孔式喷油泵的主要零件为油泵柱塞套筒与出油阀阀座两副精密偶件。

如图 3-8-1 所示为柱塞式喷油泵的典型结构,从图中可以看出油泵柱塞在油泵供油凸轮的驱动下上行,在柱塞弹簧的作用下下行。柱塞头部开有斜槽,而在套筒上部开有进油孔及回油孔。

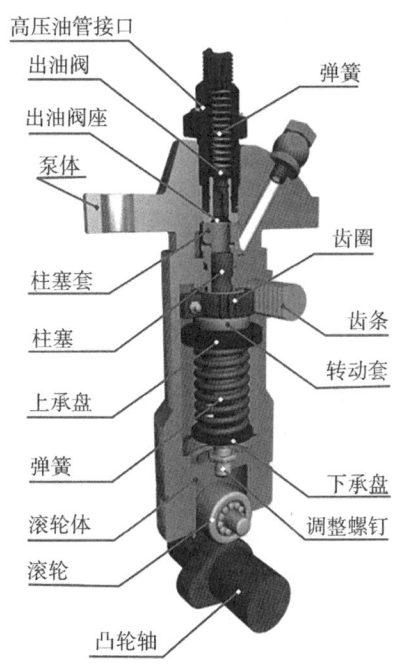

图 3-8-1 柱塞式喷油泵的典型结构

装在套筒上部的出油阀及出油阀座,在出油阀弹簧的作用下将喷油泵腔与高压油管分开。当柱塞上行封闭套筒的进油孔及回油孔时,泵内燃油压力将出油阀顶开,并向高压油管供油。与柱塞相连的调节齿圈与调节齿条相啮合。移动调节齿条,通过调节齿圈可以带动柱塞转动,以实现油量的调节。

2.喷油泵工作原理

如图 3-8-2 所示为回油孔式喷油泵的工作原理。当柱塞下行至最低位置时,套筒上的油孔被打开,燃油自进油腔被吸入套筒内腔,如图 3-8-2(a)所示。当柱塞从最低位置被喷油泵凸轮顶动开始泵油行程时,部分燃油经回油孔流回进油空间,直到柱塞上部端面将回油孔关闭,燃油才开始受压缩,如图 3-8-2(b)所示,这就是喷油泵的"几何供油始点"。柱塞继续上行,当柱塞斜槽打开回油孔时,柱塞上部的高压燃油即经柱塞头部的直槽和环形槽与回油孔相通而流回进油空间,如图 3-8-2(c)所示,这就是喷油泵的"几何供油终点"。此后,柱塞再上行至行程最高位置,燃油则流回进油空间。显然,在柱塞的整个上行行程中,实际有效排油行程只是从柱塞上边缘遮住回油孔开始到其斜槽的下边缘又打开回油孔为止的这一段行程,因此柱塞的斜槽与套筒上回油孔的相对位置决定了喷油量,同时也决定了喷油时间。而柱塞每转动一个位置,就有一个有效行程,故转动柱塞可以改变喷油量。

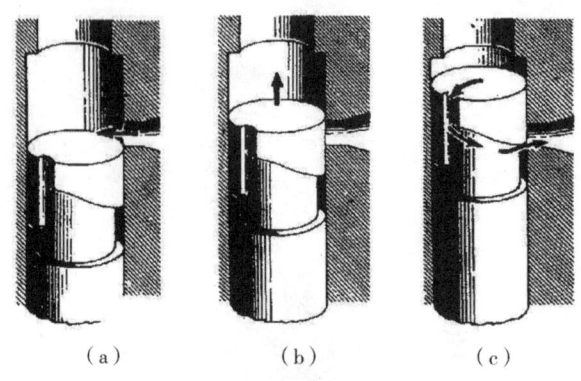

(a)   (b)   (c)

图 3-8-2   回油孔式喷油泵的工作原理

3.供油量调节

回油孔式喷油泵的供油量调节是靠转动柱塞改变供油始点、终点或始终点来改变柱塞有效行程而实现的。有效行程越长,供油量越大。当有效行程为零时,虽然柱塞上下运动但不供油。

喷油泵的供油量调节有三种不同的方式:终点调节式、始点调节式及始终点调节式。回油孔式喷油泵柱塞头部因此有不同线型,如图 3-8-3 所示为回油孔式喷油泵的三种柱塞形式。

(1)终点调节式

图 3-8-3(a)为终点调节式喷油泵的柱塞头部结构,平顶且斜槽向下。这种结构无论将柱塞转到什么位置,其上边缘遮盖回油孔上边缘的时刻——几何供油始点是不会改变的。但其下边缘露出回油孔的时间——几何供油终点却随负荷的大小而变动。负荷越大,露出回油孔的时刻越迟;反之,负荷越小,露出回油孔的时刻就越早。其供油量大小,依靠转动柱塞斜槽相对于回油孔的位置来决定。向左转动柱塞时,其下边缘露出回油孔的时刻延迟,有效行程变长,供油量增加;向右转动柱塞时,其下边缘露出回油孔的时刻提前,有效行程变短,供油量减少;继续右转柱塞至直槽与回油孔相对时,始终旁通回油孔,有效行程为零,供油量也为零,即为停车位置。

(2)始点调节式

图 3-8-3(b)为始点调节式喷油泵的柱塞头部结构,平底且斜槽向上。这种结构无论柱塞转到哪个位置,柱塞上行时其下边缘露出回油孔的时刻——几何供油终点是不会改变的;但其上边缘遮盖回油孔的时刻——几何供油始点却随负荷的大小而变化。负荷大时,供油始点提前;负荷小时,供油始点滞后。

(3)始终点调节式

图 3-8-3(c)为始终点调节式喷油泵的柱塞头部结构,有向上及向下的两条斜槽。其供油始点与终点均随负荷改变。负荷大时,供油始点提前,供油终点滞后;负荷小时,供油始点滞后,供油终点提前。

在多缸柴油机中,各喷油泵的油量调节齿条均连接在一根共同的油量调节杆上,通过操纵台上的加油手柄控制供油量,这是油量总调。如果要单独调节某缸的供油量,一般只要旋转装在各油泵齿条与总油量调节杆之间的调节螺钉即可。

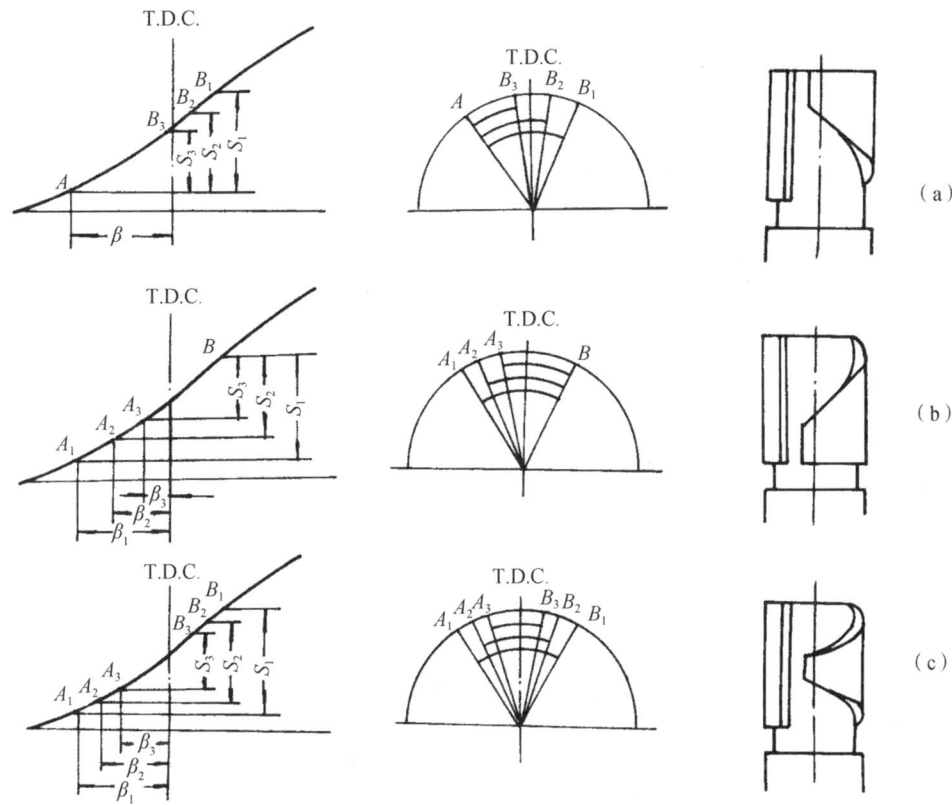

图 3-8-3 回油孔式喷油泵的三种柱塞形式

4.出油阀的作用

出油阀的作用有蓄压、止回及减压三方面。

(1)蓄压

在柱塞泵油行程中,使喷油泵的供油压力逐渐累进。由于出油阀上减压凸缘和弹簧的作用,油泵供油时刻延迟到出油阀的一定升程之后,从而使喷油泵获得较高的初始供油压力。

(2)止回

在回油孔打开时能有效地防止高压油管中的燃油倒流入泵腔,从而保证柱塞有一定的供油量。也能使高压油管内始终存有一定压力的燃油,这样就使喷油延迟阶段缩短。

(3)减压

减压作用又称卸载作用,即利用出油阀有效地控制喷射过程结束后高压油管中压力波动的 p_0 值,防止出现二次喷射。

按卸载方式,出油阀可分为等容卸载出油阀及等压卸载出油阀两种。

如图 3-8-4 所示为等容卸载出油阀,它有一圈圆柱形减压环带。在出油阀锥面落座前的距离 h 时,已由减压环带将高压油管与油泵的工作空间分开。此后直到阀落座,出

油阀又下落一距离 h。这样,在高压油管中就增加了一部分容积(即卸载容积),这部分容积使油管中燃油膨胀,高压油管中油压迅速下降,起到了卸压作用,喷油立即停止。这样就缩短了喷射过程中的滴漏阶段,也防止了重复喷射现象。

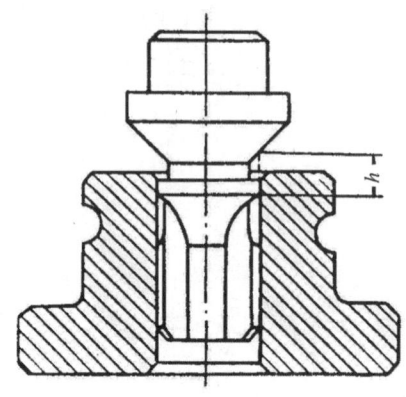

图 3-8-4　等容卸载出油阀

等容卸载出油阀的优点是结构简单、性能稳定。其主要缺点是,在任何转速工况下,卸载容积都是一个恒定值,因而在柴油机工况变化时,高压油管中的剩余压力也相应变化。高转速高负荷时,压力高。更高喷射压力喷射系统设计时,为了避免重复喷射,卸载容积需要更大,但卸载过多,阀快速关闭所产生的水锤现象过于强烈,就会造成高压油腔出现真空,产生穴蚀。

如图 3-8-5 所示为等压卸载出油阀,它没有减压环带,而是在阀的内部设有一个由卸载弹簧控制的锥形卸压阀。在出油阀落座后,若高压油管中的压力高于卸载阀的开启压力,则卸压阀开启使燃油倒流进入喷油泵工作空间,直到与卸压阀的关闭压力相等时为止,因此高压油管中的燃油压力始终保持一个适中的剩余压力,同时减小了油管中的压力波动。这样既能防止重复喷射,又能防止产生穴蚀。

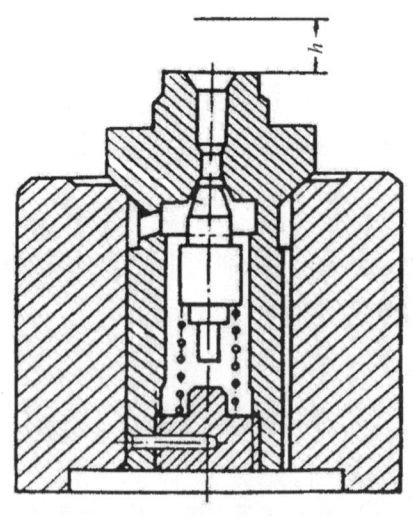

图 3-8-5　等压卸载出油阀

✏️ **任务实施**

1.波许式喷油泵的拆卸

（1）拆卸出油阀：把油泵正夹于台钳上，拆下出油阀阀座，取出出油阀弹簧，将专用工具旋在阀座上，拉出阀座和密封垫片。

（2）拆卸柱塞偶件：将泵体倒立，左手向下压导筒，右手用螺丝刀取下泵底的卡簧，再依次取下导筒、弹簧座、弹簧、柱塞。留心观察柱塞回油槽方向与横销安装方向，注意泵内调节齿套与调节齿条的啮合标记，取出调节齿套并抽出调节齿条。拧下柱塞套筒的定位螺钉，从油泵上方取出柱塞套筒，把柱塞小心地插入套筒内一起放置。

2.出油阀偶件检验及研磨修理、柱塞偶件检验

（1）对喷油泵密封性主要检查柱塞套筒偶件、出油阀偶件及进、出油阀。

①综合检查

在排油管接头处装上压力表，用手摇动杠杆泵油，当油压达到说明书规定的压力时，停止泵油，保持柱塞位置。观看压力表的压力。如果在说明书规定的时间（一般为30 s）内压力保持不变，则可认为喷油泵密封性良好；否则，为密封性不良。当发现喷油泵密封性不良时，应根据喷油泵的构造，分别对出油阀和进、回油阀以及柱塞偶件进行检查。

②出油阀检查

出油阀密封性检查的步骤与综合检查相同，只是在油压达到说明书规定的压力时，让柱塞自然下行，以便专门检查出油阀的密封性。

③取出出油阀检查

取出出油阀后，按综合检查的步骤进行检查，主要检查柱塞偶件及进、回油阀的密封性。

（2）滑动试验法最简便，检验柱塞–套筒、针阀–针阀体的圆柱配合面。

方法：用轻柴油清洗和润滑偶件，将偶件与水平面成45°倾斜放置，把柱塞（或针阀）抽出1/3配合面，在自重情况下可以自由滑下。

判断：若下滑速度缓慢、均匀，表明无明显磨损，密封性较好；若下滑速度较快或很快，表明配合面磨损较大或磨损严重，密封性不良。若将柱塞（或针阀）转动90°再次试验，柱塞（或针阀）下滑缓慢、均匀，表明偶件产生偏磨损。

（3）用油液降压试验法或燃油漏损定盘法。

油液降压试验法：用通过偶件的油液压力下降一定值时所需要的时间作为检验密封性的标准，或者是用在一定时间内油液漏损作为检验密封性的标准。

柱塞偶件油液降压试验法要求油泵在相当于额定供油量时，油压从30 MPa降至5 MPa的时间应不少于20 s，表明柱塞偶件圆柱面的密封性良好。

3.喷油泵的装复

装复时，将喷油泵所有零件漂洗清洁，经清洁后的偶件工作表面禁止用棉纱或布去擦拭，以防纱头进入偶件配合间隙内引起卡滞。

（1）装入套筒

套筒从泵体上部装入，套筒上的腰形定位孔与泵体上的定位螺钉孔对准，拧入带密封垫片的定位螺钉。此时套筒能略微上下移动，但不能转动。

（2）按定位标记装入调节齿条和齿套

将泵体倒置，把供油齿条插入齿条孔内。齿条上打有记号的齿应位于喷油泵调节齿套

孔的中央,然后将调节齿套放入泵体中,并使齿套的齿圈上有记号的齿对正齿条上有记号的齿谷。如果调节齿条和齿套没有定位啮合标记,可用对零供油法装配,方法参考教材。

按顺序装入上弹簧座、弹簧、柱塞下弹簧座,下弹簧座应卡住柱塞球头,柱塞横销按要求的方向对准调节齿套的切槽。

(3)装入弹簧导筒

左手大拇指用力压下导筒,右手装入卡簧。装好后用力压导筒,导筒可以顶着柱塞移动,正置喷油泵,复查调节齿条处于停车位置和加油时,柱塞回油直槽是否对准回油孔和向加油方向转动,调节齿条的拉动是否灵活可靠。

正夹喷油泵于台钳上,从泵体上部依次装入出油阀座、密封垫片、出油阀、出油阀弹簧,拧紧出油阀阀座。

4.喷油泵供油正时的检查与调整(冒油法或标志法)

(1)供油定时的检查

①冒油法

a.首先拆下第一缸供油泵上的高压油管;

b.将燃油手柄置于标定供油位置;

c.缓慢盘车至高压油管刚刚有油溢出立即停止盘车;

d.此时飞轮上指针指示的刻度值即为供油提前角。对于多缸机应按发火顺序依次进行检查。

②照光法

对大型回油孔终点调节式喷油泵,若套筒上有同样高的进、回油孔,可用照光法测量定时。拆下泵体上与进回油孔相对应的螺钉,缓缓盘车,从油孔处用手电筒照明。当柱塞上行刚好将回油孔遮住而看不到光线时,马上停止盘车,此时飞轮上指针所指示的刻度即为该油泵的供油始点,亦即供油提前角。

③刻度线法

有些柴油机喷油泵的供油始点在泵体上装有固定和滑动标记。盘车时,从窗口处看标记重合的瞬间,即为喷油泵的供油始点。此时飞轮上指针所指示的刻度即为供油提前角。

(2)供油定时的调整

①转动凸轮法

顺着凸轮轴转动方向转动凸轮一个 α 角,则供油提前角由原来的 β 变为 $\beta+2\alpha$;逆着凸轮轴转动方向转动凸轮一个 α 角,则供油提前角由原来的 β 变为 $\beta-2\alpha$。

特点:凸轮有效工作段、柱塞有效行程、供油规律均未变。

②升降柱塞法

柱塞升高,则供油提前角变大。反之,则供油提前角变小。

特点:柱塞有效行程不变,凸轮有效工作段及供油规律均改变。

③升降套筒法

套筒升高,则供油提前角变小。反之,则供油提前角变大。

特点:柱塞有效行程不变,凸轮有效工作段及供油规律均改变。

升降套筒的途径:

a.套筒上端设有一组调节垫片,减少垫片即升高套筒。

b.泵体下方设置多个调节垫片,增加垫片即升高套筒。

c.在套筒下部设螺旋套,用定时齿条拉动,使套筒升降。

拓展知识

柴油机燃油系统中三对极为精密的偶件是什么?

任务九　喷油器的拆装与检修

建议学时:2学时

对喷油器的要求:良好的雾化质量和合理的油束形状;喷油开始和结束应利落,无滴漏和二次喷射等异常现象。喷油器在工作中承受燃烧室的高温高压和燃油的冲刷作用,针阀偶件磨损,将会导致密封不严、漏泄、启阀压力低、雾化不良等问题。

学习要素

1.多孔闭式喷油器分解;

2.针阀偶件研磨检修;

3.多孔闭式喷油器组装;

4.多孔闭式喷油器总成密封性检验;

5.喷油器启阀压力调整;

6.喷油器雾化试验。

教学目标

能力目标

1.能够正确选用合适的量具、工具拆卸及安装;

2.能够正确检查喷油器主要部件。

知识目标

1.掌握喷油器的拆卸技术要求、安全规则;

2.能够正确理解专用工具、普通工具之间的替代关系;

3.掌握喷油器主要部件的检查方法。

素质目标

1.培养学生严谨、细致的工作作风;

2.培养学生良好的学风;

3.培养学生良好的职业意识;

4.培养学生良好的团队合作意识。

相关知识

喷油器分为开式和闭式两大类。

开式喷油器结构简单,没有针阀控制喷油压力,一般在喷孔后装有止回阀,以防止燃气倒冲入喷油器。这种喷油器雾化质量差,喷油后期有滴油现象,易引起燃烧不良而排气冒烟,因此在柴油机上已很少采用。

闭式喷油器克服了开式喷油器的缺点,它是依靠燃油本身的压力开启针阀后才开始喷油的,所以也称液压启阀式喷油器。由于在不喷射燃油时,针阀把燃油空间与燃烧空间隔开,所以称之为闭式喷油器。

为了保证喷油器工作可靠,喷油器在工作时需向外散热。依靠喷油器本体与缸盖的贴合来传热并由燃油来冷却的称非冷却式喷油器,而有另设的柴油或淡水系统进行冷却的称冷却式喷油器。

按喷油嘴结构的不同,喷油器可分为单孔式(又称轴针式)和多孔式(又称针阀式)两种。如图 3-9-1 所示为喷油器的结构,其中 3-9-1(a)所示为单孔式喷油器。当作用在针阀锥面上的高压燃油压力超过喷油器弹簧 1 的压力时,针阀开启,高压燃油从轴针与喷油孔之间的环形空间喷出。此时的压力叫喷油器的启阀压力。此压力可由调压螺钉 3 调整,将调压螺钉按顺时针方向旋进,则启阀压力增大;反之,将调压螺钉按逆时针方向退出,则启阀压力减小。当供油结束、油压下降至低于弹簧力时,针阀落座而停止喷油。此时所对应的燃油压力叫针阀落座压力。燃油从进油口进入喷油器,绝大部分从喷口进入气缸,而有一小部分起润滑作用的燃油经针阀与针阀体这副偶件的间隙,从回流管接头 6 处回流。

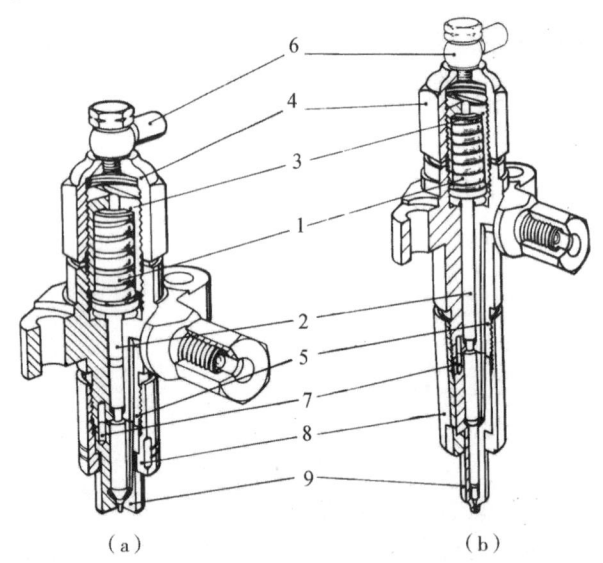

(a)　　　　　　　　　(b)

图 3-9-1　喷油器的结构

1—喷油器弹簧;2—弹簧顶杆;3—调压螺钉;4—喷油器盖帽;5—喷油器本体;6—回流管接头;
7—定位销;8—喷嘴盖螺母;9—针阀偶件

单孔式喷油器油孔直径较大,且有轴针在其中来回运动,故具有自洁作用,不易堵塞,工作可靠;但其喷出的雾化锥角较小,油束比较集中,多用于分隔式燃室中。

多孔式喷油器的喷孔数目为 4~12 个,孔径为 0.15~2 mm。其孔径相对较小,雾化质量好,且喷孔角度使喷出的油束能与燃烧室形状有良好的配合,如图 3-9-2 所示为多孔式喷油器的结构图。其基本原理及构件与单孔式相同,但有两处大的区别:一是针阀的头部并不像单孔式针阀那样为针状,而是圆锥状;二是针阀体上具有多个较小的喷油孔。

老式船用柴油机多使用冷却式多孔喷油器,它使用单独设置的冷却系统,以淡水或柴油作为冷却介质对喷油器进行强制冷却。图3-9-2所示喷油器为冷却式,冷却介质沿通道 m 进入针阀体头部,并沿出口通道流出形成循环。如有油和水的漏泄,可从喷油器上的通道 a 流出,便于检查。

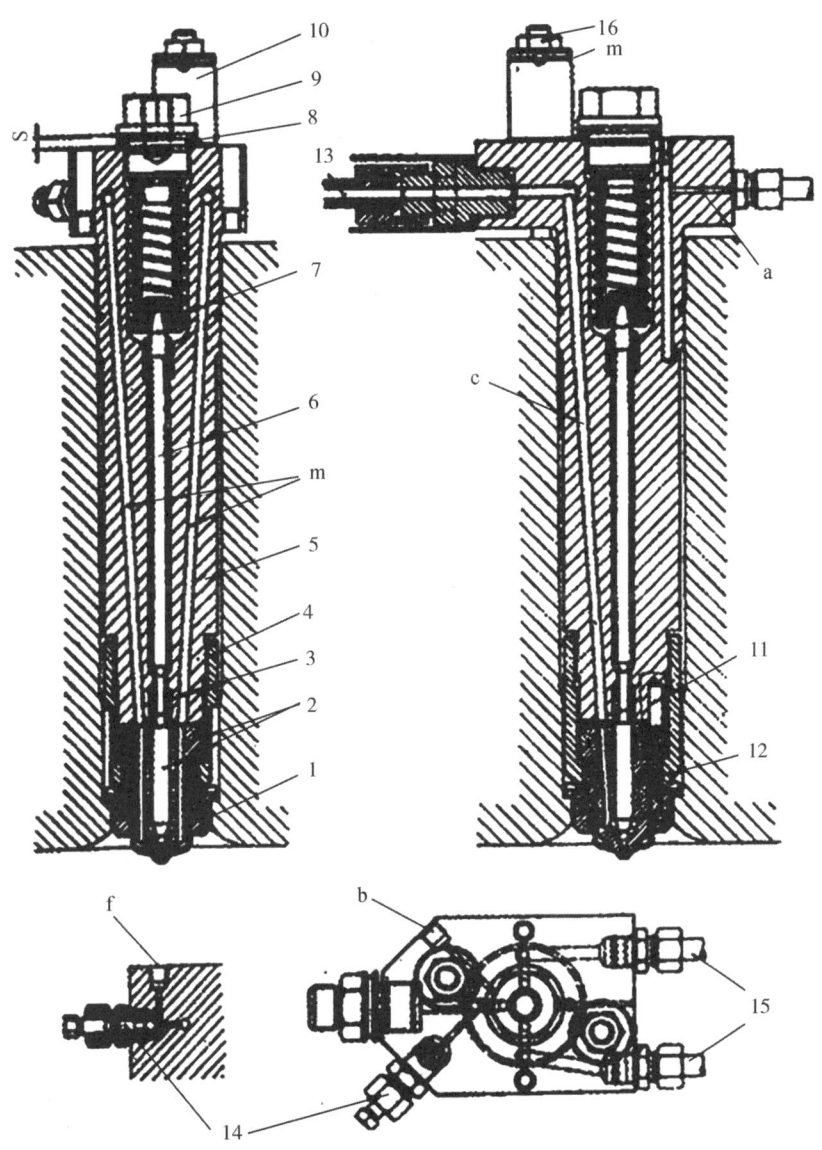

图 3-9-2   多孔式喷油器的结构图

1—喷油器座;2—针阀偶件;3—升程限制器;4—锁紧螺母;5—本体;6—顶杆;7—针阀弹簧;8—垫圈;9—调节螺钉;10—支承套;11—定位销;12—冷却水套;13—高压油管接头;14—放气阀;15—冷却水管接头;16—紧固螺母;a—喷油器上的通道(检漏孔);b—回油管接头;c—本体上的长进油孔;f—气出孔;m—冷却水通道;S—调压垫圈

所有开式燃烧室柴油机均采用多孔喷油器。多孔喷油器有不同的形式,如冷却式、非冷却式,弹簧上置式、弹簧下置式等。当代船用二冲程柴油机使用了非冷却式喷油器,如图 3-9-3 所示为非冷却多孔式喷油器结构。如 MAN B&W MC 型和 SULZER RTA型这两种机型柴油机使用的喷油器,在具体结构上有所不同,但共同的特点是:在该缸不喷射期间,燃油系统中的燃油经喷油泵进入喷油器本体内循环冷却,最后排至加压回油柜(放气筒)。在该缸喷射期间,高压的燃油首先使燃油循环回路中断,然后高压燃油进入针阀的油腔内,待达到启阀压力时针阀开启进行喷油。喷油结束,油压降低针阀落座后,当油压降低至某规定值时,上述燃油循环回路重新接通,喷油器本体的燃油循环重新恢复。由此,此种结构不但省略了单独的冷却系统,而且此种燃油循环在柴油机备车期间可对喷油器进行预热,在运转期间对喷油器进行冷却并兼有驱气作用。

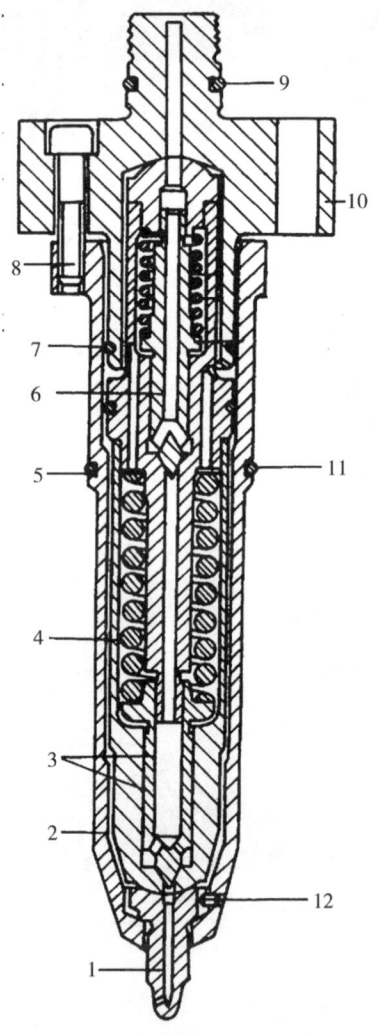

图 3-9-3　非冷却多孔式喷油器结构

1—喷油嘴;2—喷油器体;3—针阀偶件;4—弹簧;5、7、9、11—O 形密封圈;6—止回阀;8—螺钉;10—喷油器头;12—销

图 3-9-3 所示是 MAN B&W 型柴油机使用的一种非冷却多孔式喷油器。喷油器由

喷油器头和喷油器体组成。止回阀和压力弹簧及针阀偶件装在喷油器体内。各部件用锁紧螺母紧固在一起,止回阀由阀体、滑阀、滑阀弹簧和止推座组成。燃油由喷油器顶部进入。当燃油压力小于 2 MPa 时,止回阀关闭,即其滑阀封闭燃油下行通道,滑阀顶部将止推座的旁通孔开启,燃油经此旁通孔在喷油器体内循环后排出。当喷油期间油压大于 2 MPa 时,止回阀开启,旁通孔关闭,燃油向下进入针阀的油腔内。在燃油压力达到启阀压力时,针阀开启燃油喷入气缸。喷油器启阀压力由弹簧安装预紧力和有关零件尺寸预先确定,使用中不能进行调节。

任务实施

1.闭式喷油器分解

(1)喷油器从柴油机上拆下前,先将各类管接头用抹布擦拭干净,然后拆下与喷油器相连的管接头(高压油管、回油管、油头冷却水管等),拆除固定螺丝,用专用工具从缸盖上拔出。

(2)将喷油器外部擦洗干净,喷油嘴头如果有积炭,用铜刷清除。

(3)正夹喷油器于台钳上,用扳手拆下油管接头,注意接头内的缝隙式滤芯不要掉落。

(4)拧下尾部护罩,拧松锁紧螺母 1~2 圈,再将调压螺钉拧出。

(5)从喷油器内取出弹簧上座、弹簧、顶杆。

(6)倒夹喷油器使喷油嘴向上,拧下锁紧螺帽。

(7)小心地取下针阀偶件和定位销。

(8)将拆下的所有零件放在干净的油盆中。针阀和针阀体是精密偶件,拆下后应成对存放,不要搞错,并注意保护精密的加工表面。

2.研磨

(1)首先,清洁偶件本体外表,用专用通针清洁喷孔。

(2)然后,放入清洁柴油进行清洗,再用空气吹净,用与针阀阀头形状相似的筷子缠好纯棉布或不起毛的混纺棉布对阀座进行彻底清洁。

(3)针阀清洁后用专用挑砂工具(钢针)挑砂,用钢针轻轻粘一点调好的磨砂,在锥面离顶部 1/3 环形面积内对称轻点 3 下,针阀圆柱面用手上点较稀的机油。水平摆放阀体,将针阀轻轻送入阀体,轻转几圈,抽出针阀,如果磨砂离宽带较远,则轻打几下,再转几圈,此时磨砂会逐渐靠近宽带;如果磨砂越过宽带,说明磨砂太多应及时清洁重挑。磨砂如果挑少,则无论怎么打,磨砂都不会接近宽带,此时可在原有的环形磨砂带上再加一点磨砂,重复前述动作,再观察。如此往复多次直至密封带(光环)宽度为 0.03 ~ 0.5 mm,保持阀体水平放置,左手握住针阀,右手转动阀体,直至磨砂由深绿→绿→灰→黑(国产磨砂由绿→灰→黑)。发现磨砂已发黑后,将阀体垂直放置,慢慢轻打,打至磨砂发干,就可清洁换磨砂。

(4)如此重复上述步骤直至针阀密封带(光环)与锥面非接触面有一圈明显分界线(光环发亮,分界线泛白),就可进行精研,正常精研 1~2 次即可。

(5)最后把针阀粘点滑油与阀体对打,清洁后可进行装复、试验。

3.多孔闭式喷油器的组装

(1)将喷油器零件在干净的轻柴油里漂洗干净,并经过检查合格后,就可装复。

(2)将喷油器本体倒夹在台钳上,装上喷油嘴偶件。注意针阀体和喷油器体的端面销孔要对准入座,拧紧喷油嘴紧固帽。

(3)正夹喷油器于台钳上,依次装上顶杆、调压弹簧、弹簧座,拧入调压螺钉至不很紧的位置,放入铜垫片,旋入锁紧螺母,待喷射压力调整后再锁紧螺母和护罩。

(4)拧紧带缝隙式滤芯的油管接头。

4.密封性检查

(1)滑动试验法

滑动试验法是检查偶件密封性的最简便的方法,用以检验柱塞–套筒、针阀–针阀体的圆柱配合面密封性。先用滤净的轻柴油清洗和润滑偶件,然后使偶件与水平面成45°倾斜放置,把柱塞(或针阀)抽出1/3配合面长度后,使其在自重作用下自由滑下,且柱塞(或针阀)在套筒(或针阀体)内转至任何位置滑下时均不得有阻滞现象。

若下滑速度缓慢、均匀,表明配合面无明显磨损,密封性较好;若下滑速度较快或很快,表明配合面磨损较大或严重,密封性不良。若将柱塞(或针阀)转动90°再次试验,柱塞(或针阀)下滑缓慢、均匀,表明偶件产生偏磨损。

(2)油液降压试验法

油液降压试验法或称燃油漏损定量法,也是检验偶件密封性的一种方法。此外,还有油液等压试验法。

油液降压试验法用通过偶件的油液压力下降一定值时所需要的时间作为检验密封性的标准,或者用在一定时间内油液漏损量作为检验密封性的标准。

柱塞偶件油液降压试验法要求油泵在相当于额定供油量时,油压从30 MPa降至5 MPa的时间应不少于20 s,表明柱塞偶件圆柱面密封性良好。针阀偶件圆柱配合面密封性油液降压试验法:试验前必须进行数次喷油,以排净系统内的空气。试验时燃油进入喷油器,允许将喷油器启阀压力调整到比规定值高2~3 MPa。

在启阀压力的油压作用下检查针阀偶件的渗油现象,以手背擦拭针阀体头部喷孔周围,手背应无油,表明针阀偶件圆柱面密封良好。

针阀偶件锥面密封性油液降压试验法:试验时,要求在燃油压力比规定的启阀压力低2 MPa的油压作用下,在10 s内不得有渗漏,允许针阀体喷孔周围稍微湿润,但不得有油液集聚现象。针阀偶件锥面密封性检验可与其圆柱面密封性检验同时进行。

5.启阀压力检调

(1)排除喷油器油路中的空气。

(2)缓慢泵油,注意压力表指针向高压方向移动情况,在喷油开始,压力下降的那一瞬间记下压力表上的最高读数。

(3)若此压力表读数与规定喷油压力数值不符合,则可拧动调节螺钉进行调节,直到满意为止。

(4)最后上紧锁紧螺母和护罩。

6.雾化试验

雾化质量检查:在喷油器试验台上,将喷油器调整到规定的启阀压力,然后进行手动泵油,观察喷出的油束的形状、数目、油滴细度和分布情况。雾化良好时,各油束分布均匀,没有局部密集现象或油滴漏出,而且每次喷油从开始到终了都很迅速、明确、利落,有清脆的"吱吱"声,在连续几次喷油后,喷油嘴上不滴油,但允许有湿润。

拓展知识

1.检修时,保证喷油嘴修理质量的三个关键要素是什么?

【答】(1)针阀与油嘴体座面要达到完全的圆度;

(2)针阀与油嘴体座面要与油嘴体轴线完全一致;

(3)保证针阀与油嘴座面的加工达到准确的角度及光洁度。

2.船用研磨砂有哪几种?

【答】一种是通用研磨砂,用于研磨排气阀、各种铜阀、钢阀及空压机阀片等,颜色大多呈灰色;一种是精密偶件通用研磨砂,颜色大多呈绿色;还有一种是油头专用研磨砂(英文识别名为"NOZZLE COMPOUND"),颜色为深绿色,研磨油头时应选用这种深绿色的研磨砂。研磨砂一般有三种规格,即粗、中、细。

3.针阀偶件的几个主要参数是什么?

【答】针阀锥角比阀座的锥角大 $0.5° \sim 1°$;配合间隙为 $0.02 \sim 0.04$ mm;主密封带宽度为 $0.3 \sim 0.5$ mm;针阀升程为 $0.4 \sim 1.3$ mm。

4.现在的 B&W 公司的主机已广泛使用双弹簧、两级针阀的喷油嘴(油头),主要工作过程是什么?

【答】其喷油嘴内部自上而下,由主启阀弹簧、内装有空心油路的推力轴、推力三叉形弹簧座、推力块、针阀偶件和油嘴组成;其中推力块实际上紧扣在针阀偶件的外壳上,绝不可用手就能拨动或旋动,否则就要报废或修理。因为油路自上而下是从这些联结部件的中心线流过的,所以上述部件的联结处都是圆弧形,必须有良好的密封。各部件之中,如有变形和磨损而影响装配中心线或密封不良,都要修正和更换。主启阀弹簧有疲劳变形、弹力不足的必须更换,喷油压力是不可通过它来调节的。

5.雾化三要素是什么?

【答】①雾化均匀,像春天的雾一样;

②经多次喷射,喷嘴只能有潮湿,不能有油滴存在;

③断油干脆利落,并有"吱吱"的响声。

6.如何判断喷油器的雾化合格?

【答】喷油器无论快喷(120 次/分钟)、慢喷(20 次/分钟),均应有良好的雾化质量,声音清脆,无滴油现象,方为合格。

7.何谓启阀压力?

【答】启阀压力是指针阀在燃油压力作用下克服调压弹簧的预紧力而开启的最低喷射压力。这个压力可在试验台压力表上读得。检查时,将喷油器连接在试验装置的高压油管上,先排除喷油器油路中的空气,然后缓慢泵油,注意压力表指针向高压方向移动情况;开始喷油时的压力,即为启阀压力。若此值与规定不符,则可拧动调节螺钉进行调节,直到满意为止。最后上紧锁紧螺母。

8.B&W 公司喷油器的试压方法及步骤是什么?

【答】(1)喷油控制杆处在开启位置,然后以极快的速度将高压阀手柄从关闭的位置向下扳到全开位置,这时可以听到喷油器发出短促响亮的声音,这说明喷油器内部各连结部件已找准了中心线。

（2）关闭喷油控制阀，然后再重新缓慢打开加压，当油压表显示高于 1.5 MPa 时，回油孔（泄油孔）不应再有油渗出；继续加压到稍低于启阀压力（25 MPa），观察喷孔处是否有一点点湿润，而不形成油滴，证明针阀和阀座的密封良好。

（3）以极快速度加压，喷油器发出"吱吱"的两级短促有力响亮的喷油声，喷油压力又达到了要求，这个喷油器就基本试压成功了。

在上述（1）、（2）、（3）三个试验中：（1）项试验是十分关键的，如果装配中心线偏移，或者喷油器安装到试验台上紧固，左右上紧力不够均匀，肯定达不到效果，这时切不可立即判断针阀偶件不行，可以稍调节左右紧固螺母的松紧度，或用木锤从侧面敲打喷油器体，再做（1）项试验。倘若效果仍不佳，甚至可以略松开油管接头螺母做（1）项试验，一旦中心线在油压作用下能自我找准，发出满意的声音，上紧螺母，再做（2）项试验。如果各部件和针阀偶件都没有什么问题，一般都能达到满意的结果。应该特别指出，从主机上卸下喷油器，切忌在地板或桌面上摔掷，任何侧向的振动都可能造成内部中心线偏移。对于试压好的喷油器体，同样要避免振动，应轻放到垂直的孔架上作为备用。

任务十 曲轴臂距差的测量与计算、曲轴轴线的状态分析

建议学时：2学时

曲轴是一个结构复杂、刚性差的重要零件，容易产生弯曲变形，即便是自身重量，也使其产生变形。新造柴油机曲轴安放在机座主轴承上，因各道主轴承孔中心在同一条直线上，落座于主轴承上的曲轴轴线也为一条直线。经长时间运转，其他情况正常，仅各道主轴承下瓦产生不同程度的磨损，各道主轴承中心不等高，坐落其上的曲轴轴线发生弯曲变形，引起曲轴产生附加弯曲应力。因此，柴油机正常运转情况下，曲轴轴线状态主要取决于主轴承下瓦的高低。反之，曲轴轴线状态也反映了各道主轴承高低，也就是各道主轴承下瓦的磨损情况。

💡 学习要素

1.曲轴臂距差的测量；

2.曲轴臂距差的计算方法；

3.曲轴轴线的状态分析。

🎁 教学目标

能力目标

1.能正确完成臂距差的测量；

2.能正确计算臂距差；

3.能正确对曲轴轴线的状态进行分析。

知识目标

1.理解臂距差产生的原理;

2.正确掌握臂距差对柴油机的影响。

素质目标

1.培养学生严谨、细致的工作作风;

2.培养学生良好的学风;

3.培养学生良好的职业意识;

4.培养学生良好的团队合作意识。

相关知识

1.曲轴的变形

运转中的柴油机主轴承高低不等使其上的曲轴产生弹性变形,整根曲轴的变形为宏观的整体变形,每个曲柄的变形为局部的微量变形。曲柄微量变形是曲柄臂之间的距离在曲轴回转一周中产生的微量变化。

2.运转中的曲柄

研究曲轴变形时,为了便于分析曲柄的微量变形,简化问题,对运转中的曲柄进行以下假定:

(1)主轴颈与曲柄臂之间为刚性连接,夹角为90°并保持不变;

(2)主轴颈、曲柄销和曲柄臂均为刚性,运转中形状不变;

(3)曲柄销与两曲轴臂之间夹角 α、β 不仅相等且变化相同,即保持 $\alpha=\beta$,如图 3-10-1 所示为对运转中的曲柄的假定。

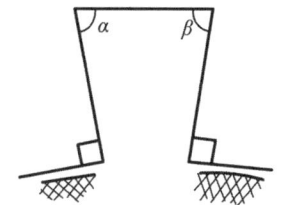

图 3-10-1　对运转中的曲柄的假定

3.曲柄微量变形、曲轴整体变形与主轴承高低的关系

曲轴整体变形时,分析任一个曲柄的微量变形,如图 3-10-2 所示为主轴承高低对曲柄轴线和臂距的影响。

当曲柄的两个主轴承低于相邻主轴承时,该曲柄的两个主轴颈轴线弯曲成塌腰形。此时将曲柄销转至上止点位置,两个曲柄臂向外张开,曲柄臂间距离增大;将曲柄销转至下止点位置,两个曲柄臂向内收拢,曲柄臂间距离减小,如图 3-10-2(a)所示。如果主轴承水平方向磨损,当曲柄的两个主轴承位于相邻主轴承右侧时,将曲柄销分别转至左右水平位置,曲柄臂间距离亦同样变化。

当曲柄的两个主轴承高于相邻主轴承时,该曲柄的主轴轴线弯曲呈拱腰形。此时,将该曲柄的曲柄销转至上止点位置,两个曲柄臂向内收拢,两臂间距减小;将曲柄销转至下止点位置,两个曲柄臂向外张开,两臂间距增大,如图 3-10-2(b)所示。如果主轴承水平方向磨损,当曲柄的两个主轴承位于相邻主轴承左侧时,将曲柄销分别转至左右水平位置,曲柄臂间距离亦同样变化。

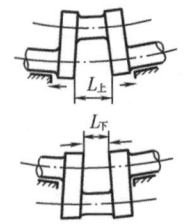 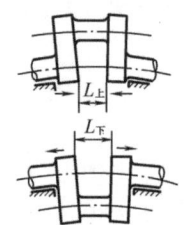

（a）轴承低时轴线呈塌腰形　　（b）轴承高时轴线呈拱腰形

图 3-10-2　主轴承高低对曲柄轴线和臂距的影响

运转中的柴油机曲轴因主轴承高低不等而产生整体变形。曲轴回转一周时,曲轴上的每个曲柄都会随之产生不同的微量变形,曲轴整体弯曲越严重,曲柄的微量变形也越大。曲轴在安装状态下的整体变形即轴线弯曲度,难以直接测量,然而曲柄的微量变形可以定量测出。所以,通过测量曲柄臂距的微量变化来了解曲轴整体的轴线状态。

曲柄的两个曲柄臂之间的距离称为臂距值,用 L 表示,俗称拐挡值。曲轴回转一周中,曲柄销分别在上、下止点位置或左、右水平位置时,曲柄的臂距值之差称为臂距差,俗称拐挡差,用符号 Δ 表示,即

$$\Delta_\perp = L_\perp - L_\top,\ \Delta_\approx = L_左 - L_右$$

式中:$\Delta_\perp$、$\Delta_\approx$ 分别为垂直平面、水平平面内的臂距差,mm;

$L_\perp$、$L_\top$ 分别为曲柄销在上、下止点位置时的臂距值,mm;

$L_左$、$L_右$ 分别为曲柄销在左、右水平位置时的臂距值,mm。

根据图 3-10-2 可以得出:

$$\Delta_\perp = L_\perp - L_\top > 0,\ 即\ \Delta_\perp = (+)$$
$$\Delta_\perp = L_\perp - L_\top < 0,\ 即\ \Delta_\perp = (-)$$

结论:在垂直平面内,当曲柄的两个主轴承较低,曲轴轴线呈塌腰形或下弧线弯曲,即呈"⌣"形时,该曲柄的臂距差 $\Delta_\perp$ 为正值;当曲柄的两个主轴承较高,曲轴轴线呈拱腰形或上弧线弯曲,即呈"⌢"形时,该曲柄的臂距差 $\Delta_\perp$ 为负值。

同样,在水平平面内亦可得出:

$$\Delta_\approx = L_左 - L_右 > 0,\ 即\ \Delta_\approx = (+)$$
$$\Delta_\approx = L_左 - L_右 < 0,\ 即\ \Delta_\approx = (-)$$

结论:在水平平面内,当曲柄的两个主轴承位置偏右,曲轴轴线呈右弧线弯曲,即呈")"形时,该曲柄的臂距差值 $\Delta_\approx$ 为正值;当曲柄的两个主轴承偏左,曲轴轴线呈左弧线弯曲,即呈"("形时,该曲柄的臂距差值 $\Delta_\approx$ 为负值。

曲轴臂距差值的大小表明曲轴弯曲变形的程度;臂距差值的符号表明曲轴轴线弯曲变形的方向。

4.测量臂距差的目的

柴油机运转中各道主轴承产生不均匀磨损,引起曲轴的整体与微量变形。曲轴回转一周中,曲柄臂的时张时合变形,使曲柄销颈与曲柄臂连接处的过渡圆角部位产生时拉时压的交变应力。曲轴长期运转使之无数次周期地重复而产生疲劳裂纹或断裂。微

量变形越大,臂距差值越大,表明曲轴的弯曲变形越严重和附加弯曲应力越大,当超过材料的许用值时就会使曲轴断裂。测量曲轴臂距差就是为了了解和控制曲轴的变形和主轴承的磨损状况,防止曲轴的疲劳破坏。所以,在轮机管理中轮机员应重视主、副柴油机曲轴臂距差变化,按照要求定期检测、分析,使臂距差值控制在说明书或规范的极限值以内,也就是控制曲轴在弹性变形范围之内,切勿产生塑性变形。所以说曲轴臂距差值关系到曲轴的使用寿命。

📝 任务实施

(1)灵敏度检查:手指轻按拐挡表一端的顶尖,看指针的摆动是否灵活,放开后指针回原位。检查无误后,根据臂距的大小选择并调整拐挡表测量杆的长度,使之比臂距大 1~2 mm。

(2)打开曲轴箱道门,盘车至 195°位置,清洁两个曲柄臂上的冲孔,将拐挡表装入两曲柄臂的冲孔中。表装入曲轴的冲孔后,将表用手慢慢来回摆动 2~3 次,看指针有无摆动(有摆动,说明孔不正确或表针两端表杆不直)。如没有冲孔,应在距曲柄销轴线为(S+D)/2 处的曲柄臂两边打上冲孔,安装正确后,将表指针调 0 位。

(3)正车转动曲轴,对装有活塞连杆组件的曲轴,分别转至左平、上止点、右平和下止点前 15°左右,即曲柄销自 195°位置开始,经 270°、0°、90°及 165°,共五个位置,记录各位置拐挡表的读数。

(4)拐挡表的计算与轴线状态分析

上下拐挡差 $\Delta_{上下}$ 为:$\Delta_{上下}=L_上-L_下$,左右拐挡差 $\Delta_{左右}$ 为:$\Delta_{左右}=L_左-L_右$。拐挡差 $\Delta_{上下}$ 为正(+),曲轴轴线呈下弧线弯曲,该曲柄两端的主轴承比其相邻的主轴承低;拐挡差 $\Delta_{上下}$ 为负(−),曲轴轴线呈上弧线弯曲,该曲柄两端的主轴承比其相邻的主轴承高。同样,拐挡差 $\Delta_{左右}$ 为正(+),轴线在水平面呈右弧线弯;反之,拐挡差 $\Delta_{左右}$ 为负(−),轴线在水平面呈左弧线弯。

🏛 拓展知识

1.测量点

测量曲轴臂距值采用的是专门的量表——拐挡表。它是一种特殊的百分表,测量精度为 0.01 mm。测量时,臂距值增大,表的指针朝正值读数增加方向转动;减小时,表的指针朝负值读数增加方向转动。为了适用一定尺寸范围臂距的曲轴使用,有一套组合式测量杆。使用时根据曲轴实际臂距大小组装量杆,然后将拐挡表装于曲轴臂上的冲孔上,如图 3-10-3 所示为拐挡表安装位置。

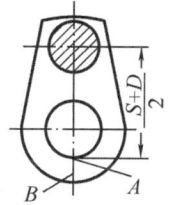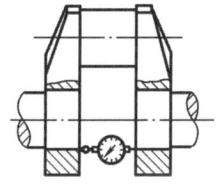

图 3-10-3　拐挡表安装位置

曲轴臂距值的测量点普遍设在距曲柄销中心线为$(S+D)/2$处。其中，S为活塞行程，mm；D为主轴直径，mm。为了便于迅速、准确地安装拐挡表，一般制造曲轴时在曲柄臂内侧中心对称线上的$(S+D)/2$处，即A点打上冲孔，作为固定测量点位置。有的大型柴油机为了测量方便或避开主轴颈套合处，将测量点设在曲柄臂下边缘B点处。由于曲柄臂中心对称线上各点距曲柄销中心线距离不等，曲轴回转时曲柄臂张开或收拢使对称中心线上各点对应的臂距值不等。距曲柄销中心线越远的点对应的臂距值越大。所以B点的臂距值大于A点的臂距值，B点的臂距差大于A点的臂距差。但目前国内外均以$(S+D)/2$为测量点并制订臂距差标准，不适用于在其他任意点测出的臂距差，所以只有在将B点臂距差Δ_B换算成A点的臂距差Δ_A值后方可使用标准。可按下式换算：

$$\Delta_\mathrm{A} = \Delta_\mathrm{B} \cdot \frac{l_\mathrm{OA}}{l_\mathrm{OB}}$$

式中：l_OA——测量点A至曲柄销中心线的距离，mm；

$\quad\quad l_\mathrm{OB}$——测量点B至曲柄销中心线的距离，mm。

2.测量条件与要求

为了测量精确，应尽量消除影响测量精度的因素，准确地反映曲轴轴线状态。要求在以下条件下进行测量：

（1）在柴油机冷态下进行测量

柴油机冷态是指停机时的状态。柴油机停机后立即测量，机件热态使拐挡表和测量值不准确，且随着温度的不断降低，先后测量值的温度影响不同，所以测量值不稳定。而冷态即环境温度下测量值准确、稳定，也便于操作。

（2）夜间、清晨或阴雨天气时测量

海水、气温直接影响船体变形，进而影响曲轴臂距差值。轮机员测量曲轴臂距差时应注意环境温度的影响，避免船舶在太阳暴晒下测量。

（3）船舶装载条件相同的情况下测量

船舶装载条件不同船体变形不同，如空载与满载时的曲轴臂距差不同。为了便于比较，应在相同的装载条件下进行测量。通常新造船舶和修理船舶都在空载条件下测量臂距差。

对测量的要求：

①一次装表完成全部测量

拐挡表安装后应完成测量曲轴回转一周中各要求位置的臂距值，测量过程中不允许改动拐挡表的位置。通常曲轴臂距差的测量位置随柴油机安装完善程度而异。当曲轴未装活塞运动部件时，测量0°、90°、180°、270°四个位置的臂距值；当曲轴上安装活塞运动部件时，测量0°、90°、165°、195°、270°五个位置的臂距值。

②柴油机正车回转进行测量

测量曲轴臂距差应按柴油机正车运转方向进行，使测量值符合实际情况，精度高。

3.测量与记录

拐挡表在曲柄冲孔装妥后即可测量。测量时，盘车使曲轴正车回转一周，分别测量曲柄销在上、下止点位置和左、右水平位置的臂距值，从拐挡表读出测量值，并记录在专门表格中。现场测量值可按以下方式记录：

（1）曲轴未装活塞运动部件时,曲轴回转一周,曲柄销在 0°、90°、180°、270° 四个位置测量臂距值。

（2）如曲轴已装活塞运动部件,当曲轴回转到下止点位置时,活塞运动部件恰好居中使拐挡表无法安装,不能测量下止点的臂距值。因此,生产中用曲柄销位于下止点前、后各 15°（以拐挡表不碰连杆为准）位置,即 165° 和 195° 位置的臂距值 $L'_\text{下}$ 和 $L''_\text{下}$ 的均值代替下止点（180°）位置的臂距值 $L_\text{下}$,所以 $L_\text{下} = \dfrac{L'_\text{下} + L''_\text{下}}{2}$。

为了一次装表完成全部测量,盘车至 195° 位置安装拐挡表,并将表指针调至零值后开始测量,依次在 195°、270°、0°、90°、165° 五个位置测量。

按曲柄销位置记录测量值:

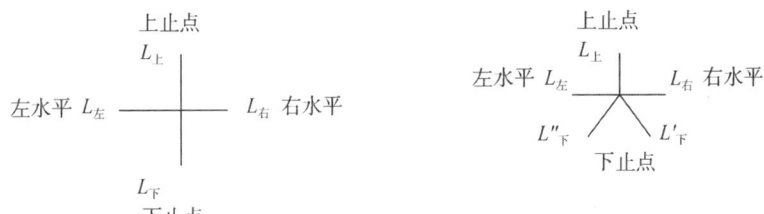

按拐挡表位置记录测量值:

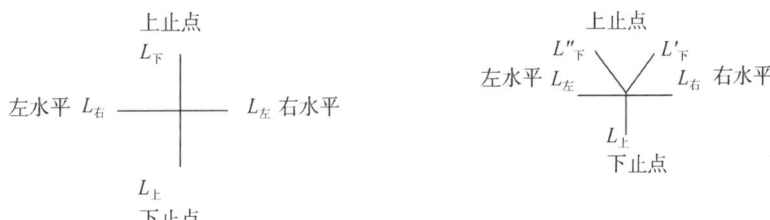

以上两种记录方法不同,但基本概念不变,依然遵照 $\Delta_\perp = L_\text{上} - L_\text{下}$ 和 $\Delta_\approx = L_\text{左} - L_\text{右}$ 两个公式,计算结果相同。曲轴臂距差测量精度与拐挡表精度、表的安装精度、读数误差和测量技术等有关。测量者可用以下方法检验自己的测量精度:将所测量上、下止点臂距值之和与左、右水平臂距值之和进行比较,两者之差在 ±0.03 mm 内,即 $(L_\text{上} + L_\text{下}) - (L_\text{左} + L_\text{右}) < \pm0.03$ mm,表明测量基本准确。若重复几次测量均超过 ±0.03 mm,表明曲轴存在严重变形。必须指出,以上检验方法仅是粗略判断测量的准确性,而非衡量臂距差的标准,切勿混淆。

4.曲轴臂距差的标准

测量曲轴臂距差之后,应对所测数值进行分析和判断。分析曲轴弯曲变形程度和变形方向,判断曲轴臂距差是否超过标准,确定主轴承高低及其是否应进行调整等。分析和判断的依据就是柴油机说明书或有关标准中的曲轴臂距差标准。

（1）柴油机说明书中的曲轴臂距差随柴油机机型、结构、尺寸和计算方法不同而异。各类柴油机说明书均对其曲轴臂距差测量方法、安装值和极限值有明确规定。

MAN B&W 型柴油机测量点在 $\dfrac{S+D}{2} - 10$ mm 处,如表 3-10-1 所示为 MAN B&W 型柴油机曲轴臂距差标准。

表 3-10-1　MAN B&W 型柴油机曲轴臂距差标准 　　　　　　　　　　　　（mm）

机型	对于新机或刚修理过的主机的正常值		须重新对中的推荐值		最大的允许值	
	1#	2	1	2	1	2
L50MC/MCE	0.17	0.34	0.45	0.51	0.68	0.68
S50MC/MCE	0.23	0.46	0.61	0.69	0.92	0.92
L60MC/MCE	0.20	0.40	0.54	0.61	0.81	0.81
S60MC/MCE	0.27	0.55	0.73	0.82	1.10	1.10
L70MC/MCE	0.24	0.48	0.63	0.71	0.95	0.95
S70MC/MCE	0.32	0.64	0.85	0.96	1.28	1.28
L80MC/MCE	0.27	0.54	0.72	0.81	1.08	1.08
S80MC/MCE	0.36	0.73	0.97	1.10	1.46	1.46
K80MC/MCE	0.24	0.48	0.64	0.72	0.96	0.96
L90MC/MCE	0.30	0.60	0.81	0.92	1.22	1.22
K90MC/MCE	0.27	0.54	0.72	0.81	1.08	1.08

注：1——正常值；

　　2——曲轴上装有扭振减振器、调频轮、弹性连轴节等时，首尾两个曲柄的允许值；

　　#——也用于判断曲轴变形测量的正确性。

（2）中国船级社在《海上营运船舶检验规程》中规定曲轴臂距差测量点在 $\dfrac{S+D}{2}$ 处。

如表 3-10-2 所示为曲轴与轴系连接后冷态下的臂距差标准。

表 3-10-2　曲轴与轴系连接后冷态下的臂距差标准

状况	Δ/S 每米活塞行程的臂距差（mm）	
经修理试车后	≤0.125	
营运中允许范围	0.125～0.25	>0.25 应限期修理
最大极限	<0.30	>0.30 应立即停航修理

（3）中国修船标准《中华人民共和国船舶行业标准》CB 3364—1991、CB/T 3544—1994 分别对船舶发电机原动机和船舶主柴油机曲轴臂距差的规定：

①CB 3364—1991 规定：曲轴臂距差测量点为 $\dfrac{S+D}{2}$。

②曲轴与发电机连接后冷态下的臂距差标准：

a.正常值不大于 0.000 125S，即 $\dfrac{1.25S}{10\,000}$；

b.修理中飞轮端控制值不大于 0.000 15S，即 $\dfrac{1.5S}{10\,000}$；

c.飞轮端如为弹性联轴节，可适当放宽至不大于 0.000 175S，即 $\dfrac{1.75S}{10\,000}$。

③CB/T 3544—1994 规定：船用主柴油机整体式和组合式曲轴臂距差值应符合如图 3-10-4 所示的曲轴臂距差 Δ 标准的要求，测量点在 $\frac{S+D}{2}$ 处。

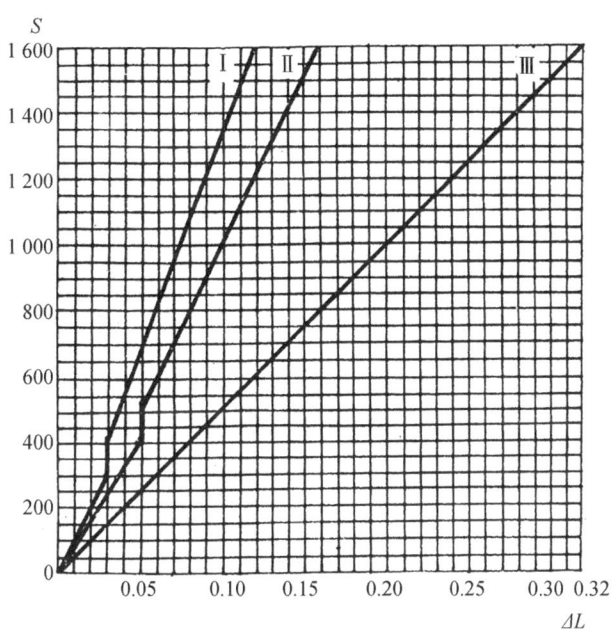

图 3-10-4 曲轴臂距差 Δ 标准

图中 Ⅰ 线左上方为在车床或平台上最佳值；在 Ⅰ、Ⅱ 线之间为优良值；在 Ⅱ、Ⅲ 线之间为合格值；Ⅲ 线为最大允许值。

5.新造、修理和营运船舶的臂距差测量

测量曲轴臂距差是对船舶主、副柴油机曲轴状态的重要技术检验。对于制造、安装、修理和营运中的柴油机，此项检测必不可少。主要在以下情况下进行测量：

(1)新造柴油机台架组装试验期间和主、副柴油机在船上安装过程中进行多次测量。例如，机座安装后、活塞运动部件安装后、主机与轴系或副机与发电机连接后等。

(2)主、副柴油机进厂修理时，随着修理规模的不同，要进行不同情况下的测量。例如，在修前、曲轴与轴系或发电机脱开后、飞轮拆去后、活塞运动部件拆去后、贯穿螺栓松开后及修理后安装过程中的相应情况下进行测量。

(3)营运期间按照说明书规定或船级社要求进行的各种检验时进行测量。此外，柴油机吊缸检修时或发现问题时应进行测量。

(4)特殊情况下的测量。例如，船舶搁浅、碰撞等海损事故后；船体刚性差的船舶每次装载后；主轴瓦拂刮或换新以及贯穿螺栓、地脚螺栓重新预紧后等。

6.影响曲轴臂距差的因素

营运船舶影响主柴油机曲轴臂距差的因素很多，影响的情况也各不相同。了解和掌握这些影响因素对减少和防止曲轴疲劳损坏、分析曲轴损坏原因，以及修理、安装等都有很大的意义。主要影响因素有：

(1) 主轴承下瓦的不均匀磨损

机座上各道主轴承下瓦磨损程度不同使下瓦的高度不等,坐落其上的曲轴轴线发生弯曲变形,臂距差发生变化。各道主轴承因柴油机各缸功率、轴承负荷及轴承间隙、润滑等的不同,下瓦的磨损情况也不同,也无规律。所以,主轴承下瓦磨损使曲轴轴线状态、臂距差数值和方向的变化也无规律。

(2) 机座变形和下沉

机座变形和下沉都会使曲轴轴线弯曲变形、臂距差无规律地变化。船体变形、机座地脚螺栓和贯穿螺栓松动或重新预紧等均会使机座产生无规律的变形。柴油机机座与底座间垫铁松动或磨损变薄等使机座相应部位下沉,可用小锤敲击垫铁检查地脚螺栓、垫铁有无松动。

新造船舶柴油机在船上安装或修船时,不允许通过调节地脚螺栓或贯穿螺栓预紧力来调整曲轴臂距差。

(3) 船舶装载的影响

船体如弹性梁,受力不均产生变形,船体刚性差则变形就更加严重。货船装载不同则船体变形不同。曲轴轴线和臂距差也会随之变化。船体刚性随船龄增加不断降低,曲轴变形和臂距差也会增大。机舱、货舱在船上的布置不同,其装载对船体变形和曲轴臂距差的影响程度也不同。

中机舱船舶,机舱位于船中部或靠近中部,货舱分布于机舱前后。装载后船体中部上拱,曲轴轴线朝拱腰形变化,臂距差向负值增大方向变化。如果空载时臂距差就为负值,轻、满载时负值继续增大;如果空载时臂距差为正值,轻、满载时正值减小向负值变化。

尾机舱船舶,机舱位于船尾,如油船。船舶装载后的影响与中机舱船舶基本相同,只是影响程度轻些,仅波及曲轴首端曲柄,臂距差也是朝负值增大方向变化。

营运船舶应科学合理地配载,对于刚性差的船舶尤为重要。因装载引起船体发生变形,以致在每次装载后测量曲轴臂距差,检验船体和曲轴变形情况。当臂距差超过规定值时需重新配载,重新装货。

船厂在新造船舶时,主机安装中采用反变形安装工艺,即令安装曲轴时有一定的预变形,以克服船体结构带来的无法避免的影响。如中机舱船舶,安装曲轴时使其具有塌腰形状态,以抵消装载后船体上拱变形的部分或全部影响。

(4) 活塞运动部件和爆发压力的影响

活塞运动部件的重量使曲轴轴线朝塌腰形变化,大型柴油机的影响较为明显,如表3-10-3所示为活塞运动部件对曲轴臂距差 $\Delta_\perp$ 的影响。船用二冲程柴油机气缸爆发压力较高,目前最高已达 18 MPa,通过活塞连杆作用于曲轴,使曲轴轴线朝塌腰形变化,且以曲柄销位于上止点时影响最大。以上两种因素均使曲轴轴线朝塌腰形变化,臂距差朝正值增大方向变化。

(5) 飞轮影响

飞轮安装在曲轴尾端使尾端轴线朝拱腰形变化,臂距差向负值增大方向变化。对其他曲柄的影响自尾向首逐渐减小。飞轮越重影响越大,中小型柴油机影响较大。曲轴安装时亦可采用反变形工艺减小飞轮的影响。

表 3-10-3   活塞运动部件对曲轴臂距差 $\Delta_\perp$ 的影响　　　　　　　　　（mm）

状况＼缸号	1	2	3	4	5	6(尾)
活塞部件安装前 $\Delta_\perp$	−0.015	−0.015	−0.03	−0.065	−0.04	−0.02
活塞部件安装后 $\Delta_\perp$	−0.005	−0.005	−0.015	0	+0.01	+0.01

（6）轴系连接误差的影响

船用主柴油机曲轴与轴系为法兰刚性连接，轴系安装误差直接影响曲轴尾端轴线状态和臂距差的变化。要求曲轴尾法兰与第一节中间轴首法兰连接误差：偏移值不大于 0.1 mm，曲折值不大于 0.1 mm/m，以使曲轴尾端臂距差符合要求。

如图 3-10-5 所示为轴系连接误差对臂距差的影响。当轴系误差使轴系轴线高于曲轴轴线、两法兰呈下开口时，连接后使曲轴尾端轴线呈塌腰形，臂距差朝正值方向增大，如图 3-10-5（a）所示；当轴系轴线低于曲轴轴线、两法兰呈上开口时，连接后使曲轴尾端轴线呈拱腰形，臂距差朝负值方向增大，如图 3-10-5（b）所示。

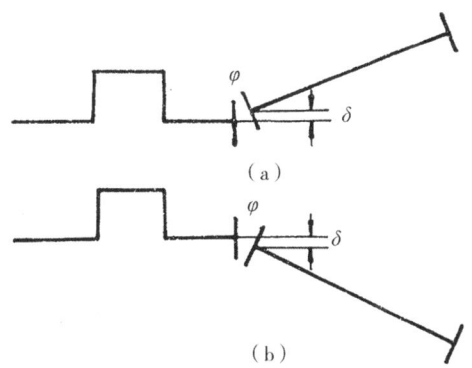

图 3-10-5   轴系连接误差对臂距差的影响

此外，对于大气和海水温度及船舶进坞坐墩等对船体变形和臂距差的影响、主轴承安装质量对臂距差的直接影响等，在轮机管理工作中均要注意到。

船舶航行期间曲轴臂距差始终应控制在要求范围内，测量值超标时应立即进行复测、全面分析和采取措施，以免造成曲轴裂纹和断裂的恶果。

任务十一　气缸起动阀、安全阀、示功阀、空气分配器的拆装与检修　建议学时：2学时

学习要素

1.气缸起动阀拆装与检修；
2.安全阀拆装与检修；
3.示功阀拆装与检修；
4.空气分配器拆装与检修。

**教学目标**

能力目标

1.能正确完成气缸起动阀拆装与检修;

2.能正确完成安全阀拆装与检修;

3.能正确完成示功阀拆装与检修;

4.能正确完成空气分配器拆装与检修。

知识目标

1.理解空气分配器的工作原理;

2.掌握气缸起动阀的工作原理、典型结构。

素质目标

1.培养学生严谨、细致的工作作风;

2.培养学生良好的学风;

3.培养学生良好的职业意识;

4.培养学生良好的团队合作意识。

相关知识

1.气缸起动阀的拆装与检修

(1)安全措施

停车;锁住起动机构;关闭起动空气。

(2)起动空气阀的拆卸

①拆去空气起动阀,将工作空气接到阀顶部的控制空气进口,检查阀开启是否为15~20 mm。

②切断空气来源,检查阀的密封性。

③重复①、②几次。

(3)起动空气阀的检修

①切断起动空气和控制空气,拆去控制空气管路,在阀顶部安装两只吊环螺栓,并在其中穿好钢丝绳,拆去起动阀法兰的固定螺母。

②吊离起动阀,水平放置起动阀至带有铁卡爪的工作台位上,拆去并报废阀座密封垫圈,松掉并拆去顶盖的螺钉,拆去顶盖。

③拧松活塞与阀杆的连接螺钉时,用端面板作为支架,拆去该连接螺钉。拆卸螺钉时,由于阀座内弹簧弹力作用,活塞将部分被顶出阀座。

④从阀座上部拆去活塞,并从下部拆出阀杆,从阀座上部拆出弹簧。

⑤加研磨膏,如200号碳化硅研磨膏,用研磨环研磨阀体座面;用端面扳手转动阀杆,研磨与阀座座面相配合的阀杆面,研磨时加500号碳化硅研磨膏。

⑥在柴油或煤油中全面清洁阀座和其他部件,用二硫化钼润滑内部物件和阀杆表面,装入阀杆弹簧,最后在阀杆顶部装上活塞。

⑦安装垫片和螺钉,拧紧螺栓,活塞将压缩弹簧,不断拧紧螺栓直至活塞快要与阀杆相碰,用端面板作为支承,锁紧螺栓。

⑧安装并上紧顶盖,在阀座上安装新的 O 形密封圈。

⑨检查起动空气阀,若空气起动阀没有立即装复柴油机上,则在整个储放期间所有开口都应用塑料布封住以防灰尘进入。

(4)起动空气阀的安装

①仔细清洁气缸盖内的起动阀孔,如有必要,则重新修理阀座;在修检的起动阀上装好 O 形密封圈并用二硫化钼润滑。

②在气缸盖上安装起动阀。安装螺母并分三步拧紧到 40°;重新拧松螺母,再重复上述步骤,拧紧角度至紧固角度 60°;安装控制空气管路,并接通起动空气和控制空气。

2.安全阀的拆装与检修

(1)安全措施

停机;锁住起动机构;关闭起动空气供应。

(2)安全阀的拆卸

从气缸盖上拆除安全阀,去除和报废软钢盘。

(3)安全阀的检修

①必要时拆除安全阀,并用汽油、煤油或者电气清洁剂清洁所有的部件。

②应分两步安装安全阀,将阀瓣和止退环装入阀导杆,一同旋进阀壳中;按阀座的拧紧扭矩 45 N·m 拧紧阀壳,松开并再次按阀座的拧紧扭矩 45 N·m 拧紧阀壳。

③然后安装阀轴弹簧调节螺钉和锁紧螺母。

(4)调整安全阀的开启压力

①把安全阀装到试验装置中,试验装置与液压油泵接通。

②松开安全阀上的锁紧螺母,旋转调节螺钉使阀刚好关闭。

③从阀和软管中抽油,直到油面无气泡从安全阀开口中流出为止。

④拧紧安全阀的调节螺钉,直到指示压力达到数据表的正确值为止(开启压力为 20±0.5 MPa)。

⑤拧紧锁紧螺母,试验开启压力,从试验装置上拆下安全阀。

(5)安全阀的安装

①贯穿气缸盖上的孔,并把它吹干净;清洗螺纹和密封表面。

②安装一个新的或维修好的安全阀,并在孔内装入新的软钢盘;当在气缸盖上安装安全阀时,只能在安全阀的六角螺母上使用工具。

3.空气分配器的拆装与检修

(1)安全措施

停车;锁住起动机构;关闭起动空气;啮合盘车机。

(2)起动空气分配器的检查

①盘车带动 No.1 气缸的活塞,使其位于上止点,用死点规检查。

②拆去空气分配器的小端盖。

③检查起动凸轮上的 TDC 标记是否在 1# 滑阀的垂直下方位置。

④若有必要,则通过拧松起动凸轮中心的螺钉来使起动凸轮标记处在上述位置,然后再拧紧螺钉。

(3)起动空气分配器的检修

①封住主起动空气和控制空气,若此无法做到,则用锁定机构将主起动阀锁定在关

闭位置。

②拆去到空气分配器的所有管子,松掉并拆去大、小盖板的螺钉,拆去端盖;转动凸轮轴,使起动凸轮的槽口正对滑阀上的销。

③拆去有问题的滑阀上的螺钉及盖板,再拆去滑阀的导向螺钉。

④用黄铜棒从分配器座上拆去滑阀总成,带弹簧和上部衬套,拆去压缩弹簧的锁定环。

⑤拆去上弹簧座、弹簧、下弹簧座和上衬套。

⑥清洁滑阀各滑动表面,各部件用二硫化钼润滑,清洁衬套和空气分配器座,检查滑阀是否在衬套内运动自由。

⑦在滑阀上安装上衬套、下弹簧座、弹簧和上弹簧座,安装压缩弹簧的锁定环。

⑧用钢棒将滑阀总成装入空气分配器座中,安装时检查凸轮上的槽口是否正对滑阀销,用二硫化钼润滑凸轮上的导槽。

⑨装妥滑阀导向螺钉和滑阀顶部的盖板及螺钉。

⑩最后,安装两端盖,连接起动空气和控制空气。

 拓展知识

压缩空气起动装置的组成、起动条件。

1.压缩空气的起动

将具有一定压力(2.5~3 MPa)的压缩空气,按柴油机的发火顺序在膨胀行程时引入气缸,推动活塞使柴油机达到起动转速,完成自行发火。

2.起动装置简介

如图 3-11-1 所示为气阀控制式起动系统。

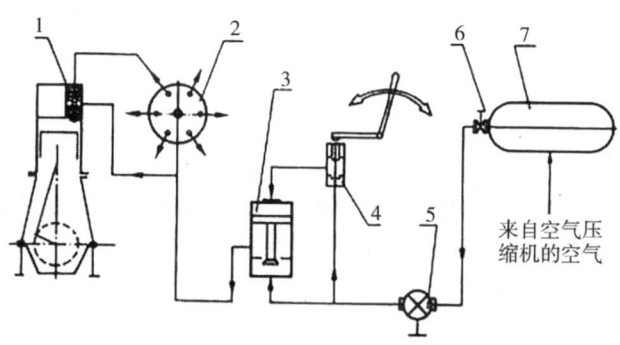

图 3-11-1 气阀控制式起动系统

1—气缸起动阀;2—空气分配器;3—主起动阀;4—起动控制阀;5—截止阀;6—空气阀;7—起动空气瓶

压缩空气起动装置的主要组成:

空气压缩机、起动空气瓶、主起动阀、空气分配器、气缸起动阀、起动控制阀。

3.保证起动的条件

(1)压缩空气必须具有一定的压力和储量

压力:2.5~3 MPa;新型柴油机为 1 MPa。

储量:保证在不补充空气的情况下,对可换向主机能从冷机状态正倒车交替起动不少于 12 次;对不可换向主机能从冷机状态连续起动 6 次。

（2）合适的起动正时和供气延续角

压缩空气在膨胀冲程上止点附近通入气缸,在排气阀(口)开前结束,如表 3-11-1 所示为柴油机的起动正时和供气延续角。

表 3-11-1　柴油机的起动正时和供气延续角

机型	起动正时	供气延续角
大型低速二冲程机	上止点前 5°	上止点后 100°~120°
中高速四冲程机	上止点前 5°~10°	不超过 140°

（3）保证有最少气缸数(要求在任何位置至少有一个气缸处于起动位置)

二冲程机:$>360°/100° = 3.6$,一般不应少于四缸;

四冲程机:$>720°/140° = 5.1$,一般不少于六缸。

若缸数少于上述要求值,则起动前可能需盘车使某缸转至膨胀冲程。

空气分配器的控制空气用于控制气缸起动阀的启闭,大量的起动空气由空气管道供给,其关闭由弹簧控制,如图 3-11-2 所示为气缸起动阀和空气分配器的结构原理。

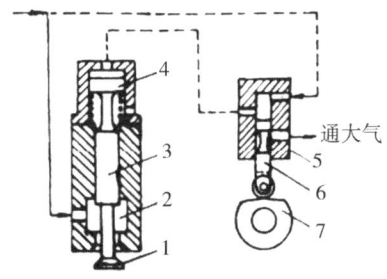

图 3-11-2　气缸起动阀和空气分配器的结构原理

1—起动阀盘;2—进气腔;3—导杆;4—起阀活塞;5—阀体;6—滑阀;7—凸轮

任务十二　液压拉伸器的使用和管理

建议学时：2 学时

液压螺栓拉伸器简称液压拉伸器,它具有螺栓紧固和拆卸的功能,可广泛适用于冶金矿山、石油化工、船舶工业、机车制造等行业。它借助于液压泵提供的液压动力源,利用材料允许的弹性幅度,将螺栓拉伸,达到紧固螺栓和拆卸螺栓的目的。另外,它也可以作为液压过盈连接施加轴向力的装置,进行顶压安装。特别在污染严重或空间面积受到限制的工作环境中,液压拉伸装置是其他任何工具难以替代的, 是大中型机械产品组装和设备维修的理想工艺装备。

学习要素

1.液压拉伸器的使用要点;

2.液压拉伸器的管理要求。

教学目标

能力目标

1.能正确使用液压拉伸器；

2.能利用液压拉伸器按照要求拆卸螺栓；

3.能正确对液压拉伸器进行管理。

知识目标

1.了解液压拉伸器工作原理；

2.正确掌握液压拉伸器使用要求及要点。

素质目标

1.培养学生严谨、细致的工作作风；

2.培养学生良好的学风；

3.培养学生良好的职业意识；

4.培养学生良好的团队合作意识。

相关知识

1.液压泵的工作原理

液压泵是为液压传动提供加压液体的一种液压元件，是泵的一种。它的功能是把动力机（如电动机和内燃机等）的机械能转换成液体的压力能。单柱塞泵的工作原理是凸轮由电动机带动旋转，当凸轮推动柱塞向上运动时，柱塞和缸体形成的密封体积减小，油液从密封体积中挤出，经单向阀排到需要的地方去。当凸轮旋转至曲线的下降部位时，弹簧迫使柱塞向下，密封腔形成一定真空度，油箱中的油液在大气压力的作用下进入密封容积。凸轮使柱塞不断地升降，密封容积周期性地减小和增大，泵就不断吸油和排油，向左转、向右转，如图 3-12-1 所示为液压泵的工作原理。

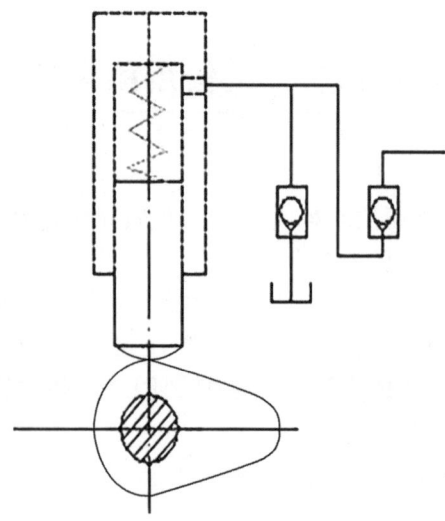

图 3-12-1　液压泵的工作原理

2.普通型液压螺栓拉伸器原理图

如图 3-12-2 所示为普通型液压螺栓拉伸器原理图。

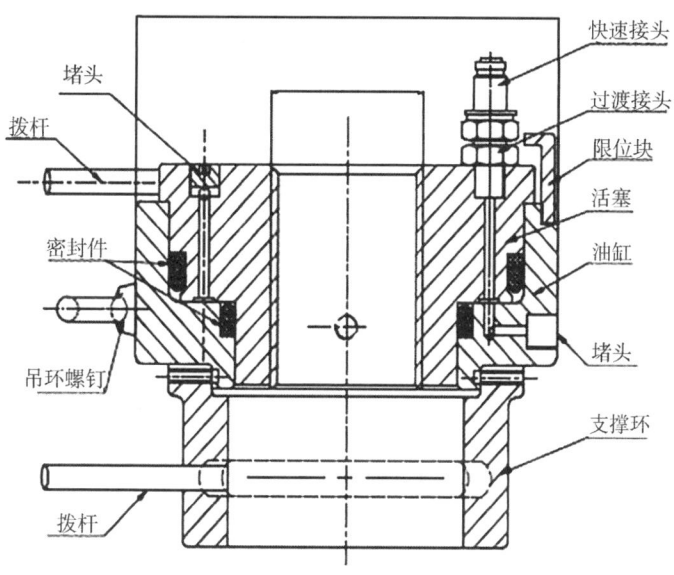

图 3-12-2 普通型液压螺栓拉伸器原理图

3.工作条件

（1）应按工作要求对材料的预紧力或顶压力进行理论计算，以便对液压拉伸器的拉伸力和螺栓拉伸长度提出要求。

（2）工作环境应保留一定的工作空间，液压拉伸器支承环接触基准面必须平整，确保拉伸操作顺利进行。

（3）使用螺栓拉伸工艺的，对螺母有下列要求：

①尽量使用圆螺母，以便紧固时拨动操作，若使用六角螺母，必须保证螺母拨孔的位置和深度。

②螺母的高度应低于液压拉伸器支承环的高度，并预留其空间不少于拉伸长度的间隙。

③螺母拨孔的直径和位置应根据液压拉伸器的相关尺寸确定。

✏ 任务实施

（一）操作方法

1.准备工作

（1）将圆螺母旋进螺栓，用拨杆插入拨孔紧固为止。

（2）将液压拉伸器支承环套入圆螺母，罩住圆螺线（若支承环与油缸一体式设计，此步骤省略）。

（3）将液压拉伸器旋进螺栓，用拨杆紧固拉伸头至各部位配合基本无间隙即可。

（4）安装完成后将由超高压液压泵连接高压软管的快速接头（母）插入液压拉伸器的快速接头（公）。

2.启动

(1)操作超高压液压泵,向液压拉伸器油缸输入液压油,活塞开始工作,液压拉伸器进入工作状态,此时要注意超高压液压泵的工作压力和螺栓被拉伸的长度,务必控制在规定范围内。

(2)液压拉伸器的工作压力和拉伸长度达到额定值时,超高压液压泵应立即停止工作,将拨杆插入圆螺母拨孔,顺时针方向拨动圆螺母紧固到位即可。

(3)使用中,工艺要求对螺栓进行多次拉伸紧固的,在圆螺母一次紧固到位后,超高压液压泵应按操作程序卸压,再将拨杆插入液压拉伸器活塞拨孔,顺时针拨动使活塞复位,之后再按上述方法操作直至满足工艺要求。

3.拆卸

液压拉伸器工作完毕后,先将超高压泵卸压,再进行拆卸。拆卸方法有两种,可根据工作环境选择:

(1)超高压液压泵在连接状态下,卸压后,用拨杆拨动液压拉伸器活塞,先将油缸中的液压油排尽,使活塞复位,再脱开与高压软管连接的快速接头,将液压拉伸器旋出螺栓,结束整个拉伸过程。

(2)脱开与高压软管连接的快速接头,先将液压拉伸器旋出螺栓,取出支承环,用内六角扳手拧松活塞端端面的堵头螺钉。再将液压拉伸器平整地夹在台钳中间,缓缓紧动丝杆,排尽油缸中残留的液压油,直到活塞全部复位(或者用橡皮锤均匀敲击,排尽油缸液压油,使活塞复位)。

(二)维护与保养

(1)必须严格按照说明书要求的方法程序操作,不能随意提高液压拉伸器输入的工作压力和螺栓拉伸长度,以免损坏密封圈和相关配合部件。

(2)结束工作后,应擦拭干净妥善保管,特别是进油接口不能渗入杂物(施工完成后,快速接头部分应盖上防尘帽),防止进入油缸后损伤油缸和活塞。

(3)更换 O 形密封圈及其他附件时,要注意吻合,确保密封效果。

拓展知识

安全警示:

(1)由专业人员操作,操作时须戴护目镜等防护用品。

(2)一般操作步骤也存在危险的可能性(液压拉伸器在工作时,正上方严禁站人或正对人体其他部位)。

(3)根据所需预紧力执行液压泵的工作压力(12.9 级 M68 螺栓预紧力为 1 925 kN,10.9 级 M68 螺栓预紧力为 1 600 kN)。

(4)液压拉伸器在操作时不得超负荷、超行程使用。

(5)严禁使用损坏的、磨损的、老化的密封组件、液压软管及快速接头。

(6)重型液压拉伸器在施工过程中需要起吊、搬运、转移的,应旋紧吊环螺栓后再进行操作。

项目四
辅助设备的拆装与检修

往复泵(reciprocating pump)是依靠活塞、柱塞或隔膜在泵缸内往复运动使缸内工作容积交替增大和减小来输送液体或使之增压的容积式泵。

学习要素

1.活塞的拆装；

2.泵缸与活塞的测量、检查；

3.胶木胀圈的检查与更换；

4.吸、排阀的拆装与研磨。

教学目标

能力目标

1.能正确完成电动往复泵的拆装；

2.能分析并排除各种往复泵工作过程中的一般故障；

3.能对往复泵的易损件进行检查、测量、调整和更换。

知识目标

1.了解往复泵的工作原理；

2.正确掌握往复泵的功用、类型和工作特点；

3.熟悉往复泵的基本结构及故障排除方法。

素质目标

1.培养学生严谨、细致的工作作风；

2.培养学生良好的学风;

3.培养学生良好的职业意识;

4.培养学生良好的团队合作意识。

相关知识

如图 4-1-1 所示为 2DSL25/3 型电动往复泵的结构总体图。

2DSL25/3 型号意义的说明:2——缸数;D——电动;S——水泵;L——立式;25——排量(m^3/h);3——工作压力(0.3 MPa)。

由图 4-1-1 可见,整台泵是由电动机、齿轮减速器、曲柄连杆机构、泵缸、活塞、阀箱以及齿轮油泵等部件所组成的。

(1)该泵可配用船用直流电动机(Z2C-61)或交流异步封闭式电动机(JO2-51-6),电机须按规定的旋转方向转动,以防由转轴所带动的齿轮油泵因反转而不能供油。

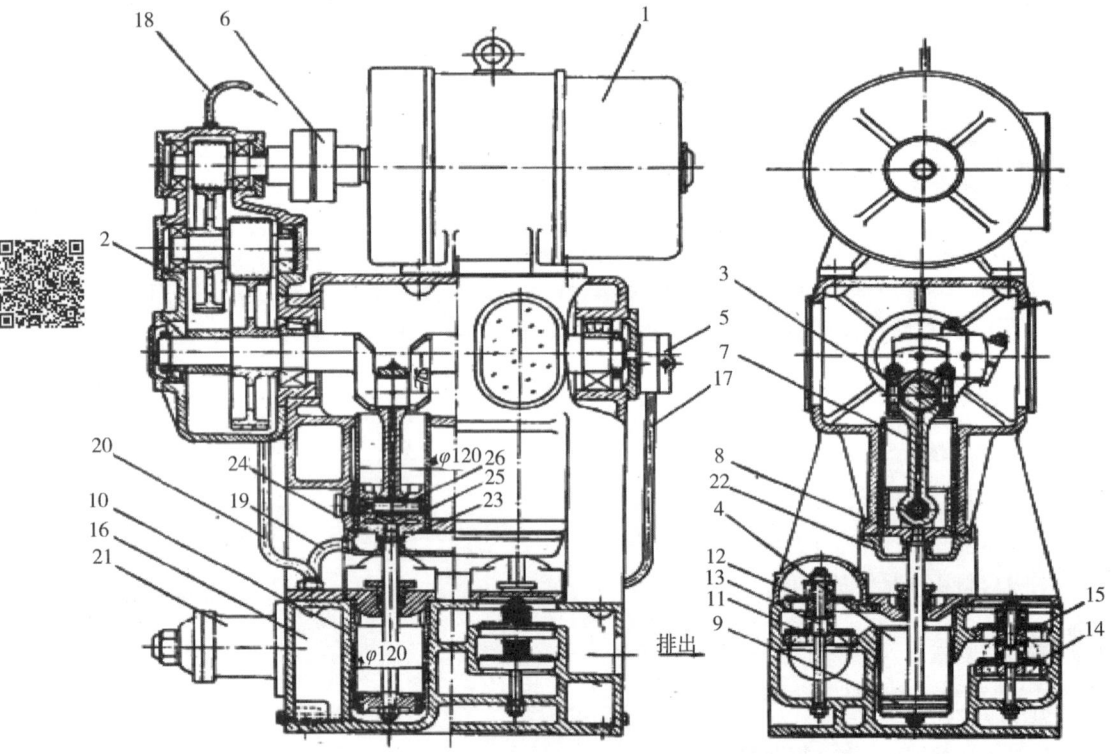

图 4-1-1 2DSL25/3 型电动往复泵的结构总体图

1—电动机;2—减速器;3—曲轴;4—泵缸套;5—滑油泵;6—联轴节;7—连杆;8—十字头;9—活塞;10—泵缸体;11、14—吸入阀;12、15—排出阀;13—固定螺钉;16—滑油箱;17、18、19、20—油管;21—安全阀;22—油盘;23—锁紧螺帽;24—阀塞;25—定位弹簧圈;26—十字头销

(2)齿轮减速器装在电动机的输出轴端,由电动机经挠性联轴节带动回转。减速器共分两级,属圆柱齿轮,轮轴由滚子轴承来支承。齿轮的材料用优质碳素钢经高频淬火处理或经调质处理而成。减速箱壳体用优质生铁铸成,依靠定位凸缘和螺栓固定在机架上。

减速器的输出轴就是曲拐轴,因此,拆卸曲轴时必须拆卸减速器的壳体,使曲轴能通过减速箱侧面的圆孔中取出。

（3）由机架、曲轴、连杆、十字头、滑道等所组成的传动机构，除机架和滑道采用铸铁件外，其他部件均用锻钢、铸钢和球墨铸铁等制成。曲轴、曲柄连杆机构的润滑由滑油泵经中央油孔供给。

（4）活塞的材料是硅黄铜（ZHSi80-3），用螺母将活塞固定在活塞杆上。活塞环用耐摩擦的夹布胶木制成。活塞杆用铬镍钛钢（1Cr18NigTi）制成，在密封处设有填料箱。填料箱内套用铸锡青铜（ZQSn6-6-3）制成。

（5）泵缸本体和阀箱两者连成一体，采用优质生铁浇铸，一般用HT20-40灰铸铁铸成。整台泵借助于液缸体固定在基座上。液缸体内有四个独立的阀室，在每个阀室内各装有一个吸入阀和一个排出阀，下水阀安装在同一根阀导杆中。阀和阀座通常采用硅黄铜。为了防止泵缸内表面的腐蚀和生锈，在泵缸内镶有铸锡青铜制成的内套。

（6）往复泵设有一套润滑系统，由安装在曲轴左侧的随车齿轮泵供油，送往各摩擦部位进行强力润滑。滑油一般采用40号机油，工作油温最高不应超过70 ℃，压力以保持在0.05~0.12 MPa为宜。润滑系统中的储油箱一般与泵缸体浇铸在一起，这样能使润滑油不断得到由往复泵本身所输送的低温液体的自然冷却。

（7）为了防止泵的工作压力超过规定值，故在液缸的右侧装有安全阀。当液体排出压力过高（相当于工作压力的1.25倍）时，安全阀开启，使吸、排空间沟通，泄压后安全阀自行关闭，从而对泵和电动机起到安全保护作用。新泵在出厂前安全阀启跳压力已调到额定值，工作时如需要调整，可松排出阀弹簧上的调节螺钉，关小泵的排出量；然后再逐渐上紧调节螺钉，使排出压力上升，直到表压达到泵工作压力的1.25倍，保持稳定；最后再上紧锁紧螺母，调整工作即告结束。

（8）为使泵的排量趋于均匀，还装设了空气室。在空气室顶部有注气阀，可补充空气量的减少。

✏️ 任务实施

（一）往复泵的解体

在进行拆卸之前，首先必须确认电动机的电源已切断，管路上的吸、排截止阀已关闭，然后才可以着手进行拆卸。其顺序大致如下：

（1）拧下储油箱底部的螺丝堵，将滑油放空。再拆下滑油系统所有的连接管路及仪表。

（2）将电动机的接线脱开，拆除固定电动机的地脚螺栓和电动机与减速齿轮箱连接的挠性联轴节螺栓，然后就可以将电动机从曲轴箱盖上拆出。

（3）拆下固定滑油泵的螺栓，用顶丝顶活之后再拆下滑油泵。

（4）拆下接油盘，松开活塞杆和十字头之间的锁紧螺母及活塞杆与十字头的连接，然后旋出泵侧的堵头，拆去十字头销上的定位弹簧圈，用提环螺栓就可将十字头销轴取出，为取出连杆做好准备。

（5）取下曲轴箱有机玻璃观察孔盖，松开连杆大端螺栓，取出连杆大端下瓦，然后将曲轴转动一个适当的角度，这时就可以将连杆连同十字头一起从观察孔吊出。

（6）拆下固定减速齿轮箱的螺栓，将曲轴连同齿轮箱一起吊出，然后再单独对齿轮箱进行解体清洗和检查。

（7）松开填料压盖和水缸盖上的固定螺帽，将水缸盖打开并提起，然后将活塞、活塞杆一起向上提，直到活塞全部露出时为止。最后再将泵缸盖和填料箱盖从活塞杆上部取出。

（8）拆去水阀箱盖上的紧固螺帽，拆下水阀箱盖，取出里面的吸水阀和排水阀。

（9）拆除固定的安全阀，进行单独解体清洗和检查。

至此，解体工作基本结束，然后可用煤油或轻柴油等将所拆下的零部件进行清洗，以备进行检查和测量。

（二）检修

1.泵缸和活塞的检修

往复泵工作一段时间以后，由于缸套的磨损会影响泵的正常工作，因此，要定期对缸套进行检查和测量。检测前，先用煤油或轻柴油将缸套的工作镜面清洗干净，再仔细检查缸套是否有单边磨损、擦伤或划痕等现象，缸套的两端是否出现凸台。如果发现上述情况，可用细油石打磨后再用细帆布抛光。缸套磨损情况要用内径千分尺定期进行测量和检查，若磨损量达到极限标准，就应换新活塞或换新缸套，如表4-1-1所示为泵缸磨损极限标准。

表 4-1-1　泵缸磨损极限标准　　　　　　　　　　（mm）

缸径	允许换缸或更换水缸套时直径最大磨损量	必须换新缸套时直径最大磨损量	圆度误差	圆柱度误差
100~150	3.000	5.250	0.900	1.100
150~200	3.500	5.500	1.100	1.300
200~300	4.500	7.000	1.200	1.400
300~400	5.500	7.500	1.300	1.600
400~450	6.500	8.500	1.400	1.700

水缸套与水缸的安装公差按过盈量 0.01~0.02 mm 选配。如工作介质为冷却水，允许用环氧树脂粘结，此时的配合间隙为 0.20~0.25 mm。如表4-1-2所示为水缸活塞与缸套的安装间隙。

另外，如果发现缸套出现单边磨损或拉毛等现象，也可能是活塞杆对中不好或发生磨损造成的。活塞杆磨损后，圆度误差不大于 0.6 mm，圆柱度误差不大于 0.7 mm。如果超过上述值，应进行光车或者镀铬修理。

表 4-1-2　水缸活塞与缸套的安装间隙　　　　　　（mm）

缸径	安装间隙	缸径	安装间隙
<50	0.200	200~250	0.500
50~75	0.250	250~300	0.550
75~100	0.300	300~350	0.600
100~125	0.350	350~400	0.650
125~150	0.400	>400	0.700
150~200	0.450		

2.活塞环的检测

对于输水泵来说，往复泵的活塞环多数是用夹布胶木制作的。为了增加其弹力，可

在活塞环内侧开一圈凹槽,并在其中装置一个弹性元件——磷青铜铜丝。由于夹布胶木活塞环在水中工作后,因浸泡时间过长会发胀,以致使间隙变小而咬缸,因此在使用这种活塞环时,安装前最好先放进沸水中浸泡数分钟使它变软,待完全胀开后先把它套在活塞上,等充分冷却后再装入槽内进行天地间隙测量,然后再放入缸套内。根据切口间隙要求开好切口。

活塞环切口间隙的大小,是活塞环弹性强弱的标志。切口间隙过大,说明磨损过多,会导致密封性下降,应予以更新;切口间隙过小,会引起卡死,造成缸套、活塞环的偏磨。

活塞环的天地间隙也应适宜,太大会引起活塞环在环槽内的上下撞击,加剧磨损甚至折断;天地间隙太小则会引起活塞卡死。因此,要定期地对活塞环的切口间隙和天地间隙进行测量和检查。检查的方法是将活塞环平放在泵缸中磨损量最大的位置,用塞尺测量其切口间隙的大小。而对天地间隙的大小,可将活塞环装在环槽内直接用塞尺进行测量。如果切口间隙和天地间隙的大小超出极限值,应予以换新,如表 4-1-3 所示为非金属材料制成的活塞环的安装间隙及极限值。

表 4-1-3　非金属材料制成的活塞环的安装间隙及极限值　　　　　　（mm）

活塞环直径	切口间隙		天地间隙		径向间隙
	安装间隙	极限间隙	安装间隙	极限间隙	
<100	1.5	4.0	0.15	0.30	1.5
100~150	2.0	5.0	0.20	0.40	2.0
150~200	2.2	5.5	0.25	0.50	2.2
200~300	2.5	6.5	0.30	0.60	2.5
>300	3.0	7.5	0.40	0.80	3.0

3.填料和填料箱的检查

填料箱由压盖、填料和内套等组成,如图 4-1-2 所示为填料箱的结构。内套和压盖都做成倾斜面,以便上紧压盖螺帽时可把填料挤向活塞杆,从而保证密封。

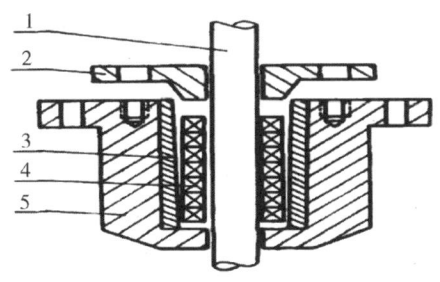

图 4-1-2　填料箱的结构

1—活塞杆;2—压盖;3—内套;4—填料;5—水缸盖

填料的材料随输送液体的性质、压力和温度的不同而不同。船用泵一般均采用软填料。软填料一般是用浸油或浸石墨的石棉、大麻、棉纱等纤维物编织的绳索。填料装入填料箱时,为了避免填料使用后发生干燥和弹性消失,同时考虑到下次拆除上的方便,一般都在软填料的外面涂些油脂或石墨铅粉,然后按照活塞杆的周长将其切成小段,切口最好倾斜一定角度。切好后,一圈一圈地装入填料箱中,各圈填料的切口应互相错开。最后装上压盖,在拧紧压盖螺帽时,要对角轮流上紧,用力均匀,防止单边上紧造成压盖偏斜,甚至拉断螺栓,或因压盖严重倾斜而碰擦活塞杆,以致运转时将活塞杆拉毛。还应注意:填料不能压得太紧,以防活塞杆发热而被咬死。填料的松紧度可通过压盖的螺母来进行调节,以填料不发热,并能有少许液体渗出以起到冷却和润滑活塞杆的作用为宜,但漏泄量不得多于60滴/分钟。

由于软填料的密封是靠有较大的压紧力来实现的,因而磨损和摩擦较大,同时不能随压力的变化而自动调节密封性能。在压力较高的情况下,可以采用自封式的密封结构。在这种结构中,密封环通常由皮革、橡皮和塑料制成并且依靠液体本身的压力来保证其密封性能。压力高时能自动提高密封性能;当压力降低时,密封环和活塞杆之间的压力就减小,从而减小了摩擦损失。

自封式密封环与软填料相比,它的尺寸较小,因而可减小填料箱的轴向长度。不过,当使用这种填料(通称"皮碗")时,应特别注意保持活塞杆的光洁度。一旦出现缺陷(不论是活塞杆、填料本身或是安装上的毛病),漏泄就会发生,应予以纠正或换新零件。

还应指出,对于这种皮碗填料的压盖螺帽可不必像其他软填料那样拧得太紧,因为过高的压紧力对于纠正皮碗填料的漏泄是不利的。

在更换填料时,应当同时检查填料箱内套的磨损情况。

4.水阀的检查和修理

水阀由呈盘状或环状的阀盘及弹簧组成,借助于弹簧的压紧力。阀盘紧压在阀座上,而形成一个密封构件。构件的密封面也就是阀盘和阀座的接触面。这个面必须平整无缺陷,一般需要相互配研才能保持良好的严密性。

在新泵工作500 h后,应仔细检查阀与阀座的贴合面是否出现由于液体对阀面的腐蚀和由于水阀开关时的撞击而产生的锈蚀、斑点和裂痕等现象。如发现轻微的斑点,可以用研磨砂或研磨膏在平板上研磨,也可以将阀放在阀座上相互研磨。如发现阀盘上斑点较深,应先光车,然后再研磨。在研磨时,应沿阀线均匀地涂点细研磨膏,同时切不可用力过猛。研磨好的阀线应该是封闭的。可用涂红蓝粉或划铅笔痕等方法,检查阀与阀座的密合线的封闭程度。

阀的升程(最大开度)要调整合适。太小会使流通阻力增大;太大会使阀产生撞击,发出很大声响,甚至会导致阀碎裂。阀的升程可借弹簧压盖进行调整。一般阀的最大升程可用公式 $h_{max} \times n < 600 \sim 650$ 来计算。式中 h_{max} 表示阀的最大升程,n 表示泵的转速。

对使用中的阀弹簧也应经常注意检查是否有变形、折断或失去弹性等现象。如果阀弹簧因变形,使其自由长度缩小量达5%以上,说明该弹簧弹力已经变弱,应予以换新。新换的弹簧在直径、因数、自由高度和安装高度等方面均应与原来保持一致。在装阀时,特别要注意吸、排阀弹簧不要装错,因为一般排出阀弹簧的张力略大些。

(三)装复

总装之前,先按概述中所介绍的几个部分分别进行组合,然后再按下列顺序进行装配。

(1)把已组合好的吸、排水阀分别装入液缸阀箱内,盖好阀箱盖。

（2）将装好活塞环的活塞装入事先已压入缸套的液缸里,装上缸盖。然后再装上填料箱内套、填料,盖好填料压盖。

（3）把组装好的齿轮减速箱和曲轴固定在机架上。

（4）将接油盘和滑道固定在机架上,再将十字头和连杆组装好,一起装进滑道内,并装好十字头销钉。

（5）将连杆连接于曲轴上,此时应保证运转自如,但也不能太松,否则应该调整连杆轴瓦的垫片。

（6）将组装好的机架安装在水缸上,并将活塞杆与十字头接妥,然后盘车使活塞上、下往复运动几次。再将连接螺栓拧紧,并装好连杆大端螺栓的开口销。

（7）装好齿轮滑油泵。

（8）安装好润滑系统的油管、油压表等各部件。

（9）装好电动机,注意调整好电动机轴线与减速器轴线的平行度、同轴度及相互位置,使其误差值符合国家形位公差标准的要求。

（10）装上安全阀、各处盖板,拧紧螺栓等。

装复工作到此基本结束。

（四）拆装顺序一览表

如表 4-1-4 所示为电动往复泵拆装顺序一览表。

表 4-1-4　电动往复泵拆装顺序一览表

↓	解体顺序	
1	油箱螺丝堵及油管、仪表	9
2	电动机接线、地脚螺栓、联轴节、电动机	8
3	滑油泵	7
4	接油盘、活塞杆、十字头的锁紧螺母和十字头销轴	6
5	连杆大端下瓦及连杆	5
6	齿轮减速箱及曲轴	4
7	填料压盖、水缸盖、活塞及活塞杆	3
8	水阀箱盖和吸、排水阀	2
9	安全阀	1
	装复顺序	↑

（五）试车

（1）起动前应全面检查各部件的技术状况是否良好,有无外来物妨碍它的运转。对刚检修过的泵,应用人力转动几个往复行程,证实泵能运转自如,方可起动。

（2）检查储油箱内的油量是否充足。各摩擦运动部位应加妥润滑油。

（3）检查电动机的电源接线是否正确,绝缘情况是否良好。

拓展知识

1.胶木胀圈搭口间隙如何测量(只测量一个胀圈)?

【答】胶木胀圈的搭口间隙是指将胶木胀圈装在水缸内时,其搭口的宽度。由于活塞在缸套内做往复运动,缸套内壁和胀圈外圆会产生磨损,使缸套内径增大,胀圈外径减小,胀圈向外张开,使胀圈的搭口间隙增大,导致泄漏量增大,其测量方法如下:在缸套内壁取上、中、下三个位置,将胶木胀圈平放于缸套内,用塞尺测量胀圈在上述三个位置的搭口间隙,将测量结果记录下来,并计算出其平均值,与规定的搭口间隙值相比较,如图4-1-3所示为胶木胀圈搭口间隙的测量,如图4-1-4所示为胀圈槽深度的测量。

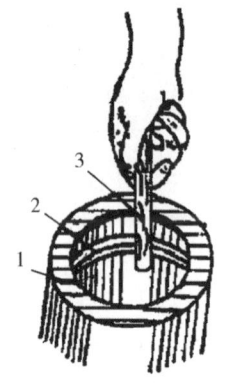

图 4-1-3　胶木胀圈搭口间隙的测量

1—泵缸;2—胶木胀圈;3—塞尺

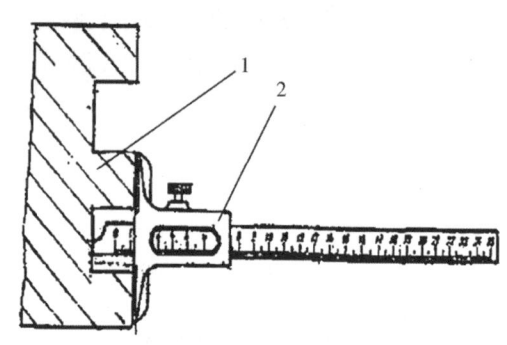

图 4-1-4　胀圈槽深度的测量

1—活塞;2—深度游标尺

2.胶木胀圈径向间隙、天地间隙如何测量(只测量一个胀圈)?

【答】胶木胀圈的径向间隙是指胀圈内径与活塞胀圈槽底部的间隙。胀圈外圆磨损,使其径向厚度减小,导致胀圈内壁与活塞胀圈槽底面的间隙增大。测量方法如下:分别测出活塞的胀圈槽深度和胀圈的径向厚度,计算出其径向间隙。

(1)胀圈槽深度的测量:分别在活塞的两个胀圈槽中均匀地选取三个位置,用深度游标尺或带深度尺的游标卡尺测量胀圈槽深度,也可用游标卡尺或外径千分尺分别测出活塞圆直径和槽底直径,算出胀圈槽深度,并做好记录。

(2)径向厚度的测量:在胀圈上均匀选取三个位置,用游标卡尺测量出其径向厚度,将测量结果记录,并计算出其平均值,如图4-1-5所示为胶木胀圈径向厚度的测量。

注:胀圈的径向厚度不可用外径千分尺测量,因胀圈内壁为凹圆,千分尺测头较大,所测尺寸偏大。

(3)用胀圈槽平均深度减去胀圈的平均径向厚度,即为胀圈的径向间隙,将此间隙与规定的胀圈径向间隙相比较,确定其是否合格。

(4)活塞环的天地间隙也应适宜,太大会引起活塞环在环槽内的上下撞击,加剧磨损甚至折断;天地间隙太小则会引起卡死。因此,要定期地对活塞环的切口间隙和天地间隙进行测量和检查。检查的方法是将活塞环平放在泵缸中磨损量最大的位置,用塞尺测量其切口间隙的大小。而对天地间隙的大小,可将活塞环装在环槽内直接用塞尺进行测量。如果切口间隙和天地间隙的大小超出极限值,应予以换新,如图4-1-6所示为胶木胀圈天地间隙的测量。

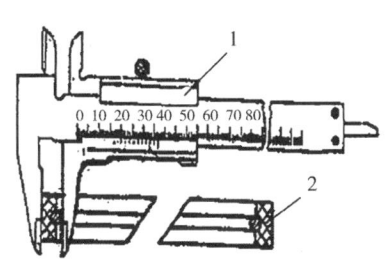

图 4-1-5　胶木胀圈径向厚度的测量
1—游标卡尺；2—胶木胀圈

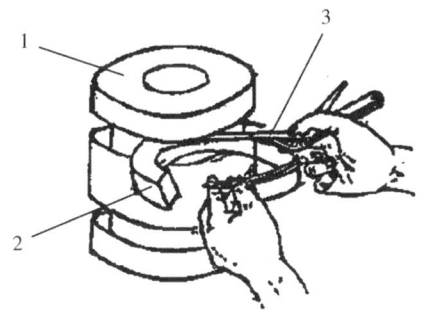

图 4-1-6　胶木胀圈天地间隙的测量
1—活塞；2—胶木胀圈；3—塞尺

3.活塞杆的填料一般是什么材料？

【答】一般用浸油棉纱、麻丝或石棉等材料制成，称软填料。

填料函与填料的作用是防止泵缸中液体沿活塞杆孔处漏出，或外部空气从杆孔处漏入，以保证泵的正常吸、排工作。更换填料时，新填料的宽度应按活塞杆与填料函的径向间隙选取，稍宽可适当锤扁；长度应根据活塞杆直径周长截取填料，切口最好成 45°。填料要逐圈安装，相邻填料的切口要错开。填料圈数不要随意增减。填料装满后其松紧可借压盖螺帽进行调整。上紧螺帽时要注意用力平均，防止单边用力，使压盖倾斜，碰到活塞杆。填料的松紧以填料箱不发热，并能有少许液体渗出以满足活塞杆的润滑和冷却(约 60 滴/分钟)。

4.往复泵要做哪些检查？

【答】(1)泵缸的检查

缸套表面检查：用煤油或轻柴油清洗缸套表面，认真检查缸套是否有裂纹、擦伤和拉毛等现象，缸套的两端是否有凸台等，发现有裂纹，缸套应换新。其他现象如较轻微，用油石打磨再用细帆布抛光。缸套的磨损情况用量缸表或内径千分尺测量检查，测量后可根据表 4-1-1 的要求，确定修理方法。

(2)活塞和活塞环的检查

检查活塞表面有无腐蚀，活塞与缸壁有无摩擦拉毛现象，如有摩擦痕迹，说明活塞杆对中性不良，应检查并重新找正。

活塞环的材料随输送液体、温度、压力的不同而定，常用材料有铸铁、青铜、夹布胶木、胶木和电木等。

对于输水泵，活塞环常用夹布胶木，为了增加弹力，活塞环内侧开一圈凹槽，其中装一个弹性元件——磷青铜丝。夹布胶木活塞环在水中浸泡会发胀，以致使环的间隙变小而咬缸，因此，使用这种材料制成活塞环时，应将环放在 800 ℃左右的热水中浸泡一段时间，使之完全胀开后再加工切口，以保证工作时有合适的间隙。

齿轮泵的拆装与检修

建议学时：2学时

齿轮泵属回转式容积泵。回转泵是利用回转工作部件形成的容积变化而实现吸、排液体的泵。它是容积式泵中的一种，主要有齿轮泵、螺杆泵、叶片泵、转子泵等几种。与往复泵相比，回转泵的转速较高，体积较小，结构紧凑，无需吸、排阀，供液较为均匀。它常用作滑油泵、冷却油泵、燃油输送泵以及液压油泵。

齿轮泵在工作过程中，容易产生大的噪声、磨损快、起动后不能排油或存在流量不足等情况。如何对这些问题进行解决，是本任务所要解决的问题。

💡 学习要素

1.叶轮的拆装；
2.端面间隙与径向间隙的测量、检查；
3.轴承的更换。

🎓 教学目标

能力目标
1.能正确完成齿轮泵的拆装；
2.能分析并排除各种齿轮泵工作过程中的一般故障；
3.能对齿轮泵的易损件进行检查、测量、调整和更换。

知识目标
1.了解齿轮泵的工作原理；
2.正确掌握齿轮泵的功用、类型和工作特点；
3.熟悉齿轮泵的基本结构及故障排除方法。

素质目标
1.培养学生严谨、细致的工作作风；
2.培养学生良好的学风；
3.培养学生良好的职业意识；
4.培养学生良好的团队合作意识。

📖 相关知识

我国生产的 CY 系列船用齿轮式输油泵，被广泛地用作燃油与润滑油的输送泵和驳运泵，也被用作主机、辅机和增压器的润滑油泵。它适于输送黏度为 $10 \sim 20$ °E、油温不超过 60 ℃ 的油液，如石油、重油等。但它不适宜输送含硫成分过高的、具有腐蚀性的以及含有硬质颗粒或纤维物的液体，亦不适用于输送挥发性高、闪点低的液体，如汽油、苯等。

如图 4-2-1 所示为 2CY18/3.6-1 型齿轮泵的具体结构。该泵是国产较大排量齿轮泵中的一种。它主要由泵体 1,主动齿轮 2 和 3,从动齿轮 4 和 5,主动轴 6,从动轴 7,端盖 8 和 9,以及安全阀(调压阀)体 10 所组成。

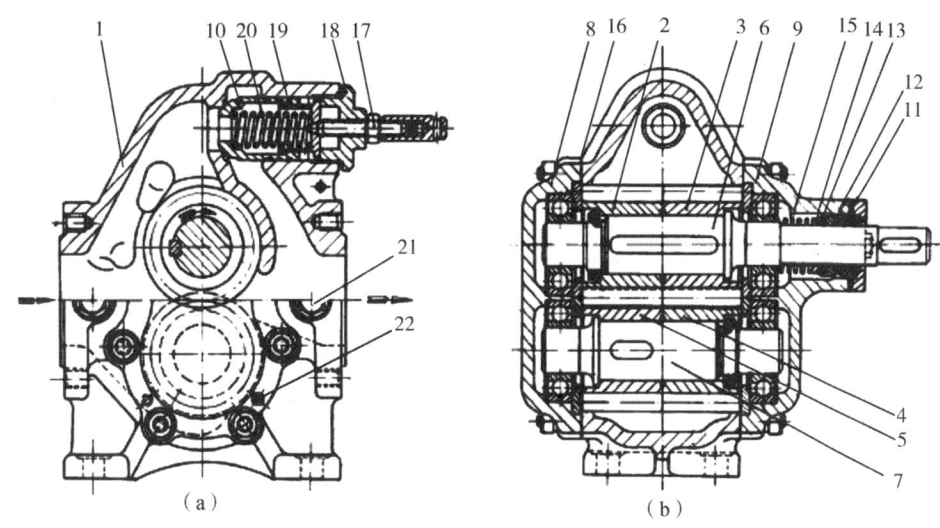

图 4-2-1　2CY18/3.6-1 型齿轮泵的具体结构

1—泵体;2、3—主动齿轮;4、5—从动齿轮;6—主动轴;7—从动轴;8、9—端盖;10—安全阀(调压阀)体;11—静密封环;12—动密封环;13—密封圈;14—弹簧座;15—弹簧;16—垫片;17—锁紧螺帽;18—安全阀封盖;19—弹簧座;20—弹簧;21—螺塞;22—定位销

材质为 4、5 号钢的主动齿轮 2 和 3 分别为右旋齿轮和左旋齿轮,它们用平键安装在 45 号钢的主动轴 6 上,拼成一个"人"字齿轮,由电动机带动,并在泵壳内驱动从动齿轮 4 和 5(也分别为右旋齿轮和左旋齿轮)一起回转。齿轮 5 同样用平键固定在从动轴 7 上,而从动齿轮 4 则空套在从动轴上,使其在装配和啮合传动中能够具有一定的自动调整位置的能力,以补偿安装时可能出现的误差。各齿轮的轴向位置分别由轴上的凸肩、固定螺帽以及止退垫圈加以固定。在齿轮的两端面外侧,均设有配合良好的、材料为灰色铸铁的盖板。它们与同材质的泵体 1 一起组成泵的工作空间,以便原动机带动齿轮旋转时,能够在其间产生吸排作用。泵轴都装在单列向心滚动轴承上。为保证两轴的平行和中心距的准确,各轴承座孔的加工都应该很准确。此外,在泵体的压盖与泵体之间,设纸垫片 16,借以调整齿轮的端面间隙。

2CY18/3.6-1 型齿轮泵采用机械式密封。其主要构件是钢质的静密封环 11 和动密封环 12。钢质的静环借助垫片及止动销安装在轴封盖上。青铜制成的动环则通过耐油橡胶制成的密封圈 13、钢质弹簧座 14 和弹簧 15,与轴一起旋转。这样,油液既不能沿轴向通过密封圈 13,又不能沿径向通过动、静密封环之间的密封面形成漏泄,故形成了较好的密封条件。为了限制泵的工作压力,不使其超过许用的最高工作压力,而设有安全阀。其结构为在泵壳的吸入和排出空间之间装设一个圆柱形带凸肩的差动活塞。安全阀体 10,选用 45 号钢。阀在弹簧 20、弹簧座 19、安全阀封盖 18、材质为 35 号钢的调节螺杆的限制下,通常作用于阀座上。当泵的工作压力超过限定值时,弹簧受压而使阀开启,沟通吸、排空间,达到泄压和安全保护的目的。阀的开启压力值由螺杆调节弹簧张力来控制。为确保准确,螺杆上加设锁紧螺帽17并拧有闷头。

该泵与原动机的连接部分为结构简单的弹性连轴节,如图4-2-2所示为弹性连轴节的结构,故拆卸很方便。

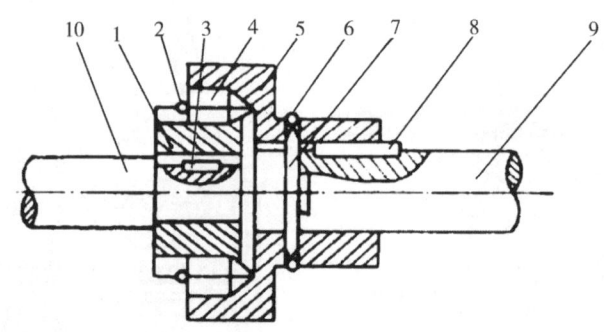

图 4-2-2 弹性联轴节的结构

1—左联轴节;2—挡圈;3—平键;4—橡胶柱;5—右联轴节;6—保险圈;7—制移钉;8—平键;
9—电动机轴;10—齿轮泵轴

✎ 任务实施

(一)解体

拆卸齿轮泵时首先要明确:泵零部件的相互位置和间隙大小对泵的工作极其重要。因此,注意不要碰伤或损坏零件、轴承等。紧固件应借助专用工具拆卸,不得任意敲打。其解体顺序以 2CY18/3.6-1 型为例,大致如下:

(1)确认原动机电源已切断,管路上的吸、排截止阀已关闭。

(2)将电动机的接线脱开,如图4-2-2所示,将弹性联轴节上的制移钉7和保险圈6取下,再将挡圈2和橡胶柱4取出后,拆除电动机底脚螺栓,将右联轴节5向右推动,与电动机一起移走。

(3)用手摇螺旋压力机或专用的拨子卸下泵轴端的左联轴节1及其平键。

(4)如图4-2-1所示,打开吸、排口上的螺塞21,并用预备好的清洁油桶将管系及泵内的油液放出,后拆下吸、排管路。

(5)拧掉轴封压盖上的螺栓并拆下压盖和销钉,即可将机械式轴的静密封环11拆下。

(6)拧掉泵两侧端盖上的紧固螺栓,拆下定位销22,并拆掉两侧端盖8和9。

(7)拆下轴上的动密封环12、密封圈13、弹簧座14和弹簧15。

(8)将安全阀门头拧松,拧下锁紧螺帽17、安全阀封盖18,取出弹簧座19、弹簧20和安全阀体10。

(9)由于主、从动齿轮均分别采用左螺旋齿轮和右螺旋齿轮拼成,所以应用手摇螺旋压力机或专用拨子,使压杆分别顶正主、从动轴左端的轴心,压力机的抓钩分别抓住泵壳右端的平面,然后同时用相同的力旋转两只手柄,即可将主、从动轴连同主、从动齿轮,齿轮右部的轴承及主、从动齿轮的右端盖板一起取出。

(10)将取下的主、从动齿轮及其相关联的部件分别进行解体。

(11)以主动齿轮及其相关联的部件为例,拆下主动轴左侧的齿轮固定螺帽并拆下止退垫圈。然后用手摇螺旋压力机或专用的拨子拆下轴右端的轴承和盖板,最后将齿轮从轴左侧压出,同时取出平键。如无特殊需要,应尽量避免拆从动齿轮。

从动齿轮及其关联部件的解体也可以用类似的方法加以解决,不再赘述。

至此,齿轮泵的解体工作基本结束,最后应该用煤油或轻柴油将所有拆下的零件进行清洗并放于容器内妥善保管,以备进行检查和测量。

(二)检修

齿轮泵的零件精密,装配工艺要求较高,检查工作一定要仔细认真,任何粗心大意或装配不符合工艺要求,都将造成不良的后果。检修应着重注意以下几个方面:

1.齿轮泵的间隙测量

(1)用压铅法测量齿轮泵的啮合间隙

具体方法为:选择合适的软铅丝,一般软铅丝直径为 0.5~1 mm,截取三段软铅丝,每段长度以能围住一个齿面为宜,用机械凡士林将三段软铅丝等距粘在从动齿轮一只轮齿的齿宽方向上,装好主、从动齿轮(注意啮合软铅丝的齿应处于排出腔),并在泵壳外部做好标记,装配好齿轮泵盖和传动装置,然后顺泵的转向转动齿轮泵的主动轴,将啮合软铅丝的齿转到吸入腔。拆解齿轮泵,拆卸主、从动齿轮,取下软铅片并清洁,用外径千分尺测量每段铅丝片在轮齿啮合处的厚度,将同一铅丝片厚度相加,即为齿轮泵齿与齿的啮合间隙。对于直齿型齿轮泵,也可用塞尺测量齿与齿的啮合间隙,即装配好主、从动齿轮,用塞尺测量两啮合齿接触面的间隙,测量点要选在齿轮上相隔大约 120°的三个位置上,然后求平均值。齿轮的啮合间隙应在 0.04~0.08 mm 内,间隙过大时,应成对更换新齿轮。

(2)测量齿轮泵的轴向间隙(端面间隙)

齿轮泵的端面(轴向)间隙是其内部的主要泄漏处,通常用"压铅法"测量,具体方法是:选择合适的软铅丝,其直径一般为被测规定间隙的 1.5 倍,截取两段长度等于节圆直径的软铅丝,用机械凡士林将圆形软铅丝粘于齿轮端面,装上泵盖,对称均匀地上紧泵盖螺母;然后再拆卸泵盖,取下软铅片,并清洁,在每一圆形软铅片上选取 4 个测量点,用外径千分尺测量软铅片厚度,做好记录;最后根据 8 个测量值得出的平均值即为齿轮泵的轴向间隙。齿轮泵轴向间隙应在 0.04~0.08 mm 内,最大不超过 0.12 mm,此间隙可用改变纸垫厚度来加以调整。如果齿轮端面擦伤而使端面间隙过大,也可将泵壳与端盖的结合面磨去少许,以作补救。

(3)齿轮泵的齿轮与泵壳的径向间隙(齿顶间隙)

径向间隙由构件的几何尺寸来保证,一般用塞尺测量,具体方法是:将主、从动齿轮正确装好,用塞尺测量各齿顶与泵壳的间隙,做好记录,最后依据间隙最大值得出齿轮泵的径向间隙。齿轮泵的径向间隙应保持在 0.02~0.04 mm 内,最大不超过 0.08 mm,间隙过大时,更换新齿轮。

检查齿轮轮齿的磨耗情况,注意查看泵壳、内盖板和端盖内侧面有无擦伤、槽痕或裂纹。同时检查齿轮端面有无类似情况,如发现上述情况,应予以清理消除,必要时换新。

(1)2CY 型齿轮泵的工作压力小于 1.5 MPa 时,其安装间隙应符合如表 4-2-1 所示齿轮泵安装间隙(1)的规定。

表 4-2-1　齿轮泵安装间隙（1）　　　　　　　　　　（mm）

齿顶圆直径	径向间隙		轴向间隙
	安装值	极限值	安装值
40~70	0.04~0.08	0.12	0.06~0.10
70~100	0.06~0.10	0.20	0.08~0.12
100~130	0.08~0.12	0.24	0.09~0.13
130~160	0.10~0.14	0.28	0.10~0.14

（2）2CY 齿轮泵的工作压力等于 2.47 MPa 时,其安装间隙应符合如表 4-2-2 所示齿轮泵安装间隙(2)的规定。

表 4-2-2　齿轮泵安装间隙（2）　　　　　　　　　　（mm）

齿顶圆直径	径向间隙		轴向间隙
	安装值	极限值	安装值
≤40	0.04~0.06	0.12	0.04~0.06
40~70	0.04~0.06	0.12	0.04~0.07
70~100	0.04~0.06	0.12	0.04~0.08

2.泵轴与轴承

检查各轴承的磨损情况,发现过松则应更换轴承。检查泵轴表面有无裂纹、麻点、凹陷、毛刺及碰伤等缺陷,如有,应予以消除,必要时更换。泵轴的轴封颈处容易磨耗,如发现槽痕,应打磨消除,必要时光车。

还需指出的是,2CY 系列其他型号泵中,有一些选用铸锡青铜的滑动轴承。原则上讲,在任何情况下,其安装间隙均应小于该泵的径向间隙,并符合如表 4-2-3 所示齿轮泵安装间隙(3)的规定。

表 4-2-3　齿轮泵安装间隙（3）　　　　　　　　　　（mm）

轴颈	安装值	极限值
≤30	0.03~0.05	0.10
30~50	0.03~0.06	0.12
50~80	0.04~0.08	0.14

3.轴封装置

如泵采用机械式轴封,应检查动环的磨耗情况,必要时动环与静环之间的密封面应重新研磨。动密封环的一般磨损,因有弹簧的作用,会自动补偿。如其磨耗过多,则应换新。还应注意检查胶质密封圈 13 的老化程度,必要时以换新。

齿轮泵如厂修,则应进一步满足下列要求:

（1）泵体

①齿轮安装孔轴线对泵体端面的垂直度误差不大于 0.02 mm。

②泵体另一端面对端面的平行度误差不大于 0.025 mm。

（2）泵的端盖

①两轴承孔轴线对端面的垂直度误差不大于 0.025 mm。

②泵盖端面与止推板贴合端面的平行度误差不大于 0.025 mm。

（3）齿轮

①齿轮加工精度按 JB 179—1960 规定的级 7-7-7DC 验收。

②齿顶圆对轴孔轴线的径向跳动误差不大于 0.02 mm。

③齿轮两端面对轴孔轴线的垂直度误差不大于 0.02 mm。

④齿顶圆、轴孔的圆柱度误差不大于 0.01 mm。

（4）轴

①安装齿轮的轴颈对安装轴承的轴颈的不同轴度：当轴径小于或等于 50 mm 时，不大于 0.015 mm；当轴径大于 50 mm 时，不大于 0.020 mm。

②工作轴颈的椭圆度和圆柱度：当轴颈小于或者等于 50 mm 时，其误差不大于 0.012 mm；当轴颈大于 50 mm 时，其误差值不大于 0.015 mm。

（三）装复

齿轮泵内部零件的相互位置和间隙大小要求较高。在装复以前，各个零件均要保持清洁。装复时要特别注意零件的正确位置，应保持相互间原有的平行度、垂直度、中心距和间隙的大小，千万不可硬敲猛击。

齿轮泵的装配顺序随泵的结构不同而略有不同，为说明方便，我们仍以 2CY18/3.6-1 型为例加以说明。

（1）将主、从动齿轮按其左、右螺旋分别拼接在主、从动轴上，并分别在轴凸肩的另一侧用固定螺帽和止退垫圈加以固定，以防止运转中齿轮的轴向窜动。装好后啮合在一起，以检查其啮合状况是否符合要求。

（2）将啮合良好的主、从动齿轮的两轴左侧的纸垫片 16、盖板及轴承装复于轴上，一起装入泵体 1 中，然后装复端盖 8，并用螺栓压紧。

（3）在轴的右端分别套上纸垫片、盖板，然后复位轴承。复位轴承时可用长套管顶正轴承内圈，用手锤均匀用力将轴承轻轻敲入。

（4）在主动轴右端，依次装复弹簧 15、弹簧座 14、密封圈 13 和动密封环 12。

（5）装复端盖 9，并用螺帽压紧。用手转动主动轴，手感较为轻快且无明显擦碰与轴向位移，则认定装配良好。

（6）将机械式轴封的静密封环 11 装复在轴封压盖上，用销钉固定，与压盖一起套入主动轴上并复位，认定动、静环贴合良好后，将压盖压紧。然后转动主动轴，手感应与前述相同，无显著变化方可继续装配。

（7）依次复位安全阀体 10、弹簧 20、弹簧座 19、安全阀封盖 18、调节螺杆及锁紧螺帽 17，最后将闷头装妥。

（8）装复左联轴节。

（9）将电动机装复并固定，然后对泵与原动机找正轴心。找正的工作程序参见离心泵一节，这里不再重复。

（10）找正后装复联轴节整体。装复橡胶柱 4 与挡圈 2，然后装复保险圈 6 并用制移钉 7 加以固定（图 4-2-1 中）。

（11）将泵与吸、排管系接通，并再次复查轴线是否变化，转动是否灵活，以防由于管路牵动而引起偏差。

（12）拧上吸、排口上的螺塞 21。

齿轮泵装复至此，即可试车。

（四）拆装顺序一览表

如表 4-2-4 所示为齿轮泵拆装顺序一览表。

表 4-2-4　齿轮泵拆装顺序一览表

↓	解体顺序	
1	弹性联轴节	6
2	吸、排口上的旋塞	5
3	机械式轴封装置	4
4	泵两侧端盖 8、9	3
5	安全阀	2
6	主、从动转子	1
	装复顺序	↑

（五）试车

（1）在齿轮泵试车前，应对泵的下述各部分进行仔细检查：

①检查齿轮泵的各螺帽及底座上的各螺栓是否紧固。

②用手转动联轴节，检查主、从动齿轮及其他运动部件的转动是否灵活。

③检查轴封装置的状况。

④将油泵周围的杂物、工具等收拾干净。

⑤应确保起动前泵及其吸入管内有油，以避免各运动部件的干摩擦。

（2）检查电动机的电源相序是否接对（起动后注意泵转子的旋转方向）。

（3）将管系中的吸入截止阀和排出截止阀打开。

（4）起动油泵。注意泵的转速、电流、吸入压力、工作压力和排量是否在泵所规定的范围以内。调节安全阀的工作直至正常。

（5）注意轴封装置的工作是否正常，其机械式密封应允许少量的漏泄；填料函式的密封的漏泄量每分钟不得多于 15 滴。

（6）定期检查泵各部分的发热情况，触摸不烫手为正常。一般滚动轴承的工作温度不得高于 70 ℃，滑动轴承的工作温度不得高于 65 ℃。

（7）试车期间，应确保泵及其周围环境的清洁。

（8）如发现油泵工作时有不正常的响声或局部温度过高，应立即停车，进行检查。待消除故障后再重新起动试车。

（9）考虑到整个检修过程中可能存在的某些缺陷和不足，而这种缺陷或不足又未必会在试车期间及时地显示出来，因此，试车时间不得少于 1 h，并在随后的工作中加强巡视，以便及时发现并解决问题。

修复后的齿轮泵若能满足上述条件，并能满足系统或装置的正常工作，即可认定试车结束。

拓展知识

齿轮泵一般故障分析及排除方法

1.无排量或排量太小

(1)泵体内和吸入管内没有油液。首次起动前必须灌油。

(2)吸入高度太大,以致超过允许的最大吸入高度。提高吸入高度或降低吸入高度。

(3)吸入管内漏入空气。使各连接处密封,以消除漏气现象。

(4)泵的旋转方向不对。调整原动机的旋转方向。

(5)滤油器网面积太小或堵塞。增加滤网面积或清洗滤器。

(6)吸入管堵塞。清除堵塞。

(7)油泵转速不够。用转速表检查并更正原动机的转速。

(8)排出管内阻力太大。把排出截止阀开足,降低排出压力。

(9)吸入管内阻力太大。检查并纠正。

(10)油液温度太低致使其黏度过大。预热油液,不能预热时应适当降低转速,减少排量。

(11)安全阀漏泄。重新调试安全阀,必要时拆开重新研磨阀线。

(12)油泵内部过度磨损致使间隙过大。泵需解体检修。

2.电动机消耗功率过大

(1)吸入液体温度太低或黏度太大。吸入液体预热以降低其黏度。

(2)排出压力过高。适当降低排出压力。

(3)出口管路堵塞。检查并纠正。

(4)轴承失效。修理或换新。

(5)泵轴弯曲。拆出校直。

(6)油泵吸入油液不清洁,夹有硬质颗粒状污物,导致齿轮端面的磨损加剧。拆泵检修,清洁管系,检查滤器。

(7)填料压盖太紧。适当调整。

3.泵内油液漏出

(1)填料函压盖未压紧或压偏。上紧螺栓或将压盖压正。

(2)密封因长期使用已老化失效。拆下换新。

(3)机械式轴封的弹簧张力不足或断裂。拆开予以换新。

(4)机械式轴封的动、静环之间的接触平面密合不良。拆开后用细研磨剂研磨。

(5)各部位衬垫的垫圈或纸垫破损。拆开更换新垫料。

(6)泵壳、轴承座、安全阀体产生裂纹或破损。进行检修,无修复价值的予以换新。

4.泵工作时,有异常响声

产生这类故障的原因大都可分为两个方面,即机械摩擦或液体撞击。

(1)机械噪声

①泵与原动机对中不良。拆开弹性联轴节重新校正轴线。

②泵轴弯曲。拆下并校直泵轴。

③齿轮的端面不平或啮合不良。拆开检修。

④轴承损坏或松动。更换新轴承。

⑤安全阀跳动。检查安全阀的工作状况,并重新调整。

⑥回转部分产生轴向窜动。拆开检查轴向固定装置,换新止退垫圈并拧紧固定螺帽,同时,对因轴向窜动引起的磨损情况进行检查和修复。

⑦主动齿轮轴与从动齿轮轴不平行。应重新进行检修。

(2)液力噪声

①吸入空气。检查吸入系统,找出漏气部位并予以消除。

②产生"汽蚀"现象。检查吸入系统,尽量减少管路阻力损失。

③油温太低或黏度太大。可预热或适当加温来加以消除。

5.泵磨损太快

(1)油液不干净。清洗滤器并检查其工作状况。

(2)泵长期空转或工作压头过高。消除空转或选用其他类型泵。

(3)装配失误。重新检修。

(4)虽装配得当,但装妥后受管路牵连而产生变形。检查管系设置情况,泵不应为管系起任何支撑作用,泵与管系的连接必须可靠。

任务三 螺杆泵的拆装与检修

建议学时:2学时

螺杆泵是利用螺杆回转来吸、排液体的。与其他回转泵相比,它具有流量均匀、液体扰动小、工作平稳可靠、噪声低和可以输送各种液体(包括带颗粒或黏性大的液体)等优点。

螺杆泵中的螺杆为细长部件,在拆装过程中易变形,螺杆与螺杆、螺杆与泵体的间隙关系到泵的工作性能的好坏,在拆装与检修时应慎重对待。

💡 学习要素

1.定子与转子的拆装;

2.易损件的更换;

3.轴承间隙的测量。

🎁 教学目标

能力目标

1.能正确完成螺杆泵的拆装;

2.能分析并排除螺杆泵工作过程中的一般故障;

3.能对螺杆泵的易损件进行检查、测量、调整和更换。

知识目标

1. 了解螺杆泵的工作原理；

2. 正确掌握螺杆泵的功用、类型和工作特点；

3. 熟悉螺杆泵的基本结构及故障排除方法。

素质目标

1. 培养学生严谨、细致的工作作风；

2. 培养学生良好的学风；

3. 培养学生良好的职业意识；

4. 培养学生良好的团队合作意识。

相关知识

螺杆泵是利用螺杆的回转来吸、排液体的。根据泵内工作螺杆的数目,有单螺杆泵、双螺杆泵、三螺杆泵和五螺杆泵之分。商船以三螺杆泵应用最为普遍。下面将以单螺杆泵和三螺杆泵为例进行学习。

1. 单螺杆泵结构和工作原理

如图 4-3-1 所示为单螺杆泵的结构和工作原理,其主要部件由螺杆 1、泵缸 2 及万向轴 3 等组成。螺杆可视为一个半径为 R 的圆,其圆心 O_1 以螺距 t 绕半径为 e、轴线为 K 的圆柱体旋转而成的。因此,螺杆截面中心在螺峰位置[图 4-3-1(c)中的 1′、5′、9′ 剖面]和螺谷位置[图 4-3-1(c)中的 3′、7′ 剖面]的径向距离为 $2e$。

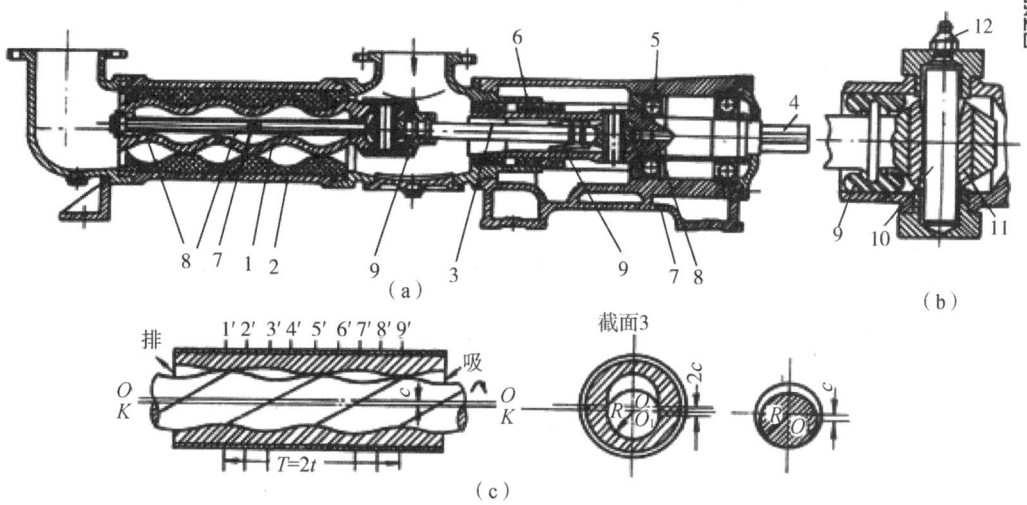

图 4-3-1　单螺杆泵的结构和工作原理

1—螺杆;2—泵缸;3—万向轴;4—主动轴;5—轴承;6—填料箱;7—小活塞;8—弹簧;

9—挠性保护套;10—销轴;11—销轴套;12—注油口

泵缸 2 是由丁腈橡胶制成的。其截面由两个中心距等于 $4e$、半径为 R 的半圆弧用两段直线(长 $4e$)连接而成。整个泵缸可视为由这样的截面以 2 倍于螺杆的螺距 $T=2e$ 绕 O 轴旋转而成。

由于螺杆与泵缸的啮合关系,单螺杆泵也能将吸、排口完全隔断,属于密封型螺杆泵。当泵运转时,螺杆和泵缸与右端吸口相通的工作容积不断增大而吸入液体,然后与吸口隔离形成封闭容腔(轴向长度为 T),继而左移与左端排出口相通,该空间容积又不断减小而排出液体。

泵运转时泵缸与主动轴 4 轴线的相对位置是不变的,而螺杆轴线 K 相对于泵缸轴线 O 则以 e 为半径,按与螺杆相反转向做圆周运动。所以在主动轴 4 与螺杆间就需设万向轴 3。为保护万向轴连接部分不受工作液体浸蚀,通常设有起隔离作用的挠性保护套 9,如图 4-3-1(b)所示。万向轴联轴节的销轴 10 与销轴套 11 之间的润滑,可借油枪从注油口 12 向联轴节内注入润滑脂的办法来解决。注油时小活塞 7 克服弹簧 8 的张力而移动,让出空间储存油脂,而工作中则靠弹簧将活塞推动挤出油脂,补充润滑脂的损耗。

2.三螺杆泵结构和工作原理

如图 4-3-2 所示为船用三螺杆泵的典型结构。它主要由固定在泵体 6 中的缸套 7、安插在缸套中的主动螺杆 4 以及与其啮合的从动螺杆 3 和 5 组成。三螺杆泵的主动螺杆是凸螺杆,从动螺杆是凹螺杆,它们都是双头螺杆。主、从动螺杆转向相反。各啮合螺杆之间以及螺杆与缸套内壁之间的间隙都很小,并可借啮合线从上到下形成Ⅰ、Ⅱ、Ⅲ、Ⅳ等多个彼此分隔的容腔。随着螺杆的啮合转动,与泵吸入腔相通的容腔首先在下面吸入端开始形成并逐渐增大(如图 4-3-2 中Ⅳ位置),不断吸入液体,然后封闭。接着,一方面,这个封闭容腔沿轴向不断向上推移直至排出端(犹如一个液体螺母在螺杆回转时不断沿轴向上移);另一方面,新的吸入容腔又紧接着在吸入端形成。一个接一个的封闭容腔移到排出端与泵排出腔相通(如图 4-3-2 中Ⅰ位置),其中的液体就不断被挤出。如果螺杆反转,则泵的吸、排方向也就相反。

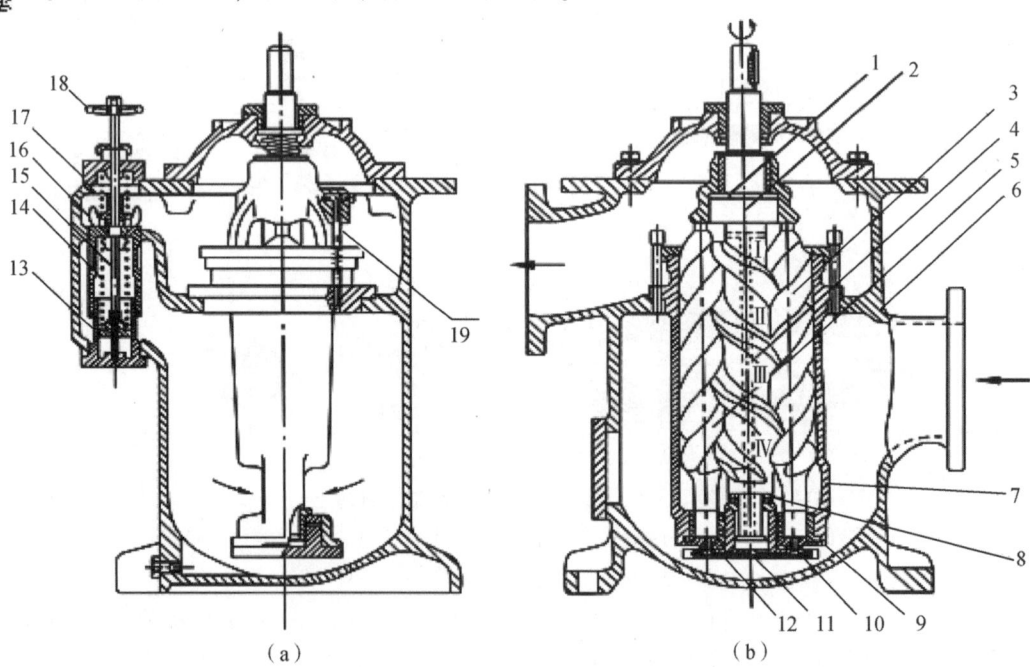

（a）　　　　　　　　　　　　　　（b）

图 4-3-2　船用三螺杆泵的典型结构

1、8—推力垫圈;2—平衡活塞;3、5—从动螺杆;4—主动螺杆;6—泵体;7—缸套;9、10—平衡轴套;11—盖板;12—推力垫块;14、17—弹簧;15—调节螺杆;16—安全阀体;18—调节手轮;19—泄油管

为避免吸、排两端直接接通,理论上螺杆的最小工作长度为1.09t(t为导程),泵套的最小工作长度为0.932t,通常泵套与螺杆的最小长度取(1.2~1.5)t。

像这种摆线啮合的三螺杆泵能形成封闭容腔而将排出腔和吸入腔完全隔开的螺杆泵,即属密封型螺杆泵。

为防止泵的排出压力过高,图4-3-2所示的三螺杆泵中还装有安全阀。安全阀体16是一个带有导向肋片的中空圆筒形滑阀,其下端插套在与安全阀端盖连成一体的套筒上。在安全阀体16的顶部还钻有小孔,它可将泵排出端的液体引到阀的内腔,但因阀的上侧面积大于下侧面积(差值为滑阀壁厚所形成的圆环面积),故当排出压力超出整定值时,安全阀体16就会克服弹簧14的张力而下移;当阀上端的导向肋片移至泵体隔板位置时,泵的吸排两侧也即接通。该阀同时也常作为调压阀使用,即借助于调节手轮18来调节弹簧14的张力,从而改变泵的排出压力(使部分液体回流)。这种安全阀属双向作用型。泵下部空间的油压作用在安全阀体16下端的圆环面积上,该油压如果比上部空间的油压超出一定的数值,即会克服弹簧17的张力而使阀上移,直至阀体中部的导向肋片上移至泵体隔板位置时,也会使上下两侧接通而限压。

这种泵的吸、排口分别设在泵体中部和上部,可保证每次停用后泵内都存有部分液体,以免下次起动时干转。主动螺杆的轴伸出端设有机械轴封。

3.螺杆泵的特点

螺杆泵属回转运动的容积式泵,它具有自吸能力,理论流量仅取决于运动部件的尺寸和转速,额定排出压力与运动部件的尺寸和转速无直接关系,主要受密封性能、结构强度和原动机功率的限制。同时,它又具有回转泵无需泵阀、转速高和结构紧凑的优点。此外,螺杆泵还具有以下突出的特点:

(1)没有困油现象,流量和压力均匀,故工作平稳,噪声和振动较少。实验表明三螺杆泵在高速、高压工作时噪声不超过57~62 dB(A)。

(2)轴向吸入,不存在妨碍液体吸入的离心力的影响,吸入性能好。三螺杆泵在一定条件下允许吸上真空高度可达8 m水柱,单螺杆泵可达8.5 m水柱。而且螺杆泵又无往复运动部件,故适用于高转速,常用转速为1 450~3 000 r/min,由透平驱动的螺杆泵转速甚至可高达10 000 r/min以上。因此,螺杆泵的流量范围大,三螺杆泵的流量一般为0.6~750 m³/h;非密封型双螺杆泵已有1 200 m³/h的产品(理论上可以更大)。但单螺杆泵由于采用橡胶泵缸,转速一般不超过1 500 r/min,而且尚应随液体黏度的增大而降低,故一般流量较小,目前多为0.3~40 m³/h,最大可达200 m³/h。

(3)三螺杆泵受力平衡和密封性能良好,η_v高,允许的工作压力高,可达20 MPa,特殊的可达40 MPa。单螺杆泵和非密封型双螺杆泵额定排出压力不宜太高,前者最大不超过2.4 MPa;后者通常不超过1.6 MPa。

(4)对所输送的液体搅动少,水力损失可忽略不计,适于输送不宜搅拌的液体(如供给油水分离器的含油污水),适用的液体黏度范围也很宽(1~10⁴ mm²/s)。除三螺杆泵适合输送润滑性好的清洁油类外,单螺杆泵、双螺杆泵还可用于输送非润滑性液体和含固体杂质的液体。

(5)零部件少,相对重量和体积小,磨损轻,维修工作少,使用寿命长。

螺杆泵的缺点是螺杆的轴向尺寸较长,刚性较差。此外,加工和装配要求较高。三螺杆泵的价格较高。在船上,三螺杆泵常用作主机的滑油泵、燃油泵、货油泵以及液压泵。单螺杆泵多用作油水分离器的污水泵、废物焚烧炉的输送泵、粪便输送泵、渣油泵、污油泵,也可用作海水泵和甲板冲洗泵等。

任务实施

(一)解体

解体前,首先将泵内的油液排掉。其顺序大致如下:

(1)脱开电源接线,拿下联轴器弹簧环和橡胶销,用专用工具吊下电动机。

(2)松开泵轴伸出端的锁紧螺帽,拿掉填料压盖,拆除里面的软填料。

(3)松掉密封压盖,取出轴封端盖(即静密封环)。

(4)拆除里面的机械密封部件(动环、挡油圈、弹簧承垫、弹簧、弹簧座等)和轴套。

(5)松掉端盖与泵壳的固定螺钉,拿掉端盖。

(6)拆除端盖轴孔里的泄压套以及固定在上端盖内表面上的从动螺杆首端的止推环。

(7)将主动螺杆和从动螺杆从泵体取出,然后再单独拆除主动螺杆尾端的大锥角圆锥滚动轴承。

(8)拆除泵壳与底座的连接螺栓,将壳体与底座分开。

(9)再将下端盖从壳体上卸下,然后从下端盖内表面拆除从动螺杆尾端的止推垫。

(10)从泵体上拆除安全-旁通阀,单独进行解体清洗。

注意:拆卸安全-旁通阀时,先把防护帽拆下,然后必须将调节杆放松至顶点,这样才可以拆卸安全-旁通阀端盖上的螺钉,拿掉阀端盖。否则由于安全-旁通阀弹簧有很大的预紧力,若不去掉这个预紧力就动手去拆阀端盖,容易发生意外事故。

(二)主要零件的检修

1.泵壳与衬套

泵壳与衬套是由铸锡青铜(ZQSn10-1)制造的,应仔细检查有无裂纹、擦伤和划痕等情况,轻微的伤痕可用油石打磨消除。

2.主动螺杆与从动螺杆

仔细检查螺杆有无裂纹、变形及其他缺陷,若无法修复,应换新。

检查螺杆的磨损情况,看其是否超过标准。主、从动螺杆的磨损极限,根据其直径大小的不同而有不同的要求,一般限制在0.15 mm以下。螺杆啮合侧间隙磨损过大,而使泵的性能不足以满足系统或装置正常工作要求时应换新。

检查并校正主、从动螺杆的平行度,弯曲太大时应换新螺杆。两个螺杆的平行度应符合每100 mm长度误差不得大于0.02 mm的要求。

3.安全-旁通阀的弹簧

检查安全-旁通阀的弹簧,看其是否断裂,弹簧的自由长度若已减少超过规定值,应换新。

4.轴封的检查

正常情况下,动密封环与静密封环的轴向间隙,一般以0.02~0.03 mm为宜。平时机械密封的漏泄量应该很少,只允许有轻微的渗漏。因为少量的漏泄对于密封摩擦面的润滑是必要的。另外,软填料密封处的压盖不能挤压得太紧,更不能偏斜,以免造成螺杆的偏磨和失中。软填料密封也应允许油液有微量的泄漏,漏油量不超过 20~30 滴/秒属正常。

5.轴承的检查

检查轴承的磨损情况,轴承间隙应符合要求,超过极限应换新,如表 4-3-1 所示为三杆泵轴承间隙。

表 4-3-1 三杆泵轴承间隙 （mm）

轴颈直径	安装值	极限值
18~30	0.020~0.063	0.090
30~50	0.025~0.077	0.110
50~80	0.030~0.080	0.130
50~120	0.040~0.110	0.150

（三）装复

装配前应将所有零部件(特别是接触面)用轻柴油或煤油清洗干净,零件表面不得有锈蚀和任何固体颗粒。其装配程序如下:

(1)将衬套装入泵体内,并使吸入口、排出口对正。将泵体和下端盖连接好,然后再将壳体连接在底座上。

(2)将主动螺杆尾端装上滚动轴承,用专用工具夹住主动螺杆的一端,对准泵体的中心孔,然后再把两根从动螺杆紧靠主动螺杆的两侧,渐渐地下放主动螺杆。如有卡滞,可稍稍摆动两侧的从动螺杆,即能顺利地把螺杆装入泵体的衬套内。装妥后应加入润滑油,转动主动螺杆,应感觉轻快无卡滞。主、从动螺杆间隙应符合要求,如表 4-3-2 所示为三杆泵主、从动螺杆间隙。

表 4-3-2 三杆泵主、从动螺杆间隙 （mm）

螺杆顶圆直径	顶圆径向安装间隙	顶圆径向安装间隙
	主动螺杆	从动螺杆
30~50	0.070~0.130	0.070~0.140
50~80	0.080~0.140	0.080~0.160
80~120	0.140~0.220	0.140~0.240
120~180	0.180~0.280	0.180~0.290
180~200	0.220~0.310	0.220~0.340

注:适用于摆线螺杆齿形。

(3)将泄压套装在上端盖里,再将端盖与壳体合装。测量泵轴与泄压套的径向间隙,使之保持在 0.12 mm 左右,不符合要求应换新泄压套。

(4)顺次装上机械密封轴套、弹簧座、弹簧、弹簧承垫、挡油圈、动密封环、静密封环(即轴封端盖)、密封压盖等。再装上泵轴伸出端处的软填料和填料压盖。应使泵轴与机械密封轴套的装配间隙保持在 0.05 mm 左右,不符合要求应换新。

由于机械密封组件在制造精度上都要求较严格,如果装配不当会影响其密封性能,为此在装配机械密封时必须注意以下几点:

①安装前要认真检查机械密封组件各部分是否有损坏,特别是动、静密封不能碰伤,如果发现有问题,要进行修复或更换新件。

②装配机械密封的轴套部位不允许生锈。

③检查轴套的端部倒角是否恰当,如不符合要求,必须重新修理。一般要求轴套端部要有 8~10 mm 长的 10°倒角,以便能使动密封环顺利地套进轴套。

④与轴封端盖(即静环)相接触的密封压盖,为使装配顺利地进行,要求与静环相配合的密封压盖表面要有 4~5 mm 长的 100°倒角。

⑤装配机械密封的部位,其转子径向跳动允许误差应符合要求,根据轴套直径的大小,一般应在 0.06~0.12 mm。

⑥机械密封的冷却是保证机械密封正常工作的一个十分重要的环节,特别是泵送的液体温度较高时,对机械密封的冷却更是必不可少的。

(5)将组装好的安全-旁通阀及其接管一起装上泵体。

安全-旁通阀的组装顺序:

①将阀座装入阀体。

②将阀瓣装在阀座上,研合好后顺次装上弹簧、弹簧压垫、调节杆、阀前端盖,最后装好防护帽。

(6)将联轴器分别装在泵轴与电动机轴上,将泵与电动机连接好。装好后用手转动联轴器,应使螺杆转动均匀、灵活,不允许有卡滞或卡住等不良现象;否则应拆开重新检查修正。

(四)拆装顺序一览表

如表 4-3-3 所示为螺杆泵拆装顺序一览表。

表 4-3-3　螺杆泵拆装顺序一览表

↓	解体顺序	
1	电动机接线、弹簧环和橡胶销、电动机	7
2	锁紧螺帽、填料压盖、填料	6
3	机械密封、轴套	5
4	上端盖、泄压套、止推环	4
5	主、从动螺杆,圆锥滚动轴承	3
6	安全-旁通阀	2
7	底座螺栓、壳体、衬套、从动螺杆止推垫	1
	装复顺序	↑

(五)试车

1.起动前的准备

(1)检查全部管路法兰、接头的密封性。

(2)初次起动,先向泵内灌入工作液体,以防干转。

(3)检查电动机接线,以防泵转向相反而造成轴向推力无法平衡(对于单顺泵更应注意)。

(4)检查安全-旁通阀是否调整合适。

(5)转动联轴器盘车,检查是否有卡滞或卡住等不良现象。

2.起动

(1)全开吸入阀和排出阀。

(2)起动电动机。

(3)假如泵需要在油温很低、黏度很高的情况下起动,那么,为了防止原动机过载,就应在吸入阀、排出阀以及旁通阀全开的情况下起动,以使泵起动时负荷最低,直到原动机达到额定转速时,再使旁通阀逐渐关闭。但应特别注意:当旁通阀开启时,液体是在有节流的情况下,在泵中不断循环的,而循环的油量越多,循环的时间越长,液体的发热也就越严重,甚至使泵因高温变形而损坏。

经过大修以后初次起动的螺杆泵,应注意:

①至少应做 1 h 的实效运行试验,对于特殊要求的泵,应按有关技术文件执行。

②泵的滚动轴承工作温度不得超过 70 ℃;滑动轴承工作温度不得超过 65 ℃。

③机械密封只允许有轻微的渗漏。

④修复后泵的性能应满足系统、装置正常工作的要求。

拓展知识

一般故障分析及消除方法。

1.吸不上油

(1)吸入管路或泵的吸入端漏气或堵塞。消除漏气或堵塞的部位。

(2)吸入高度超过允许的吸入真空高度。降低吸入高度。

(3)油液黏度太大。进行加热。

(4)电动机旋转方向反向。检查接线。

(5)进、排油管路接反。重新接管。

2.压力表指针波动大

(1)吸入管系、泵的吸入口漏气或输送介质中含有气体。检查吸入管路的密封并排除气体。

(2)泵内发生汽蚀使吸入高度或转速降低。清洗滤器,减少吸入阻力。

(3)安全阀没有调好,时开时闭。调整安全阀在工作压力内不致打开。

(4)安全阀密封性不好。研磨。

(5)过滤器或吸入管路阻塞,产生脱流。清理过滤器或吸入管路。

3.流量下降

(1)吸入管路或泵的吸入端漏气。拆检堵漏。

(2)泵内发生汽蚀。采取措施。

(3)杆、套磨损,使泵的容积效率降低。更换磨损零件。

(4)安全阀失灵或有脏物卡住而关闭不严。调整并检修安全阀。

(5)机械密封泄漏。检修或更换机械密封部件。

(6)转速太低或油液的黏度太高。提高转速或适当加热。

4.功率急剧增大,电动机超载

(1)排出管路堵塞,泵的压力高于规定值。清洗管路。

(2)螺杆和泵套发生严重研磨。检修或更换有关部件。

(3)油液的黏度太大。提高油温降低油液黏度。

(4)电压太低。采取改进措施。

5.泵内有振动和噪声

(1)油温太低,油液黏度太高。进行加热。

(2)泵轴与电动机轴不同心。检查调整同轴度。

(3)螺杆和衬套过度磨损,间隙大或不同心。检查同轴度,更换超差零件。

(4)泵内发生汽蚀。采取措施。

(5)吸入管路或吸入端漏气。拆检堵漏。

6.泵发热

(1)泵内发生严重磨损。检查更换有关部件。

(2)机械密封口油孔堵塞。排除回油孔内障碍物。

(3)油液温度太高。降低加热温度。

7.轴封处大量漏油

(1)软填料磨损、失灵或填料压盖压得不紧。更换填料或适当压紧压盖。

(2)机械密封端面密封面磨损、破坏。换新。

任务四 离心泵的拆装与检修

建议学时：2学时

离心泵的工作原理与容积式泵不同,离心泵靠叶轮在泵壳内做高速旋转产生离心力作用,在叶轮、叶道之间的液体受到叶片强制转动和能量传递,使液流压力能和动能增高,再经过动能转换压力能装置,达到输送液体的目的。

学习要素

1.叶轮的拆装;

2.密封装置的拆装;

3.主要部件的检修。

教学目标

能力目标

1. 能正确地完成离心泵的拆装;

2. 能分析并排除离心泵工作过程中的一般故障;

3. 能对离心泵的易损件进行检查、测量、调整和更换。

知识目标

1.了解离心泵的工作原理;

2.正确掌握离心泵的功用、类型和工作特点;

3.熟悉离心泵的基本结构及故障排除方法。

素质目标

1.培养学生严谨、细致的工作作风；

2.培养学生良好的学风；

3.培养学生良好的职业意识；

4.培养学生良好的团队合作意识。

相关知识

　　离心泵是船舶广泛使用的一种泵,一般多用作船舶压载水泵、舱底水泵、冷却水泵、日用海淡水泵和消防水泵等。船用离心泵形式虽多,但基本构造是大同小异的,这里以立式单级离心泵为例,讲述离心泵的拆检方法。

　　如图 4-4-1 所示为立式离心泵结构图,该泵呈立式结构,置于泵上方的原动机通过弹性联轴节直接驱动泵轴回转。泵轴支承于上部和下部滚珠轴承上。叶轮属单级双吸式,用键和细牙反向螺帽固定在泵轴的下端。泵壳由泵体和泵盖组成,叶轮的阻漏装置采用圆柱形平板式的阻漏环,泵出轴端的密封装置一般采用机械式密封装置。在正常情况严,机械式密封装置的漏泄量一般应不超过 10mL/h。

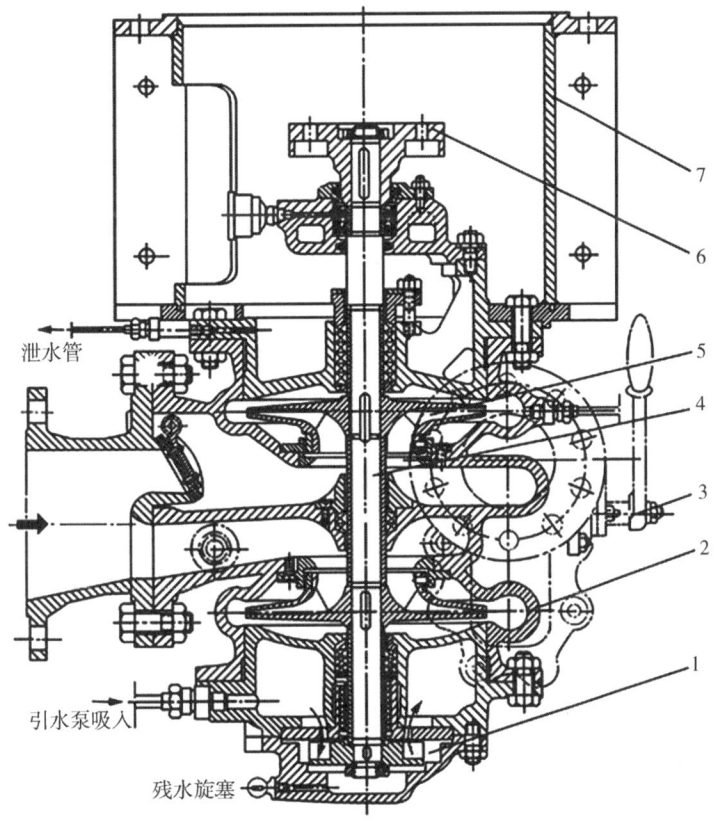

图 4-4-1　立式离心泵结构图

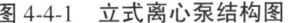

1—引水泵;2—泵壳;3—转阀;4—泵轴;5—叶轮;6—弹性联轴节;7—支架

✏ **任务实施**

（一）解体

在进行解体之前,首先必须确认电动机的电源已切断,并将管路上的吸、排截止阀关闭,解体顺序大致如下:

(1)将电动机的接线脱开,拆除固定电动机的螺栓和弹性联轴节螺栓,然后将电动机卸下。

(2)拆开排水管接管,拆去进水弯管和进水盖及固定在其上的阻漏环,拆去泵体中开放结构的可去部分。若锈死,可用手锤、扁铲轻敲或挤松,也可用顶丝顶活取下。

(3)拆下轴承箱上的所有紧固螺栓,拧松轴承压盖的螺栓,即可将泵轴连同轴承及其端盖、机械式轴封装置和叶轮一起从轴向取出。

(4)拆卸叶轮时,首先用专用工具拧下轴头上的反向细牙螺帽,并取下止退垫圈,再用专用扳手将叶轮从轴上取下。

(5)取下叶轮后,可依次从轴上取出机械式轴封装置的弹簧、动环座及其销钉、胶环、动环、静环和轴承压盖。考虑到动环的材质,解体时必须注意切勿碰撞、敲击或擦伤。

(6)拆下弹性联轴节的固定螺丝,再用特制的拨子(拉马)把联轴节从轴端慢慢地拉出。操作时拨子的丝杠一定要顶正泵轴中心,并使联轴节两侧受力均匀。切忌用手锤猛烈击打,以免造成泵轴、轴承或联轴节的损坏。如拆不下来,可用棉纱蘸上煤油,沿着联轴节的四周使其燃烧,待其均匀受热膨胀后,便容易拆下。当然,加热时应用保温布把泵轴包好,以防止泵轴与联轴节一起受热膨胀。

(7)从轴上取下轴承端盖,然后取下轴承。轴承一般用特制的拨子拆出,拨子的钩头一定要抓住轴承的内圈。若配合太紧,可将滑油加热至 100 ℃后,用油壶浇在轴承内圈上,同时用拨子将轴承拆下。

解体过程中,应注意下列事项:

①对一些重要部件拆卸前应做好记号,以备装复时定位。

②卸下的零部件存放于容器中并妥善保管,以防失落。

③对各接合面和易于碰伤的地方,需采取必要的保护措施。

解体工作结束后,用煤油或轻柴油将所有拆下的零部件清洗干净,以备检查和测量。

（二）检修

1.检修时的注意事项

零件经清洗后,应进行检查和测量,并加以选择,使之分为三大类:

(1)合格零件

合格零件的磨损程度在允许规范之内,可以不用修理,继续使用。

(2)需要修理的零件

需要修理的零件的磨损比规定的磨损程度要大,但只要加以修理,仍可继续使用。

(3)不合格的零件

不合格零件已无修理价值,应该换新。

检查零件时,一般常用的方法是用眼看、敲击或用量具测量。零件的一些明显的缺陷,如裂纹、刻痕、擦伤、毛刺、脱扣、崩落、断裂或残存变形等均可用肉眼直接查出。有些零件可借敲击声来判断它的内部是否有裂纹或零件之间配合是否良好。当然这需要有一定的经验。至于零件的几何精度,如公差尺寸的变化、轻微的弯曲等,则需用各种量具或专门的装置来检查。

检修零件时,还应注意以下几点:

(1)参看有关的技术资料、事故和运转记录等。

(2)有些零件不能由单独零件的检查来判断它是否需要修理,而需将有关零件组装起来检查。

(3)在检查中应特别注意一些不正常的损坏情况并加以分析,这样往往能了解到上一次检修的缺点,并改进这一次的检修工作。

(4)有时可以从一个零件的损坏情况,分析判断出另一个有关零件的缺点。

总之,检修是一项细致的工作,应该用严肃认真的工作态度去对待。

2.主要部件的检查与修理

(1)阻漏环

离心泵内部漏泄量的大小与泵的吸排压力差、漏泄的通流面积、漏泄途径的长短、阻漏环的结构形状等因素有关。其中又以阻漏环的径向间隙影响为最大,它直接影响泵容积效率的高低,所以拆卸泵时必须对阻漏环加以检查。如有破损或径向间隙超过规定,就应该换新,如表4-4-1所示为阻漏环径向间隙的规定。新环安装后,除应检查其与叶轮的径向间隙外,还需要用涂色法检查叶轮在转动时是否与阻漏环摩擦。如有摩擦,则必须返修。

阻漏环磨损后,可在其内表面进行堆焊,然后再进行机械加工,但该方法易引起变形。若磨损量不大,也可将阻漏环锯为两半,然后将环两端适量挫削后拼接使用。

表4-4-1　阻漏环径向间隙的规定　　　　　　　　　　　　　　　(mm)

阻漏环内径	叶轮与阻漏环之间装配的径向间隙	磨损后的径向间隙
80～120	0.09～0.22	0.48
120～150	0.11～0.25	
150～180	0.12～0.28	0.60
180～220	0.14～0.31	
220～260	0.16～0.34	0.70
260～290	0.16～0.35	
290～320	0.18～0.37	0.80
320～360	0.20～0.40	

离心泵在厂修时,阻漏环还应满足下列要求:

①结合面对工作表面的平行度误差,每 100 mm 长不大于 0.02 mm。

②外圆配合面对工作表面的垂直度误差,每 100 mm 长不大于 0.02 mm。

③阻漏环与泵壳装妥后,阻漏环的端面和内径相对于轴线的端面跳动和径向跳动,每 100 mm 长不大于 0.05 mm。

（2）叶轮

当叶轮有下述缺陷之一时,应该换新:

①叶轮表面出现较深的裂纹或开式叶轮的叶瓣产生断裂。

②表面因腐蚀而形成较多的砂眼或穿孔。

③轮壁因腐蚀而变薄,以致强度不足。

④叶轮进口处有较严重的磨损而又难以修复。

⑤叶轮已经变形。

叶轮是离心泵中最重要的部件之一,因此在换新叶轮时,应当注意满足相应的技术要求,如表4-4-2所示为新叶轮形位公差技术标准。

表4-4-2　新叶轮形位公差技术标准　　　　　　　　　　（mm）

公差名称		
叶轮外圆对轴孔轴线的径向跳动	直径	允许误差
	≤120	≤0.04
	120~260	≤0.05
	260~500	≤0.06
叶轮轮毂端面对轴孔轴线的端面跳动	每100 mm长≤0.025	
叶轮轴孔的圆柱度	≤0.03	
叶轮键槽对轴孔轴线的对称度	槽宽	允许误差
	6~10	≤0.04
	10~18	≤0.05
	18~30	≤0.06

换新叶轮时,应对新叶轮进行详细检查,并修整叶轮进、出口处,铲除毛刺并清洁流道。由于新叶轮在铸造和加工时可能产生偏重,因此应对其做静平衡试验,其公差不得大于规定的要求,如表4-4-3所示为叶轮静平衡公差。用切削叶轮盖板的方法来消除不平衡重量时,其切削深度不得超过盖板厚度的三分之一,且应在中心角为90°的范围内。

表4-4-3　叶轮静平衡公差

叶轮外径(mm)	≤200	>200~300	>300~400	>400~500
不平衡重(g)	3	5	8	10

当铜质叶轮穿孔不多时,可用黄铜补焊。叶轮进口处的划痕或偏磨现象不太严重时,可以用砂布打磨,在厚度允许的情况下,也可以光车。

（3）泵壳

泵壳往往因机械应力或热应力的作用而出现裂纹。可用手锤轻敲泵壳来检查裂纹。如有破裂声,即表明泵壳已有破损,应仔细寻找裂纹的部位,必要时可用放大镜寻找。找到裂纹后,可先在裂纹处浇以煤油,然后擦干表面,并涂上一层白粉,用手锤轻敲泵壳,此时裂纹内的煤油便因受到振动而渗出,浸湿白粉,从而显示出一条清晰的黑线。由此,即可判明裂纹的走向和长短。

如果裂纹出现在不受压力和不起密封作用的地方,那么可在裂纹两端各钻一个直径约为 3 mm 的小孔,以消除局部应力集中,防止裂纹的进一步扩大。

如果裂纹出现在承受压力的地方,则应先进行补焊或镶补,也可用环氧树脂修补。使用环氧树脂修补时,应先对破损处进行彻底的清洁,除去油渍和锈层,然后将调好的环氧树脂充填缺陷处,等待硬化后进行机械加工,即可恢复原状。

若泵壳已无修补价值,应予以换新。如表 4-4-4 所示为新泵壳形位公差技术标准。

表 4-4-4　新泵壳形位公差技术标准　　　　　　　　　　　　　　（mm）

公差名称	允许误差
上、下两半结合面的平行度	每米长不大于 0.05 mm
轴承座孔轴线对上、下结合面的平行度	每 100 mm 长不大于 0.02 mm
两端轴承座孔轴线对公共轴线的同轴度	不大于 0.03 mm
侧盖式壳体安装侧盖的平面对轴线的端面跳动	不大于 0.05 mm
阻漏环结合面对轴线的端面跳动和径向跳动	每 100 mm 长不大于 0.02 mm

对于新泵壳和修补后泵壳必须做水压试验。试验压力应为工作压力的 1.5 倍,承压时间不得少于 5 min。试压过程中,不得有漏水、冒汗等现象。

（4）泵轴

泵轴遇有下列情况之一时,应予以换新。

①泵轴已产生裂纹。

②表面严重磨损或因刷蚀而出现较大的沟痕,影响了泵轴的机械强度。

③键槽扭裂扩张严重。

泵轴经拆检后,若无上述缺陷,即可将其夹持于车床上,用千分表检查其弯曲量并记下弯曲的部位。

泵轴的弯曲量不应超过 0.05 mm,否则即应校直。校直工作可用手摇螺旋压力机来进行,如图 4-4-2 所示为泵轴的校直操作示意图。校直时,弯部的凸点应该朝上。矫正机可沿轴向移动,在弯曲部分不同处重复几次,直至完全矫直为止。注意矫正力不能过猛,矫正后应进行光车和研磨。

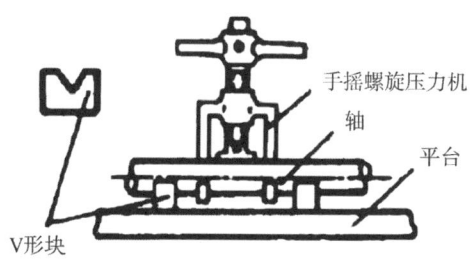

图 4-4-2　泵轴的校直操作示意图

离心泵泵轴在厂修时,还应进一步满足下列要求:

a.工作轴颈的圆度和圆柱度,其误差应≤0.03 mm。

b.法兰端面对轴线的端面跳动≤0.04 mm。

c.法兰外圆对轴线的径向跳动≤0.04 mm。

d.工作轴承对轴线的径向跳动≤0.03 mm。

e.键槽对轴线的对称度,其误差与槽宽有关,一般应在 0.03~0.05 mm 之内。

(5)机械密封装置和填料箱

轴封装置如采用机械式密封,应注意检查动、静环摩擦面的状况,必要时进行研磨或换新。密封橡胶环若老化变质失效,也应予以换新。机械式轴封的检修,应注意以下几点:

①机械式密封不能一滴不漏,但其漏泄量应小于 10 mL/h。

②密封腔的工作温度应小于 80 ℃,否则应采取一定的冷却措施,以免引起动、静环之间的咬死或橡胶圈过早老化等现象。

③动、静环密封摩擦面的光洁度很高,加之采用金属陶瓷材料制成,故拆装及检测过程中均应严格地防止敲击或划伤。

④动环的两端面均研磨抛光,并可调换使用。如两端面均磨伤,可重新研磨抛光后再用,也可以送厂修复,以节约贵重材料。

轴封装置如采用填料箱式轴封结构,则每次检修都应换新填料,如图 4-4-3 所示为离心泵的填料密封。填料尺寸和质量必须符合要求。填料箱中的其他零件均应拆出清洗与检查,如磨损严重,也应换新。泵填料箱中的水封环和轴要保持 0.4~0.5 mm 的径向间隙。

填料装置处的轴或轴套,如磨损较大或有沟痕(尤其是轴向沟痕),应补焊、光车,必要时换新。

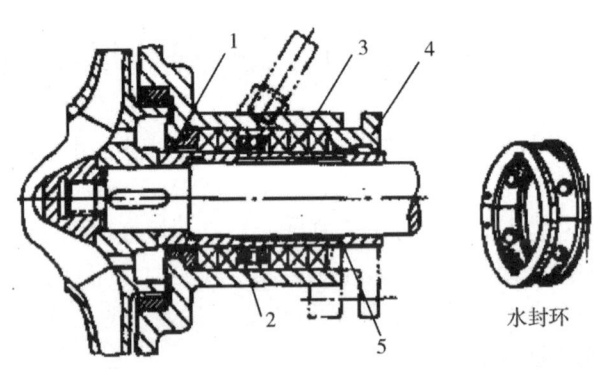

图 4-4-3 离心泵的填料密封
1—填料内盖;2—水封环;3—填料;4—填料压盖;5—轴套

(三)装复

离心泵在总装前,应对转子部分进行小装。小装前应将轴和滚动轴承等进行仔细的清洁。特别是后者,应转动自由,工作无声,并涂好油脂。小装后最好用千分表逐一检查叶轮、轴套、定位套和平衡盘的同轴度。一般轴套、定位套的位置,其误差应不超过 0.01 mm;平衡盘的位置,其误差应不超过 0.06 mm;而阻漏环的位置,其误差值则应选择在 0.08~0.14 mm 的范围之内。

离心式水泵的装配顺序随水泵的构造不同而略有不同,但基本上差异不大。为说明方便,这里仍以 8CL15 型离心式水泵为例,来加以说明。

(1)将上、下滚动轴承装在轴上时,应用套筒垫在轴承的内圈上,然后将其轻轻地敲入。敲入时一定要用力适度,不可为了防止其松动而硬性敲打。随后装复轴承端盖。

(2)装复弹性联轴节,应注意保持其端面与轴线的垂直。

（3）将轴封压盖、密封环（填料）及静环套在轴的下端，然后将动环套在胶环内，用紧密配合推入动环座内，一起装复在轴上，同时将动环座用销钉定位在轴上。动环座与轴的间隙很小，装复时可加肥皂水或油类润滑。另外，因为这些密封件的工作间隙都很小，安装时应用轻柴油或煤油再次清洗干净（船上油洗后，还应用适当压力的低压空气吹洗一次）。

（4）将机械式密封的弹簧套在轴上，然后将叶轮装复。套上止退垫圈并用反向细牙螺帽来进一步固定。

（5）将小装后的轴、轴承、机械式密封装置及叶轮一起装入轴承座内，上好另一半轴承箱并用螺栓上紧。然后用手轻轻地转动轴，以手感轻快为宜。

（6）将泵壳带排水管部分装复并使之与轴承座上紧。

（7）再把轴封压盖上紧，然后手转泵轴，若手感轻快，说明配合良好。

（8）将泵壳其余部分装复，将阻漏环固定在进水盖上并一起装复。最后装复吸水弯管。

（9）将电动机装复并固定，进行泵和电动机的对中找正。这是一项细致而又很重要的工作，万不可因已采用弹性联轴节而放松校正工作。找正通常以联轴节作为依据，利用直尺和塞尺来进行。找正时应同时转动两轴，并在0°、90°、180°、270°等位置上，仔细检查两联轴节的高度和彼此轴向间隙的大小，一般两轴中心线的误差应不超过0.05 mm。联轴节的轴向距离，考虑到电动机转子的轴向窜动，因泵而异，一般为2～8 mm。

（10）将泵和吸、排管路接通，并再一次复检两轴中心线是否变化，以防止由于受管路牵动而引起新的偏差。

离心泵装复至此结束，即可试车。

（四）拆装顺序一览表

如表4-4-5所示为离心泵拆装顺序一览表。

表4-4-5　离心泵拆装顺序一览表

↓	解体顺序	
1	泵体中可去部分	7
2	轴承箱可去部分	6
3	转子部分	5
4	叶轮	4
5	机械式轴封装置	3
6	弹性联轴节	2
7	轴承	1
	装复顺序	↑

（五）试车

1.离心泵的试验项目和质量要求

离心泵经检修后要进行试验，以检查水泵的技术状况是否符合要求，还存在哪些缺陷。试验的项目和具体要求如下：

(1)在额定压头下,其排量不高于或低于额定排量的50%。

(2)在上述排量范围内,不低于额定压头。

(3)在额定排量、压头和电压下,电流不超过额定电流。

(4)试运转应达1 h以上,并确保滚动轴承的工作温度不高于70 ℃,滑动轴承的工作温度不高于65 ℃。

(5)填料箱式轴封的漏泄量大约保持在60滴/分,机械式轴封只允许轻微的渗漏。

(6)各部位不允许有异常的振动和响声。

对试验的各项结果应认真做好记录。

2.离心泵检修后首次起动的步骤

(1)清除一切可能妨碍泵运转的无关杂物,检查联轴节、机座及有关连接部分的紧固情况。检查并加足滑油,使润滑系统处于良好的工作状态。

(2)查验有关仪表及其附件有无损伤,是否准确,管接头是否严密,并将各仪表管路接通。

(3)用手转动泵轴(盘车),以判明有无卡阻、异常声响及轴线有无不正等情况。

(4)检查电动机的接线是否正确。

(5)将泵的吸入截止阀开足。

(6)如果需要,可利用引水装置引水。

(7)打开填料箱引水管以及各冷却系统的截止阀。

(8)起动电动机,使泵起动。注意泵轴转向是否正确、泵运转有无异常声响及各仪表的读数是否正常。

(9)排压建立后,迅速打开排出截止阀。

离心泵在初期运行时,特别是经检修后,某些不正常的装配及缺陷不一定会立即显现出来,因此在起动后的短时间内,即使一切运转正常,仍应留守观察一段时间,一般要求1 h以上。初期运行8 h之内应加强巡视,以确保安全。

拓展知识

(一)一般故障分析及排除方法

离心泵的结构比较简单,操作也并不复杂,但有时也会产生一些故障。如不及时排除,势必会影响正常工作。水泵的常见故障大体上可分为水力故障和机械故障两大类,而发生故障多是下述原因所致。

(1)长期使用的零部件未予以检修或更换。

(2)泵的制造质量不好。

(3)泵的选用或安装不正确。

(4)操作不当。

因此,故障发生时,必须注意以下几点:

(1)详细了解故障发生时的情况,并对系统做必要的检查,以便分析和估计故障发生的原因。

(2)不要忙于动手拆卸机器,应先根据仪表的读数、泵的运转声音和振动情况等,弄清故障的原因和部位。然后决定是否需要拆卸机件进行检查和修理。

由于泵的故障变化较为复杂,牵扯的范围也比较广,因此,我们必须养成分析问题的习惯,针对具体情况做出正确的判断,然后提出解决方法。

(二)离心泵的常见故障及其产生原因和消除方法

1.泵起动后不出水

(1)引水不足或底阀漏泄。重新引水,消除漏泄。

(2)底阀未开或吸入滤器堵塞。检查底阀,清洗滤器。

(3)吸入阀未开或开度不足。开足吸入截止阀。

(4)吸入口露出液面。降低吸入口使之浸没在液体之中。

(5)泵的旋转方向不对或叶轮装反了。检查电动机电源线的相序,纠正原动机转向或纠正叶轮安装方向。

(6)叶轮脱落或淤塞。应视情况解体修理或疏通。

2.泵的排出压力降低,排量不足

(1)转速不够。调整电压或检查原动机。

(2)吸入管漏气或部分淤塞。消除漏气,清洗滤器,疏通管路。

(3)填料箱漏气或水封管堵塞。调整或换新填料,疏通水封管。

(4)阻漏环磨损。视情况修理或换新。

(5)叶轮淤塞或有损伤。清洗或换新叶轮。

3.填料箱或机械式密封的漏泄过多

(1)填料太松或变质发硬,密封装置磨损过大或失效。视情况决定调整,修理或换新。

(2)填料或密封处的泵轴或轴套产生裂痕。检查后决定修理或换新。

(3)泵轴弯曲或轴线不正。校直或更换泵轴,校正轴线。

4.轴承发热

(1)泵与电动机对中不好。检查联轴节,校正轴线,重新安装。

(2)轴承磨损。更换轴承。

(3)轴承的油脂太多或太少;散热不好或润滑不良。取出部分油脂;补充部分油脂;检查润滑情况。

(4)轴承或滑油内有水或颗粒状物质。清洗轴承,更换滑油。

(5)轴向力过大。检查并调整轴向力的平衡装置,使之恢复正常。

5.泵产生振动

(1)联轴节接合不良,轴线不正。消除联轴节上的缺陷并校正轴线。

(2)轴承磨损。修理或换新轴承。

(3)地脚螺栓松动。予以紧固。

(4)泵轴弯曲。校直或换新泵轴。

(5)传动部分有擦碰现象。查明原因,予以消除。

6.泵有噪声;排量、压力剧跌或供水中断

(1)流量太大。适当关小排出截止阀。

(2)吸入阻力太大。检修吸入管路及滤器的工作状况。

(3)吸高太大。适当降低吸高。

(4)水温过高。设法降低水温。

7.泵运转中电动机过载

(1)转速太高。可降速至适当程度。

(2)电压太低。检查并调整线路,使电压和频率与要求相符。

(3)叶轮与泵壳摩擦或卡死,泵轴弯曲,填料压得太紧或轴承损坏。应拆开全面检修。

(4)电动机轴与泵轴不同心。应调整其同轴度。

(5)流量过大。可适当关小排出截止阀。

任务五　旋涡泵的拆装与检修

建议学时：2学时

旋涡泵亦属叶轮式泵,旋涡泵就是靠旋转叶轮对液体的作用力,在液体运动方向上给液体以冲量来传递动能,以实现输送液体的。根据所用叶轮型式的不同,其可分为闭式旋涡泵和开式旋涡泵两类。

学习要素

1.叶轮的拆装;

2.轴向间隙的测量、检查;

3.轴向间隙的调整。

教学目标

能力目标

1.能正确完成旋涡泵的拆装;

2.能分析并排除各种旋涡泵工作过程中的一般故障;

3.能对旋涡泵的易损件进行检查、测量、调整和更换。

知识目标

1.了解旋涡泵的工作原理;

2.正确掌握旋涡泵的功用、类型和工作特点;

3.熟悉旋涡泵的基本结构及故障排除方法。

素质目标

1.培养学生严谨、细致的工作作风;

2.培养学生良好的学风;

3.培养学生良好的职业意识;

4.培养学生良好的团队合作意识。

相关知识

1.闭式旋涡泵

如图4-5-1所示为闭式旋涡泵的典型结构。它采用圆盘形的闭式叶轮1,叶轮外缘带有 20~60 个径向短叶片。所谓闭式叶轮是指其叶片部分设有中间隔板（或端盖板）。泵体 2 和泵盖 3 以很小的间隙紧贴叶轮，而在它们与叶片相对应的部位则形成等截面的环形流道 4。流道占据了大半个圆周，其两端顺径向外延形成吸、排口，而圆周的剩余部分则由泵体上的隔舌 6，将流道的吸、排两侧隔开。这种两端（或一端）直通吸、排口的流道称为开式流道。闭式旋涡泵必须配用开式流道（因为闭式叶轮的叶片部分设有中间隔板或端盖板）。

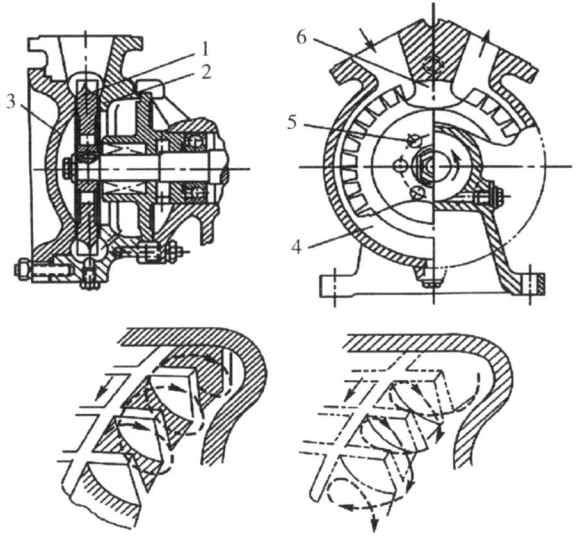

图 4-5-1　闭式旋涡泵的典型结构
1—闭式叶轮;2—泵体;3—泵盖;4—环形流道;5—平衡孔;6—隔舌

当叶轮回转时，带动泵内的液体一起回转，产生离心力。由于叶轮中液体的圆周速度要比流道中液体的圆周速度大，产生的离心力也大，因而液体就会从叶片间甩出，进入流道，并迫使流道中的液体产生向心流动，再次从叶片根部进入叶间，这种环形流动称为纵向旋涡。液体在叶片和环形流道中的运动轨迹就是绕泵轴的圆周运动和纵向旋涡的叠加，对固定的泵壳来说，它是一种前进的螺旋线；而对转动的叶轮来说，则是后退的螺旋线。这样，液体在沿整个流道前进时，也就会多次进入叶间获取能量，如同多级离心泵一样，直到最后从排出口排出为止。

旋涡泵主要依靠纵向旋涡的作用来传递能量。纵向旋涡越强，液体质点进入叶轮的次数越多，泵所能产生的扬程就越高。纵向旋涡的强弱一方面取决于叶轮内液体和流道内液体的离心力之差；另一方面也受纵向旋涡流动阻力大小的影响，即与叶片和流道的形状及叶片的数目有关。

如图 4-5-2 所示为闭式旋涡泵叶轮和流道的各种截面图，其中，流道截面为矩形时，纵向旋涡的流阻较大，扬程和效率相对较低，但流量较大；流道截面为半圆形时，扬程和效率相对较高，但流量较小，如图 4-5-3 所示为闭式旋涡泵叶片的形状。而叶片的倾斜角度和方向不同，泵特性曲线的形状也有差异。

旋涡泵中闭式旋涡泵效率较高，可达 35%~45%。但因这种泵入口处的液流是从叶轮外缘进入叶间的，该处圆周速度较大，且液流情况复杂，速度分布不均，故闭式旋涡泵汽蚀性能差，汽蚀余量必须大一些。此外，泵吸入气体时，气体密度小，会聚集叶片的根

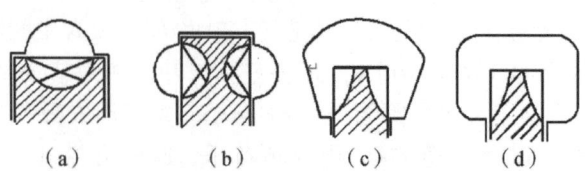

图 4-5-2　闭式旋涡泵叶轮和流道的各种截面图

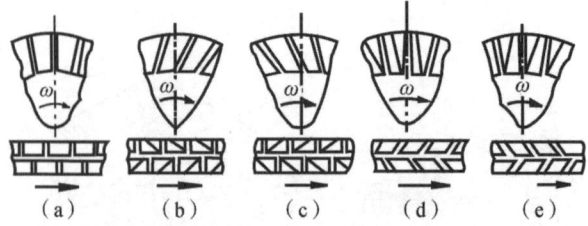

图 4-5-3　闭式旋涡泵叶片的形状

部,以致在转到流道出口时不易排出,又经过隔舌被带回吸入端,故闭式旋涡泵一般不能抽送气液混合物,也无自吸能力。要使其能够自吸,必须在排出端设气液分离室,并设回液口使分离室中分离出来的液体能在排出端挤入叶片根部驱赶气体,然后又被带回吸入端重新裹携气体。

闭式旋涡泵多为单级或二级。

2.开式旋涡泵

如图 4-5-4 所示为开式旋涡泵结构示意图,它采用开式叶轮。所谓开式叶轮,就是指叶片不带间隔板或端盖板的叶轮。开式叶轮叶片较长,叶片数一般为 24~26 片。

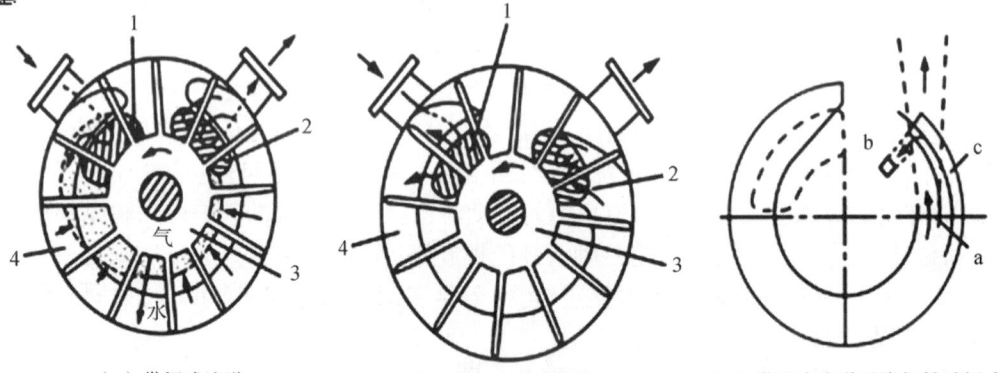

(a)带闭式流道　　　　　(b)带向心开式流道　　　　　(c)带开式流道及附加辅助闭式流道

图 4-5-4　开式旋涡泵结构示意图

1—吸入口;2—排出口;3—叶轮;4—流道

在图 4-5-4(a)所示的结构中,流道两端不直接通吸、排口,称为闭式流道。泵的吸、排口开在侧盖靠叶片根部处。这样,在液流进入叶轮处叶片的圆周速度较小,汽蚀性能比闭式旋涡泵好。采用闭式流道的开式旋涡泵只要将吸、排口朝上安装,并在初次起动前向泵内灌满液体,就具有自吸和抽送气液混合物的能力。这是因为在流道的起始部分,液体在离心力的作用下从叶间甩入流道后,叶间就会形成真空,将气体从吸口吸入叶间。随着叶轮的回转,流体的压力就将变大,而且越靠近排出口压力越大。这样,一方面由于气体的密度较小,就会被压缩在叶片的根部,体积不断缩小;另一方面,由于泵的排出口开在流道的尽头并靠近叶片的根部,所以,当液体随叶轮一起转到流道尽头时,就会急剧地变为向心方向流入叶间,将气体从排出口挤出。

采用闭式流道虽然能够排送气体和提高泵的自吸能力,但因液体必须在排出口处急剧地改变运动方向,并克服离心力做功,故能量损失较大,以致使泵的总效率为20%~27%,比闭式旋涡泵效率低。开式旋涡泵也可以采用吸入端为闭式,排出端为普通开式的流道,以保持较高的效率。但这会使它失去自吸能力。为了既保持自吸能力,同时又尽量减少排出端的水力损失,可采用向心开式流道的形式,如图4-5-4(b)所示,这样泵的效率可提高到27%~35%。另外一种折中的办法是在排出端采用开式流道并附加辅助闭式流道,如图4-5-4(c)所示,即在主流道的排出端让大部分液体从排出口a排出,而使其余的一部分液体进入辅助闭式流道c,以便让这部分液体能够在辅流道的末端进入叶片间,把气体从泵体侧面与压出室相通的气体出口b排出。

开式旋涡泵可做成单级,也可做成径向剖解的分段式多级,最多可至6级。

旋涡泵内部的漏泄途径主要是叶轮端面和泵体与泵盖的轴向间隙,该间隙一般为0.1~0.15 mm;其次是叶轮外圆与隔舌的径向间隙,该间隙一般为0.15~0.30 mm。

任务实施

(一)旋涡泵的解体

(1)切断电动机电源,挂好"设备检修,严禁合闸"的警示牌。

(2)关闭泵的吸、排截止阀。

(3)拆掉进、排水管法兰螺栓。

(4)将电动机的接线脱开,拆除固定电动机的地脚螺栓,将泵和电动机一起移出。

(5)卸掉泵与电动机法兰连接的紧固螺栓。

(6)旋出泵轴定位螺钉。

(7)用顶丝将泵体与电动机分离。

(8)拆卸泵的端盖,从泵轴上取下叶轮。

(9)松掉填料压盖,从泵体中抽出泵轴,取出橡胶密封圈。

解体工作结束后,将拆下的零部件清洁干净,以备检查。

(二)旋涡泵主要部件检查

1.叶轮

检查叶轮,发现下述缺陷之一时,应该换新。

(1)叶轮端面磨损严重。

(2)叶轮表面出现裂纹或叶轮的叶瓣产生断裂。

(3)表面因腐蚀而形成较多的斑点或空孔。

(4)叶轮键槽扩张变形。

(5)叶轮已经变形。

2.泵轴

泵轴检查时,发现下述缺陷之一,应该换新。

(1)泵轴已产生裂纹。

(2)表面严重磨损或出现较深的轴向沟痕。

（3）泵轴键槽变形。

3.泵体

泵体往往因机械应力或热应力的作用而出现裂纹。

4.轴封装置

泵采用软填料轴封，泵解体后，一般应换新。如采用橡胶密封圈，应注意检查胶质密封圈的老化程度，必要时予以换新。

5.叶轮与泵体的间隙测量

旋涡泵叶轮与内外隔板的轴向间隙可用"压铅法"测得，并可用改变泵盖处密封垫的厚度来加以调整。如表4-5-1所示为旋涡泵轴向安装间隙。

表4-5-1　旋涡泵轴向安装间隙

旋涡泵叶轮直径（mm）	安装间隙（mm）
<120	0.150~0.400
120~200	0.200~0.500

旋涡泵叶轮与隔块的径向间隙可用塞尺测得。如发现间隙超出了极限值，可将隔块堆焊光车，或更换叶轮，使叶轮与隔块的径向间隙保持在规定范围内。如表4-5-2所示为旋涡泵径向安装间隙。

表4-5-2　旋涡泵径向安装间隙

旋涡泵叶轮直径（mm）	安装间隙（mm）	极限间隙（mm）
<120	0.070~0.500	0.350

（三）旋涡泵的安装

旋涡泵装配前必须保证泵体、端盖、叶轮及泵轴符合技术要求，泵的各部分装配间隙要符合规定。旋涡泵的装复顺序，基本上按拆卸顺序的逆过程进行。

（1）将橡胶密封圈装入填料箱中，盖上填料压盖。

（2）将泵轴从填料处穿入泵体。

（3）装上叶轮。

（4）装上端盖。

（5）将组装好的泵与电动机相连，上紧法兰紧固螺栓。

（6）装妥泵轴定位螺钉。

（7）将组装好的泵和电动机整体搬移至电动机座上，上紧地脚螺栓。

（8）装妥进、排水管，打开吸、排截止阀。

（9）接妥电动机电线。

旋涡泵装复后应试运转检查各连接处的密封及泵的运行参数是否正常，是否有异常响声等。

（四）试车

（1）起动前应全面检查各部件的技术状况是否良好，有无外来物妨碍它的运转。对刚检修过的旋涡泵，应用人力转动一两个往复行程，证实旋涡泵能运转自如方可起动。

（2）检查储油箱内的油量是否充足。各摩擦运动部位应加妥润滑油。

（3）检查电动机的电源接线是否正确，绝缘情况是否良好。

拓展知识

旋涡泵用来吸、排清水和物理化学性质类似于水的液体,使用液温不得超过80 ℃,常用于锅炉给水配套,在造船、轻纺、化工、冶金、机械制造、水产养殖、固定消防稳压、热交换机组、农业远程喷灌等部门都有广泛应用。

旋涡泵主要由叶轮、泵体和泵盖组成,属于叶片泵。叶轮是一个圆盘,圆周上的叶片呈放射状均匀排列;泵体和叶轮间形成环形流道,吸入口和排出口均在叶轮的外圆周处;吸入口与排出口之间有隔板,由此将吸入口和排出口隔离开。

我们将泵内的液体分为两部分:叶片间的液体和流道内的液体。当叶轮旋转时,在离心力的作用下,叶轮内液体的圆周速度大于流道内液体的圆周速度,故形成"环形流动"。又由于自吸入口至排出口液体跟着叶轮前进,这两种运动的合成结果,就使液体产生与叶轮转向相同的"纵向旋涡"。因而得到旋涡泵之名。需要特别指出的是,液体质点在泵体流道内的圆周速度小于叶轮的圆周速度。

在纵向旋涡过程中,液体质点多次进入叶轮叶片间,通过叶轮叶片把能量传递给流道内的液体质点。液体质点每经过一次叶片,就获得一次能量。这也是相同叶轮外径情况下,旋涡泵比其他叶片泵扬程高的原因。并不是所有液体质点都通过叶轮,随着流量的增加,"环形流动"减弱。当流量为零时,"环形流动"最强,扬程最高。由于流道内液体是通过液体撞击而传递能量的,同时也造成较大撞击损失,因此旋涡泵的效率比较低。

1.旋涡泵的性能特点

(1)在小流量范围内可获得较高压头;

(2)H-Q 曲线陡降,P-Q 曲线呈下降形;

(3)效率低;

(4)开式旋涡泵有自吸能力;

(5)气蚀能力较差;

(6)叶轮承受不平衡径向力和轴向力;

(7)不宜输送带固体颗粒的液体和黏度较大的液体;

(8)结构简单、重量小、体积小、制造和维修方便。

2.旋涡泵的常见故障及其处理方法

如表 4-5-3 所示为旋涡泵的常见故障及其处理方法。

表 4-5-3　旋涡泵的常见故障及其处理方法

故障类型	原因	处理方法
泵起动后不出水	1.泵内没有液体; 2.吸入管路漏气; 3.叶轮和管路堵塞; 4.泵转向不对; 5.吸入高度超过规定要求(4~5 m)	1.向泵内灌注液体; 2.消除漏气; 3.检查并清理管路; 4.检查并纠正马达接线; 5.降低泵的几何安装高度或减小吸入管的长度

续表

故障类型	原因	处理方法
功率过大	1.压头超出使用范围; 2.泵体、泵盖和叶轮的间隙过小	1.降低泵的压头; 2.调整间隙至规定范围
密封装置泄漏过多	1.机械密封装置中静环与动环发生歪斜; 2.橡胶密封圈老化; 3.水中含有固体杂质; 4.机械密封装置中弹簧松弛	1.修理或更换至符合要求; 2.更换橡胶密封圈; 3.安装合格的过滤器; 4.更换弹簧
排量减少	1.转速降低; 2.叶轮或管路淤塞; 3.管路的阻力大于规定值; 4.叶轮与泵体、泵盖的间隙过大	1.提高转速至额定值; 2.检查并清理杂物、垃圾; 3.检查管路的安装情况,尽量减少弯头或阀件; 4.调整间隙至规定范围

任务六 空气压缩机的拆装与检修

建议学时:2学时

用于压缩空气的机械称为空气压缩机。在商船上压缩空气主要用于主柴油机的起动、换向和发电柴油机的起动;为其他需要压缩空气的辅助机械设备(例如,压力水柜、气笛、离心泵自吸装置等)和气动工具供气;在检修工作中用来吹洗零部件、滤器等。一般船舶设有两个以上有足够容积的压缩空气瓶。向空气瓶供气的空气压缩机是重要的船舶辅机。

学习要素

1.掌握空气压缩机的拆装过程;
2.掌握空气压缩机主要部件的检修;
3.掌握空气压缩机常见故障的排除方法。

教学目标

能力目标
1.能正确完成空气压缩机的拆装与检修;
2.能分析并排除空气压缩机工作过程中的一般故障;
3.能对空气压缩机的易损件进行检查、测量、调整和更换。

知识目标
1.了解空气压缩机的工作原理;
2.正确掌握空气压缩机的工作特点;

3.熟悉空气压缩机的基本结构及故障排除方法。

素质目标

1.培养学生严谨、细致的工作作风；

2.培养学生良好的学风；

3.培养学生良好的职业意识；

4.培养学生良好的团队合作意识。

相关知识

要做好拆装与检修活塞式空气压缩机等工作,必须了解船用的典型空气压缩机,熟悉空气压缩机的基本原理和结构特点,为此,需要学习相关知识。

现以国产CZ-60/30型空气压缩机为例简述其结构。如图4-6-1所示为空气压缩机装配图,该图给出了该型空气压缩机的总体结构。

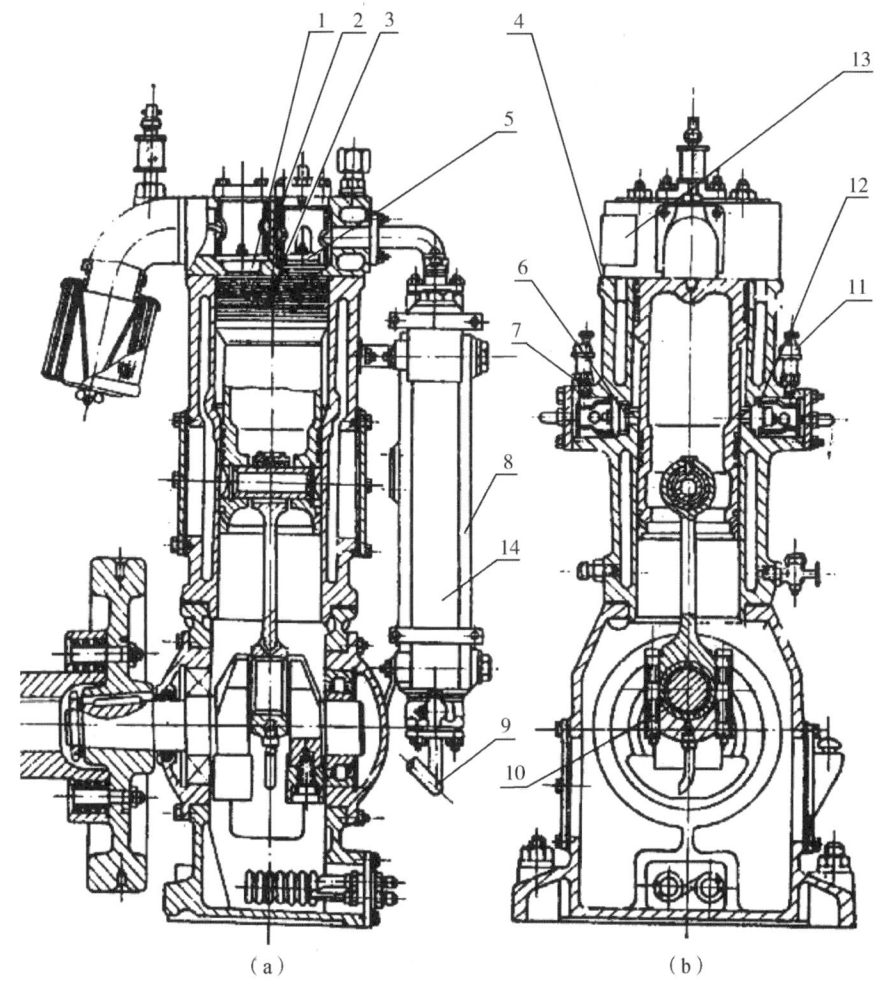

（a）　　　　　　　　　　　　　　（b）

图4-6-1　空气压缩机装配图

1——一级吸气阀;2—气缸头;3—活塞与连杆;4—机身与曲柄箱;5——一级排气阀;6——二级吸气阀;
7——一级安全阀;8—冷却器;9—管系;10—曲轴与飞轮;11——二级安全阀;12——二级排气阀;13—产品铭牌;14—油水分离器

该机为单缸、立式、级差活塞结构。整个机组安装在一个公共底座上,空气压缩机由电动机经弹性联轴节直接带动曲轴转动,通过两级压缩,将空气压缩至 3 MPa。

当活塞从上止点向下运动时,一级缸为吸入过程,而二级缸为压缩排出过程。当活塞从下止点向上运动时,二级缸为吸入过程,一级缸为压缩排出过程。各级冷却器和油水分离器布置在空气压缩机自由端。在冷却器水腔外壁上装有金属安全膜,以防空气冷却管漏气或破裂时,水腔内的压力急速升高而造成危险。为了防止水腔的腐蚀,在冷却器内还装有两块锌质螺塞。冷却水由外界水源供给,冷却系统为开式。

一级缸的吸气阀和排气阀垂直安装在缸头内,二级缸的吸气阀和排气阀安装在垂直于机身两侧的孔穴内。一级气阀的阀片升程为 3 mm,二级气阀的阀片升程为 2.1 mm。

一级缸的安全阀装在二级吸气阀的入口处,而二级缸的安全阀装在二级缸的排气阀出口处。

级差式活塞用铝合金铸成,其上的活塞环起密封作用,刮油环刮去气缸表面上的剩油。活塞销用 20 号优质碳素钢,表面渗碳淬火(硬度为 RC56~62)并与活塞销孔静配合,与连杆小端轴衬保持间隙为 0.025~0.077 mm 的转动配合。连杆用 45 号优质碳素钢锻制,其下部的油匙用于飞溅润滑(润滑连杆、轴承、二级气缸及其他运动摩擦件)。一级气缸的润滑靠在气缸头上的滴油杯滴油进行。在曲轴箱门盖上装有呼吸管,它具有透气作用,同时也用于降低曲轴箱内压力及加润滑油。

曲轴用 45 号优质碳素钢锻制,其上装有飞轮、平衡重块及滚珠轴承等零件。飞轮轮缘圆周方向有 $\Phi15$ 深 17 mm 的六个孔,以便在检修时盘车用。

气缸头、机身、曲轴箱等主要部件均用高强度灰铸铁铸成。在总装配时,调整机身与曲轴箱、机身与气缸头之间的垫片,使活塞在上止点位置时与缸盖的余隙容积高度保持在 0.5~1.0 mm 范围内。气缸头、机身内部有气腔、水腔。曲轴箱油池内装有蛇形管冷却器,以使滑油保持适当的工作温度。

🖉 任务实施

(一)解体

1.解体过程中注意事项

(1)确认空气压缩机电源已切断。

(2)预先准备好拆卸所用工具。

(3)卸螺栓时要对称地松卸,不要将螺母一下子都拿掉,要对称地留几个,逐步地拿去。

(4)停车后不要马上拆卸,否则会使润滑油遇到大量高温高压气体而产生火花,引起缸内残余气体发生着火爆炸事故。

(5)当卸开吸、排气阀盖时,要对称地留两个螺母,先用攻锥或扳手把压盖撬开一点,证明气缸内没有压力后即可将螺母全部卸去,防止气缸内有残余的气体压力时,气体冲出压盖造成飞盖伤人事故。

(6)拆卸时应先拆外部附件,后拆内部零部件,从上部到下部依次拆组合件,再拆零件。

(7)拆下的零件要尽可能地按原来结构整放在一起,例如,曲轴与各段轴瓦等。对成套或不能互换的零件,在拆卸前要做好记号,拆卸后要放在一起或用绳子吊在一起,

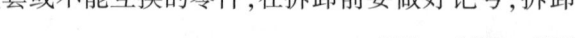

以免搞乱导致装配时发生错误而影响装配质量。

(8)泄放气缸中的冷却水,关闭空气压缩机与外部管路有联系的阀门,并将放气阀打开放掉气缸及管系中的压缩空气。

2.解体步骤

(1)拆掉进气及排气管、冷却水管、油管、油水分离器及仪表。

(2)拆掉气缸盖及进、排气阀。

(3)打开曲轴箱道门。

(4)拔掉开口锁,松开连杆大端螺母,拿掉连杆大端轴承盖,取出螺栓。

(5)在活塞顶部拧入吊环,吊出活塞与连杆。

(6)取出挡圈、活塞销,拆下连杆。

(7)拆下飞轮、主轴承盖,取出曲轴。

(二)检修

1.气阀的检修

对阀片检查的技术质量要求:

(1)阀片研磨后表面粗糙度 $Ra \leqslant 0.32\ \mu m$。

(2)研磨过的阀片放在平板上检验时,阀片的整个表面应与平板密贴。

(3)阀片的内、外径应当同心,其同轴度不超过 0.25 mm。

(4)阀片的贴合表面对阀座孔中心线的垂直度在 100 mm 的长度上误差不得超过 0.02 mm。

(5)阀片的毛刺应当修光,在阀片的表面上不许有伤痕、裂纹或其他减低金属疲劳强度的缺陷。

(6)阀片若在磁力工作盘上,研磨后应当退磁。

(7)升程限制器向着阀座一面的表面,对着装螺栓孔的中心线,垂直度在 100 mm 的长度中,其误差应在 0.05 mm 以内。

(8)弹簧不应呈弯曲形(即中部的弹簧圈向外膨胀),弹簧的钢丝不应有裂纹、磨损或擦伤。

(9)把弹簧底座放在水平面上,弹簧的轴线应与水平面垂直,它的垂直度偏差应符合规定的要求(CZ-60/30 型空气压缩机垂直度在全长内偏差不超过 0.14 mm)。

(10)同一根弹簧各螺距值的差数应符合规定要求(CZ-60/30 型空气压缩机不大于 0.4 mm)。

当阀座和阀片磨损或擦伤不大时,或阀座密封边缘发现有不太严重的裂纹和沟痕时,可用研磨方法进行修复。其研磨方法是先将阀座和阀片清洗干净,然后分别用刮刀修平毛刺、划痕。可先进行粗磨。在粗磨时,可用粗金刚砂和 10 号机油调和稀糊状的研磨剂。研磨前,先把研磨平板的工作面用煤油或汽油擦干净,然后在平板上涂上研磨剂,把阀片的平面合在平板上,沿平板的表面以"8"字形的推磨方式研磨,如图 4-6-2 所示为阀片的研磨方法,也可以采用旋转和直线相结合的方法进行研磨,即不断变换阀片的运动方向,使阀片很快达到精度要求。在研磨时最好调转 180°,一直磨到光滑为止。然后再用细金刚砂按上述方法进行精磨,经数分钟后将它擦净,用四氯化碳清洗直到表面无粗糙现象,或刮研痕迹后置于平板上推动研磨件进行检查,如不平坦,还需继续研磨,一直到完全平整光滑时才为合格。

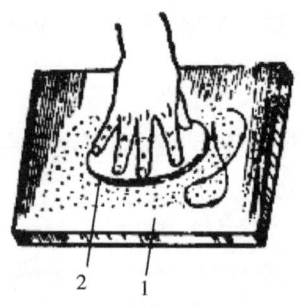

图 4-6-2　阀片的研磨方法

1—平板；2—阀片

　　研磨修复后的阀座和阀片,或重新更换的阀座和阀片组装后,其阀片升程应符合规定要求。然后再进行气密性检查,其方法是将清洁的煤油注入阀孔中,若无明显的渗漏(允许有个别的滴状渗漏现象),说明气密性良好;若煤油很快漏完,则说明气密性差,必须重新研磨阀片和阀座,直至符合要求为止。修复后的气阀最好换上新的开口销,插入连接螺栓与螺母之间,以免由于振动而使螺母松脱,影响气阀正常工作或掉入气缸造成重大事故。

　　2.气缸的检修

　　(1)气缸内径圆度和圆柱度的检查

　　如图 4-6-3 所示为气缸内径的测量,用千分表或内径千分尺来测定气缸的圆度时应在 Ⅰ~Ⅰ 和 Ⅱ~Ⅱ 两个位置的气缸壁上进行测量。测量时,应分别在 $X~X$(与曲轴中心线平行方向)和 $Y~Y$(与曲轴中心线垂直方向)进行,这时千分表所指出的差数就是气缸的圆度偏差。而沿着 Ⅰ~Ⅰ 与 Ⅱ~Ⅱ 方向的差值则是气缸内径的圆柱度偏差。如表 4-6-1 所示为气缸允许的最大磨损量。

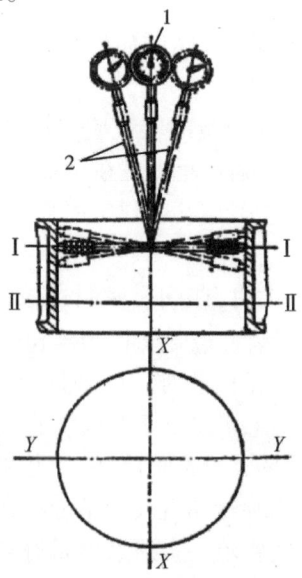

图 4-6-3　气缸内径的测量

1—正确位置；2—不正确位置

表 4-6-1　气缸允许的最大磨损量

气缸的直径(mm)	100~150	150~300	300~400
沿气缸圆周均匀磨损量(mm)	0.5	1.0	1.2
圆度(mm)	0.25	0.4	0.5

（2）气缸内径镜面的检查

检查气缸内径镜面是否有擦伤、沟痕、拉缸或其他缺陷，这些都在外部可以直接察看；还可以用另一种方法检查气缸镜面的粗糙度：将一个铝制的小圆薄板用手捏着使圆板的夹角在气缸镜面上摩擦一两次。若圆板的夹角未被磨出痕迹，证明表面的粗糙度仍旧很好。

（3）气缸水套、缸壁裂缝的检查

检查气缸壁和水套有无裂纹，可用水压试验检查。用掺入颜色的有色水液，并在规定的压力下保持 1~2 h（检验气缸时，应在 1.5 倍额定压力下进行）。根据颜料沉淀的情况，可以决定裂纹的位置和大小；也可以采用另一种比较简便的方法，就是在推测的裂纹位置涂上煤油，然后擦干净，并撒上干燥的白粉末，经过 1~2 h 后，渗透到裂纹内的煤油就变成鲜明的黄色条纹。根据这种黄色条纹就容易确定出裂纹的存在和它的边界。

对于气缸镜面有轻微的擦痕、拉缸可采用手工修理。其方法是将活塞取出，将气缸清洗干净，用条状半圆形油石沿气缸圆周方向左右打磨之后，用 400 号水砂纸沾柴油再按气缸圆周方向左右打磨，直到把擦痕打磨到用手感觉擦痕不大时为止。打磨完后，清洗干净，再用帆布按气缸圆周方向反复研磨直至无手感为止。应注意在打磨前要把曲轴箱内的润滑油放掉。

如果气缸的磨损等缺陷较大，则一定进行镗削。若气缸的镗削量在直径方向上大于缸径的 1%，则必须装上直径与镗孔相适应的新活塞及活塞环，同时要对气缸进行液压试验。

CZ-60/30 型空气压缩机由于采用级差式活塞，因此在镗削某一级气缸时，另一级气缸亦必须镗削同样的厚度，以使活塞所有级都能与气缸很好地接触。在修理或更换气缸活塞时，必须检查活塞与气缸的间隙，间隙的大小必须在规定范围内，如表 4-6-2 所示为 CZ-60/30 型空气压缩机主要配合间隙。

表 4-6-2　CZ-60/30 型空气压缩机主要配合间隙　　　　　　（mm）

序号	名称	安装间隙	磨预极限
1	活塞上止点余隙(容积高度)	0.5~1	1.20
2	高压气缸与活塞的径向间隙	0.25~0.381	0.661
3	低压气缸与活塞的径向间隙	0.25~0.38	0.66
4	一级活塞环的搭口间隙	0.5~0.8	2.0
5	二级活塞环的搭口间隙	0.4~0.71	1.5
6	刮油环的搭口间隙	1.2~1.5	2.2
7	活塞环两端面与环槽的间隙	0.011~0.069 1	0.12
8	刮油环两端面与环槽的间隙	0.011~0.069	0.12

续表

序号	名称	安装间隙	磨预极限
9	连杆大端轴承与曲柄销的径向间隙	0.03~0.09	0.15
10	连杆小端铜套与活塞销的径向间隙	0.025~0.077	0.12
11	连杆大端端面与曲柄的轴向间隙	0.17~0.367	0.8
12	气阀阀片升程(一级吸、排阀)	3	
13	气阀阀片升程(二级吸、排阀)	2~2.1	

3.活塞的检修

(1)活塞的裂纹:有裂纹的活塞一般都应报废而更换新的活塞。

(2)活塞的磨伤或结瘤

活塞因某种原因在气缸中被卡住,使活塞磨伤或结瘤时可用手工修理。先用锉刀将这种磨伤或结瘤小心锉净,再用油石轻轻打磨修理。

(3)活塞环槽的磨损

活塞环槽可用新活塞环样板或游标卡尺沿环槽圆周的三四个地方加以测量。活塞环槽磨损后与活塞环的天地间隙大于0.12 mm时,必须修理,这时可在车床上将环槽车削到修理尺寸。一般做法是按环槽尺寸,换用加厚的活塞环并修整环高,借以得到一定的天地间隙。活塞环槽有高低不平或磨损成梯形时,可在车床上车平后配换新活塞环。

(4)活塞销孔的磨损

活塞销孔可用内径千分尺测量。活塞销孔的圆柱度和圆度误差大于0.01 mm时,就必须修理。这时可用铰刀把它铰削到修理尺寸,并配上修理尺寸的活塞销。活塞销孔根据待配用的活塞销加工。

活塞销孔的铰削,一般使用活动铰刀,把活塞夹在虎钳上,双手握着铰刀边转动边前进。为了保证两边销孔同心,铰刀的长度应能同时铰削两孔。每次铰削量不能太大,铝金属活塞为0.03~0.06 mm,每铰一次均应铰过两孔,并且不变动铰刀的大小,再从相反方向重铰一次,以保证两销孔的大小相同。还应注意,调整铰刀时要考虑到铰孔后的尺寸会略大于铰刀的尺寸(通常为0.02~0.03 mm)。

活塞销与活塞销孔是静配合的,实际工作中根据经验,在常温下,将活塞销一端插入活塞销孔后,以能用手掌力量拍入活塞销孔至深度为1/3~1/2,再将活塞加热至100~120 ℃,能以拇指将活塞销推入孔内,即为合乎要求。

如有条件,活塞销孔经铰削后,还须将活塞放在特种检验工具上检查活塞销孔的垂直度。

(5)活塞与气缸的配合间隙

活塞与气缸的配合间隙应符合规定要求(CZ-60/30型空气压缩机一、二级均为0.5~0.38 mm)。

检验方法:可以直接用内径千分尺和外径千分尺分别测量气缸内径和活塞外径,两直径的差值即为活塞与气缸的配合间隙。另外,也可以把活塞直接装入与它相配合的气缸内,用厚薄规在气缸圆周上,按四个方向测量,当其测得的数值都相等时,这个数值就是活塞与气缸的配合间隙。

（6）活塞环槽两端面对活塞中心线的垂直度

活塞环槽两端面对活塞中心线的垂直度应符合规定。在 100 mm 长度上其误差应 <0.02 mm。一般经过检验合格的活塞环,装入活塞槽内时转动轻松认为合适,也可以用如图 4-6-4 所示的检验活塞环槽垂直度的样板进行核实。进行核实用样板按活塞的圆周转动检验时,无卡阻现象即为合适。

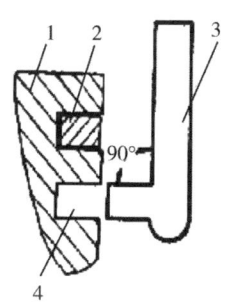

图 4-6-4　检验活塞环槽垂直度的样板

1—活塞;2—活塞环;3—样板;4—活塞环槽

4.活塞环的检修

（1）活塞环的翘曲度

活塞环两端平面应平直,不应有翘曲、扭曲等。检查方法:把活塞环放在平板上,用厚薄规塞入活塞环与平板之间缝隙内,其翘曲和扭曲不应超过规定(CZ-60/30 型空气压缩机不应超过 0.04 mm)。另一种方法,用两块平行且垂直于平板的 90° 直角板,使其相隔之距离 s 等于活塞环的宽度 s_1;再加上允许的公差数 Δs,将活塞环放入能顺利通过,则证明活塞环在允许的公差范围内,如图 4-6-5 所示为活塞环翘曲度的检验。活塞环若有不太大的翘曲,可以放在平板上用研磨的方法修正。

（a）在平板上用厚薄规检验　　　（b）用两直角板在平板上利用缝隙检验

图 4-6-5　活塞环翘曲度的检验

1—平板;2—直角板;3—活塞环

（2）活塞环的搭口间隙

检查时,先将活塞环放在相应的气缸内,用直尺或用活塞头部将活塞环推至气缸套内壁磨损较小的下端或缸套上口(与活塞环不接触的部位),使活塞环平行于缸套上平面,然后用塞尺测量环搭口处的间隙(搭口间隙的大小参看表 4-6-2),如图 4-6-6 所示为用厚薄规检验活塞环在气缸内的搭口间隙。

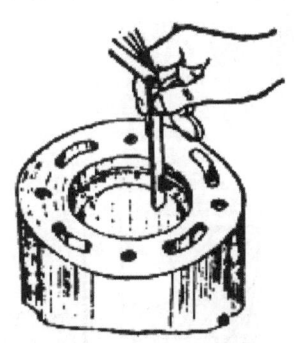

图 4-6-6 用厚薄规检验活塞环在气缸内的搭口间隙

对于新更换的活塞环,其自由开口尺寸应符合规定要求(CZ-60/30 型空气压缩机,其自由开口尺寸为 17±2 mm)。当开口间隙过小时,可用细平锉刀在环开口平面上锉去一部分的办法进行调整,但锉去的部分不宜过大;锉修时应注意环口的平整,并进行倒角,以免环外口锋利拉伤缸套内壁。

(3)活塞环与气缸的径向间隙

通过活塞环与气缸的径向间隙检查,可以看出活塞与气缸套内壁贴合的紧密程度。

检查时可以用塞尺塞入活塞环与气缸内径间隙处,其值要小于 0.03 mm。必须注意活塞环装入气缸时要与气缸直径平行,可在四周用直尺测量,活塞环在气缸内不得倾斜。也可用灯光做漏光检验。其方法是将活塞环装入气缸套中磨损的最小部位,在气缸下面接一灯泡,在上面盖上一块圆薄平板,其直径比气缸内径小 2~4 mm,在上面用眼观察活塞环与气缸内径间漏光情况,可测量出漏光的圆周弧长是否符合规定要求,如图 4-6-7 所示为活塞环的漏光检验。要求在开口位置 30° 范围内不得有漏光存在,在整个活塞环圆周方向,漏光现象不得超过两处,每处漏光范围不能大于 45°(CZ-60/30 型空气压缩机规定每处漏光不超过 30°,各处总漏光不超过 60°)。

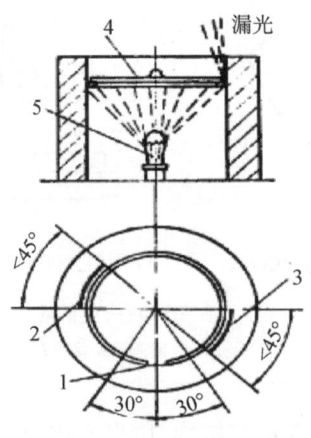

图 4-6-7 活塞环的漏光检验

1—活塞环搭口;2、3—漏光缝隙;4—挡板;5—灯光

（4）活塞环两端面与环槽的间隙（天地间隙）

检验时，将环放入活塞环槽内，用厚薄规在活塞环与环槽圆周上的几点进行测量，其检验结果应符合规定（见表 4-6-2）。也可将活塞水平放在平台或垫木上，将活塞环用手拿着塞到活塞上的环槽内，用手在槽内转动一周试验，如图 4-6-8 所示为活塞环两端面与活塞环槽配合间隙的检验。天地间隙合适的活塞环，应该能够在活塞环槽内自由

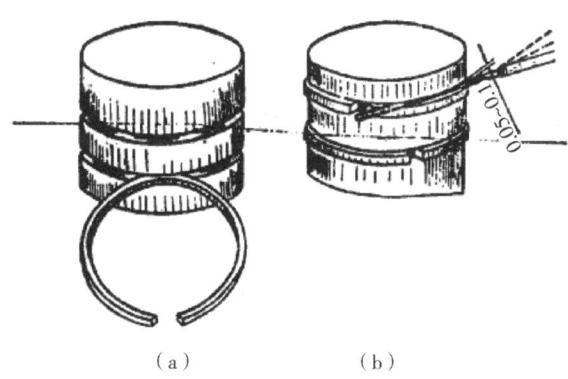

（a）　　　　　　　（b）

图 4-6-8　活塞环两端面与活塞环槽配合间隙的检验

转动，但不晃动也不应卡住。如果换用的活塞环天地间隙太小，即环太厚时可用研磨方法处理。就是在平板上放好砂布，将环平放，用手指使活塞环紧贴在砂布上做均匀的回转运动，但应注意只磨环的上表面（即朝活塞顶的一面），边研磨边测量，使间隙符合要求。必须注意不要伤及环的下表面和外侧面。

（5）活塞环与环槽的径向间隙（活塞环的背隙）

检验时，将活塞环装到活塞环槽内，用手压入时活塞环的外径应能沉到环槽内，使活塞外表面成一回口，使直尺靠紧活塞的外圆表面，用塞尺塞入其凹口内，塞尺的厚度即为所测活塞环的背隙。其值根据缸径的大小，不能超过 1 mm。

如图 4-6-9 所示为活塞环与活塞环槽径向间隙检验。如果活塞环高于环槽，可在车床上车深环槽或重新选配活塞环。

图 4-6-9　活塞环与活塞环槽径向间隙检验

5.曲轴的检修

（1）曲轴的裂纹

曲轴的裂纹多出现在曲柄上，可用放大镜或涂白粉来检查，必要时还可进行磁粉和超声波探伤检查。如果曲轴颈上有轻微的轴向裂纹，在修磨时将其消除后还可继续使用。径向裂纹一般不加修理而采取更换新轴。

（2）曲轴的圆度和圆柱度

曲轴轴颈上的圆度和圆柱度，可用普通千分尺测量，如图 4-6-10 所示为测量曲轴的

圆度和圆柱度。确定圆度,可在某一断面上的Ⅰ~Ⅰ和Ⅱ~Ⅱ两个互相垂直的位置上分别测量其轴径,测得数值的差数即为轴颈的圆度偏差。确定圆柱度,应在距轴肩 8~10 mm 的Ⅰ~Ⅰ及Ⅱ~Ⅱ两个断面上,分别进行两次测量,在断面Ⅰ~Ⅰ和Ⅱ~Ⅱ两处测得直径的差数,即为轴颈的圆柱度偏差。

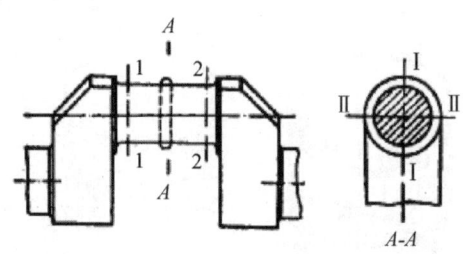

图 4-6-10　测量曲轴的圆度和圆柱度

曲轴圆度和圆柱度的修正,可根据具体情况使用手锉、曲轴磨床、车床等专用设备、工具。通常对磨损较轻的曲轴,不大于 0.05 mm 时,可用手锉或抛光用的木夹具中间夹细砂布进行研磨修正,若圆度和圆柱度较大,则在车床上车削或磨床上光磨。

由于设备条件的限制,也可用手工加以修正,其方法是首先测出曲轴轴颈椭圆形和锥形突出的两边并划好记号;然后将曲轴架在支架上固定好,可以先用细锉刀手工修理,边修理边量其尺寸;再用宽度与轴颈长度相等的布带,上面敷上 00 号砂布(或均匀涂一层 180 号金刚砂),绕在轴颈要研磨的一边,以手拉住布带的两端作往复研磨,磨完一边再磨另一边;最后用砂布绕在整个轴颈上,用麻绳绕在砂布上几圈,在曲轴左右两侧各站一人拉绳,这样可以研磨整个曲轴颈,一直研磨到符合要求为止。应注意将轴颈上的油孔用螺塞或木塞堵住以防污物进入。

(3)曲轴的擦伤或刮痕

当曲轴出现轻微的擦伤或刮痕时,可采用手工方法修理。

6.活塞销的检修

活塞销在使用过程中,发现下列情况时必须修理和更换。

(1)活塞销外圆的圆度、圆柱度超过规定公差 0.025 mm;

(2)活塞销外圆有裂纹;

(3)活塞销外圆磨损超过公差。

活塞销在中小型空气压缩机上,磨损后一般以换新为宜。也可根据情况,如活塞销与连杆铜套配合间隙过大,而活塞销的磨损不严重(用手指摸活塞销外圆表面没有明显凹痕),只需更换连杆铜套即可。

(三)装复

1.装复注意事项

(1)装复前要将各零部件清洗擦拭干净并放在清洁处,特别注意不要碰伤各配合面。洗涤零件的最好方法,是将它们放在装有碱性溶液的金属槽内,并加热到 70~80 ℃进行煮洗,然后再把它们放在热水槽内洗涤,洗涤后的零件应当用冷风吹干或仔细地擦拭干净。清洗铝合金件不能用碱溶液,以防腐蚀,最好用含 1% 的碳酸钠和 0.05% 的重铬酸钾溶液或含 0.4% 的碳酸钠和 0.15% 的硅酸钠溶液清洗。对精密件可用汽油清洗,对普通橡胶可用酒精清洗,忌用汽油、柴油等。

（2）装复油、水、气管路时要注意防漏。

（3）各运动件的配合面要涂以适量的润滑油。

（4）紧固螺母要对称均匀,不要一次将其拧紧,紧固连杆螺母时不宜加长手柄。

（5）装配部件,应按程序进行,防止"忘、错、掉"。

2.装复步骤

（1）把事先组装好的曲轴组件从大端孔水平穿入,不要扭斜,再装入轴承座盖飞轮等件。

（2）通过活塞销把连杆和活塞连接在一起,装入挡圈。

（3）将曲轴转到上止点位置,然后把组装好的活塞连杆吊入气缸内,此时应注意活塞环在装入气缸时的搭口方向要相互错开并在环槽中浇少量机油。

（4）装回连杆大端盖、连杆螺栓,上紧螺母并穿好开口销;应注意在紧固连杆螺栓时,可用扭力扳手按要求的扭紧力紧固。如没有扭力扳手,可按组合件预装时所做的标记上紧。

（5）盖上曲轴箱道门。

（6）装回气阀组合件和气缸盖;应注意将气阀组合件往气缸盖上的止口装配时,先用手拿着使其在阀止口上转动1~2周,看是否有卡阻现象,转动自如才能装复。

（7）装好进排气管、冷却水管、油管、油水分离器及仪表。

（四）拆装顺序一览表

如表4-6-3所示为空气压缩机的拆装顺序一览表。

表4-6-3　空气压缩机的拆装顺序一览表

↓	拆卸步骤	
1	附件	7
2	气缸盖及气阀	6
3	曲轴箱道门	5
4	连杆大端盖	4
5	吊出活塞连杆	3
6	分解活塞连杆	2
7	曲轴	1
	装复步骤	↑

（五）试车

1.起动

（1）将曲轴旋转1~2转,检查运动部件是否灵活,有无卡阻现象。

（2）检查曲轴箱的油位是否在油尺（或油位计）两刻度线之间,若为低压级气缸,可采用滴油润滑,滴油杯的油位不应低于高度的1/3,并将滴油量调至每分钟4~6滴。

（3）开启冷却水管上的截止阀供水,开启机身下部的放水阀,检查冷却水供应情况。

（4）检查空气压缩机排气端的截止阀是否开启。

（5）没有自动起动卸载装置的空气压缩机,应开启手动卸载阀或油水分离器底部的和二级吸入空气管上的泄放阀,以使油和水流出并减轻空气压缩机起动的负载。

(6)起动空气压缩机待达额定转速后,关闭手动卸载阀或油水分离器底部的和二级吸入空气管上的泄放阀。

(7)观察压力表有无读数,以判断气路是否通畅,压力表有无损坏。

(8)仔细倾听有无不正常响声。

2.运转

(1)注意观察压力表的读数,看高低压缸的压缩比分配是否均匀,工作压力有无超过规定值。

(2)采用压力润滑的空气压缩机油压应保持为 0.1~0.3 MPa,不得低于 49 kPa。

(3)注意检查冷却水的出口温度,冷却水进出口温差一般不应超过 13 ℃。如果起动时忘记开冷却水阀,必须立即停车,待气缸完全冷却后再逐渐放入冷却水,以免产生炸缸事故。

(4)注意检查各级的排气温度和曲轴箱润滑油的温度。一般风冷式空气压缩机的排气温度不超过 160 ℃;水冷式空气压缩机的排气温度不超过 200 ℃。CZ-60/30 型空气压缩机经冷却后,进入空气瓶的压缩空气温度不超过 60 ℃,润滑油的温度不超过 70 ℃,若发现排气温度或润滑油温度超过以上值,应查明原因加以排除。

(5)每隔 0.5 h 左右打开油水分离器的泄放阀,以排除其中的油和水。放出来的水应是水面上看到油渍而粘在手上捻起来又无油腻感,否则将认为有过量的润滑油排至气缸。

(6)每班至少检查一次空气压缩机与电动机的连接及它们的地脚螺栓的紧固情况,并注意有无异常响声,若有,应立即停车检查。

3.停车

(1)开启油水分离器上的泄放阀排污。

(2)切断电源,停止电动机。

(3)关闭冷却水截止阀和滴油杯的油量调节阀。

空气压缩机在运转中,遇有下列情况之一时,必须立即停车:

①空气压缩机在运转中出现不正常的冲击声和敲碰声。

②某一级的压力已显著超过规定的数值,并正在继续增高。

③某一级安全阀跳动或某一级的压力表失灵。

④冷却水管中被污物堵塞或管路断裂以致停止了供水或冷却水温度高于允许值。

⑤压缩空气管路中有大量的压缩空气漏出。

⑥有部件过热或压缩空气高于允许温度。

⑦冷却器安全膜片破裂。

⑧能引起空气压缩机事故的零件或部件损坏。

拓展知识

1.解体过程中有哪些注意事项?

【答】解体过程中的注意事项有:

(1)预先准备好拆卸工具。

(2)拆卸螺栓时要对称地松卸,不要将螺母一下子拿掉,要对称地留几个,逐步拿掉。

（3）停车后不要立刻拆卸,否则会使润滑油遇到高温高压气体而产生火花,引起缸内残余气体着火爆炸事故。

（4）当拆卸吸、排气阀盖时,要对称地留两个螺母,先用螺丝刀或扳手将压盖撬开一点,在证明气缸内没有压力后再将螺母全部卸去。

（5）拆卸时应先卸外部附件,后拆内部部件,从上到下依次拆卸组合件,再拆零件。

（6）各零部件拆卸后应妥善保存,不得产生撞伤及其他损伤现象,尤其是零部件的配合面,基准面和定位孔要严加保护,螺栓、螺钉、螺母拧下后应按原来位置配套拧上,以免丢失。

（7）拆卸要为装配创造条件,对成套或不能互换的零件,在拆卸前要看准标记和做好记号。

2.安装时有哪些注意事项?

【答】安装时的注意事项有:

(1)装配前应将拆下的各零件清洗干净。

(2)将各部件和磨损部位涂上润滑油。

(3)装配部件,应按顺序进行,防止漏装、错装。

(4)装配时应按说明书对主要装配间隙进行测量和调整。

(5)紧固螺母应对称上紧。曲轴箱上紧固气缸螺栓的螺母与连杆螺母一样,必须用扭力扳手拧紧至规定值。

(6)装复油、水、气管路时注意防漏。

任务七　液压阀件的拆装与检修

建议学时:2学时

　　液压控制阀在液压系统中是用来控制系统中液压油的通断、流向、压力和流量等的液压元件,按其基本功能分为方向控制阀、压力控制阀、流量控制阀三大类。此外,还有一些专用的组合阀,即将若干控制阀和截止阀组合在同一个阀体内,以省去它们之间的管路连接,从而使结构更为紧凑。

学习要素

　　1.方向控制阀的拆装与检修;

　　2.压力控制阀的拆装与检修;

　　3.流量控制阀的拆装与检修。

教学目标

　能力目标

　1.能正确完成方向、压力、流量控制阀的拆装;

　2.能分析并排除液压控制阀工作过程中的一般故障;

3.能对液压阀件进行检查、调整和更换。

知识目标

1.熟悉液压控制阀的分类、功用;

2.掌握液压控制阀的工作原理;

3.熟悉液压控制阀应用典型实例。

素质目标

1.培养学生严谨、细致的工作作风;

2.培养学生良好的学风;

3.培养学生良好的职业意识;

4.培养学生分析问题、解决问题的能力。

相关知识

液压阀件中,方向控制阀主要包括单向阀和换向阀;压力控制阀主要包括溢流阀、减压阀和顺序阀;流量控制阀主要包括节流阀、单向节流阀和调速阀。液压阀件拆装实训教学主要从以下几个方面开展:

(一)方向控制阀

方向控制阀用来控制系统中的油流方向,包括单向阀、换向阀等。

1.单向阀

单向阀分为普通单向阀和液控单向阀,如图 4-7-1 所示为普通单向阀的结构原理图,单向阀又称止回阀,它的功用是使油液只能单向流过。图 4-7-1 所示为采用直角式锥阀结构的单向阀。单向阀中的弹簧 2 在没有液流通过或油液倒流时可用以帮助阀芯迅速关闭。但它同时也增加阀开启时的阻力,并成为油液流过单向阀时产生压力损失的主要部分。在不影响阀灵敏可靠的情况下,弹簧一般都做得较软。普通单向阀的开启压力为 0.035~0.05 MPa,全流量时的压力损失通常也不会超过 0.1~0.3 MPa。

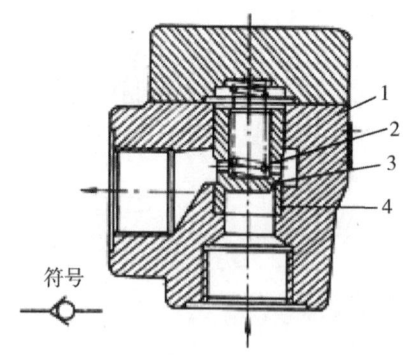

符号

图 4-7-1 普通单向阀的结构原理图
1—阀体;2—弹簧;3—阀芯;4—阀座

单向阀有时也装设在回油管路中作为背压阀用,以使回油保持一定的压力,以免漏入空气或适应某些执行机构的需要。此外,还可与细滤器等附件并联,在滤器堵塞时能够自动地起到旁通保护作用。在这些场合中,单向阀也就变成了压力控制阀,要求有较硬的弹簧,其开启压力一般为 0.2~0.6 MPa。

在某些场合,需要单向阀允许油流反向通过,这时即采用液控式单向阀。如图 4-7-2 所示为液控单向阀的结构原理图,当控制油口无压力油供入时,该阀仅相当于一个普通单向阀;而当通过控制油口供入压力油液时,控制活塞就被顶起,通过顶杆使阀芯 1 强制打开,允许油液从 B 向 A 反向流过。

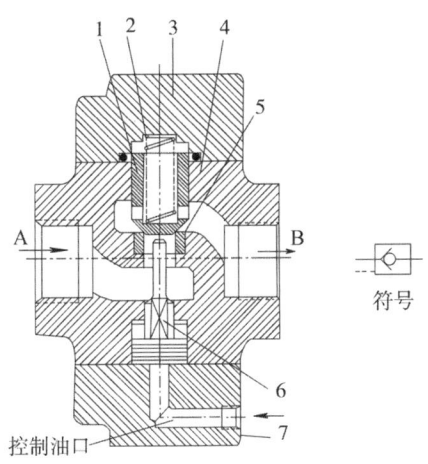

图 4-7-2   液控单向阀的结构原理图

1—阀芯;2—弹簧;3—上盖;4—阀体;5—阀座;6—控制活塞;7—下盖

2.换向阀

换向阀的功用是利用阀芯相对于阀体的位移来改变阀中的油路沟通情况,以变换油液的流动方向。根据操纵阀芯动作方式的不同,可分为手动式、机动式、电磁式、液动式和电液式;根据阀芯工作位置数目和控制油路的多少,可分为两位、三位、二通、三通、四通和五通等。

下面就以电磁换向阀和电液换向阀为例,说明换向阀的基本结构和工作性能。

(1)电磁换向阀

如图 4-7-3 所示为三位四通电磁换向阀的结构和图形符号,该阀有三个工作位置和四条油路,P 表示压力腔,T 表示回油腔,A、B 表示执行机构的工作腔(进、出油缸或油马达等)。

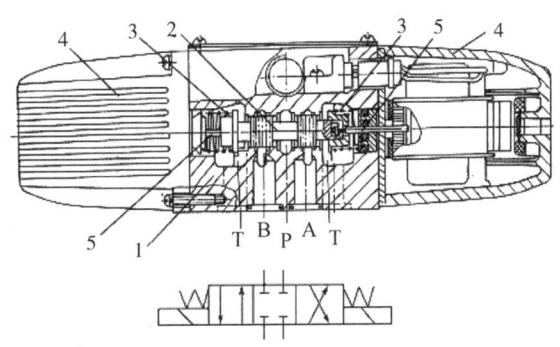

图 4-7-3   三位四通电磁换向阀的结构和图形符号

1—阀体;2—阀芯;3—弹簧;4—电磁铁;5—推杆;P—压力腔;T—回油腔;A、B—通执行机构的工作腔

下面以 O 形三位四通换向阀为例,讲解换向阀的三个工作位置,如表 4-7-1 所示为

O 形三位四通换向阀的工作原理。

表 4-7-1　O 形三位四通换向阀的工作原理

当左、右电磁线圈均断电时,阀芯 2 在两端弹簧 3 的作用下处于如图 4-7-3 所示的中间位置	A、B、P、T 互不相通,接通情况在图形符号中用中间方框表示
当右端电磁线圈通电,而左端断电时,右端磁铁吸合,通过推杆 5、阀芯 2 克服左侧弹簧的张力被推到极左位置	B 与 P 相通进油,A 与 T 相通回油,接通情况用右边方框表示
当左端电磁线圈通电而右端断电时,阀芯将克服弹簧的张力而被推到极右位置	A 与 P 相通进油,B 与 T 相通回油,接通情况用左边方框表示

　　根据阀芯在中间位置时油路接通情况,换向阀除 O 形外还有其他多种类型,不同的"中位机能"用不同的大写英文字母表示,如图 4-7-4 所示为三位四通阀机能图。凡中位使 P、T 油口相通的(如 H、M、K 型),能使油泵卸荷;凡中位使油口 A、B 相通的(如 H、P、Y、V 型),能使油缸或油马达"浮动",不通的则使执行机构"锁闭"。

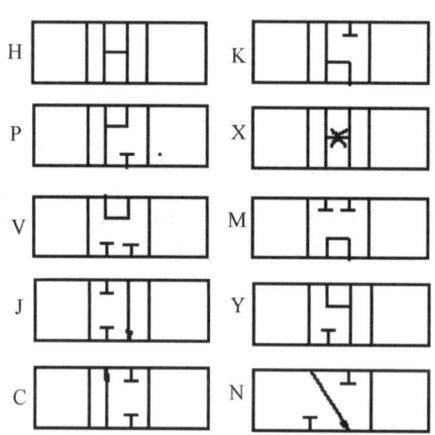

图 4-7-4　三位四通阀机能图

　　上面介绍的换向阀,在阀体内部开有三条凹槽(称为沉割槽),轴向尺寸较小,重量相对较小,但这种阀必须用滑阀两端的油腔作为回油腔,如回油背压较高,则推杆处的 O 形密封圈就会产生过大的摩擦从而使阀动作不灵。因此,使用这种三槽式换向阀回油背压不可过高,一般不应超过 6.4 MPa。换向阀也可采用四槽式、五槽式等。这两种换向阀推杆活动的油腔设有泄油孔直通油箱,如果堵塞,则换向阀就会失灵。

　　换向阀内部密封靠阀芯的圆柱形台肩与阀体内侧的配合间隙来保证,间隙通常为 0.01~0.03 mm。配合精度和光洁度要求较高。为减小阀芯的移动阻力,防止因几何偏差或粘附污物导致圆周上的液压径向力分布不均,而使其压向一边,常在阀芯凸肩上开数圈环形均压槽,以使阀芯四周所受的液压力大致相等。经验表明,开设 1 条均压槽,将可使摩擦阻力降低到不开槽时的 40% 左右,开三条均压槽即可使移动阻力降低 95% 左右。

　　电磁阀按适用的电源分为交、直流两种。交流常用电压为 220 V 或 380 V,直流常用电压为 24 V,也有 48 V 或 110 V 的,电源电压应保持在额定电压的 85%~105% 范围之内,电压太高则电磁线圈易发热烧坏,太低则吸力不够无法工作。交流电磁换向阀价格较低,但铁芯吸合前的电流是正常值的 4~10 倍,因而初吸力大;换向时间为 0.03~0.15 s(直流为 0.1~0.3 s);换向冲击大;当阀芯卡住无法吸上铁芯时,电磁线圈会因电流过大而烧毁;操作频率不宜超过 30 次/分钟;寿命比直流电磁阀短很多。

选用电磁换向阀时,电制电压不同的不能换用。还应注意其额定压力和额定流量;正常情况下内泄量不超过额定流量的 1%;工作压力损失不超过 0.3~0.5 MPa。

换向阀的常见故障主要是阀芯不能离开中位或不能回中。显然,要使阀芯从中位移开,电磁力就必须大于弹簧力和移动阻力之和,因此,阀芯不能移离中位的根本原因,不外乎电磁力不足或移动阻力过大,具体原因则主要有:①电路不通或电压不足;②激磁线圈脱焊或烧毁;③阀芯和阀孔加工精度较差,配合间隙太小;④阀芯或阀孔碰伤变形;⑤有脏物进入间隙;⑥油温过高,阀芯因膨胀而卡死;⑦电磁铁推杆密封圈处的油压过高,摩擦阻力过大。

换向阀不能复位的主要原因是弹簧力不足或移动阻力过大。

电磁换向阀因电磁铁吸力所限,滑阀尺寸不能过大,流量一般限制在 63 L/min 以内。在需要流量较大的场合,则采用电液换向阀。

(2)电液换向阀

电液换向阀由电磁换向阀与液动换向阀组合而成。前者作为导阀由电信号控制其阀芯位置,改变控制油的流向,再由控制油去控制作为主阀的液动换向阀的阀芯位置,从而改变主阀所控制的油流方向。

如图 4-7-5 所示为有阻尼器的三位四通电液换向阀的主阀(液动换向阀)结构实例。液动换向阀是 O 形三位四通阀,控制主油路,通径较大。主阀两端控制油是进油还是泄油,由三位四通电磁换向阀控制,通径较小。在这种结构中,通主阀两端控制油腔的油路上装有单向节流阀作阻尼器 6,以调节主阀芯的移动速度,减少换向时的液压冲击。

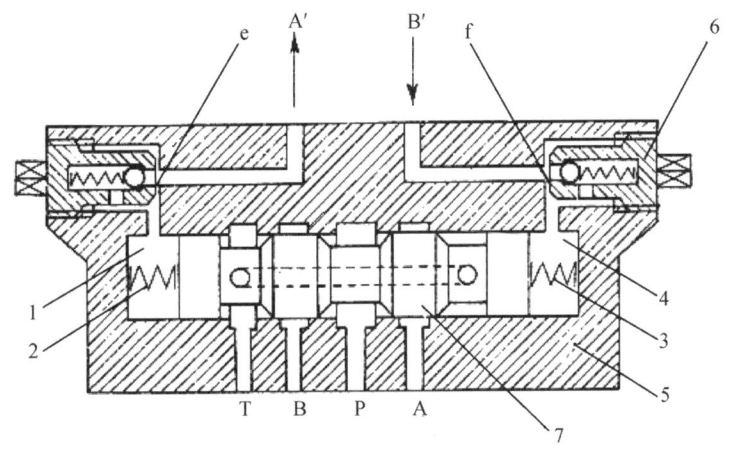

图 4-7-5　有阻尼器的三位四通电液换向阀的主阀(液动换向阀)结构实例

1、4—控制腔;2、3—对中弹簧;5—阀体;6—阻尼器;7—主阀阀芯

该电液换向阀的导阀采用 Y 型中位机能的电磁换向阀,如图 4-7-6 所示为电液换向阀的图形符号和简化符号。当先导电磁阀的两端电磁线圈都断电时,Y 型的导阀使主阀阀芯 7 两端的控制油泄入油箱,主阀即在对中弹簧 2、3 作用下回到中位。当导阀右

端电磁线圈通电时,导阀向左移,来自 P′的控制油即通 B′,顶开阻尼器 6 单向阀进入主阀右端,而主阀左端的控制油则经左端阻尼器的节流阀,由 A′泄往油箱,主阀芯移至左端;反之,左端电磁线圈通电,则主阀芯移至右端。

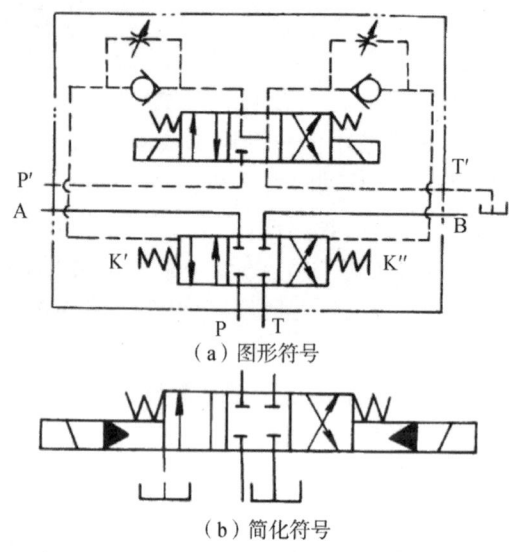

（a）图形符号

（b）简化符号

图 4-7-6 电液换向阀的图形符号和简化符号

这种换向阀为弹簧对中型,只有当主阀两端控制油腔泄油时,主阀阀芯才能在两端弹簧作用下回到中位,故其导阀应能在中位时使控制油路卸荷,采用 Y 型或 H 型;也有主阀是靠两端同时通控制油而以油压对中的,其导阀应采用 P 型。不同的主阀机能,可视实际需要来选用。

电液换向阀的控制油压必须高于最小控制油压(通常不超过 1 MPa),但也不宜过高,以免换向冲击过大。电液换向阀有外部压力控制和内部压力控制两种方式。由辅泵或主油路的减压油路从 P′口向导阀供油的,为外控式;而由进口 P 的主油路压力油经阀内部的通道供油给导阀(也可经组合在阀内的减压阀减压)的,则为内控式。如果导阀排放的控制油由 T′口泄往油箱,则为外泄式;如导阀泄油经阀内通道与主阀回油一起由 T 口回油箱,则为内泄式。图 4-7-6 所示为外控外泄式,如为内控式或内泄式,图形符号中相应的虚线则不画。

（二）压力控制阀

压力控制阀用于控制系统中的油压,包括溢流阀、减压阀、顺序阀等。

1.溢流阀

溢流阀的功用是在系统油压超过额定值时泄放油液,以保持阀前油压不超过一定值或保持油压基本稳定。根据它在系统中的作用可分为两种:一种是常闭型,只有系统油压超过额定值时才开启,称为安全阀;另一种是常开型,借调节溢流量大小来使阀前系统油压基本稳定,称为定压阀。

溢流阀有直动型和先导型之分,如图 4-7-7 所示为直动型溢流阀及其图形符号,是一种采用滑阀结构的直动型溢流阀及其图形符号(也作为溢流阀的一般符号)。压力油从进口经阀芯 4 中的阻尼小孔 g 作用在阀芯底部端面(面积为 A)上,当进油压力 p 升

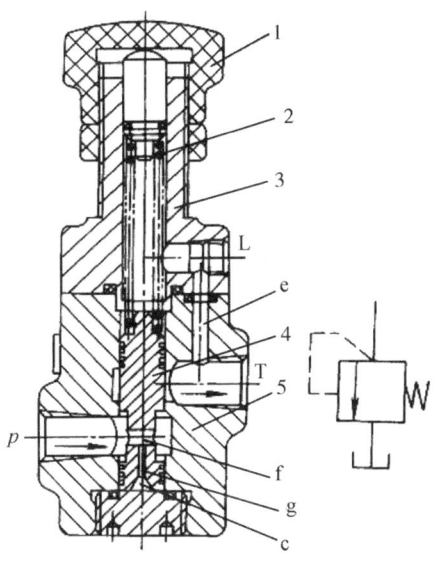

图 4-7-7　直动型溢流阀及其图形符号

1—调整螺母;2—弹簧;3—端盖;4—阀芯;5—阀体

高,以致使底部端面的油压作用力 p_A 超过弹簧 2 的张力 F_s 时,阀芯就被抬起,使进油口与回油口相通而溢油,从而阻止阀前系统中的油压进一步升高。阻尼孔 g 用以防止油压脉动时阀芯动作过快而产生振动,以使阀工作平稳。显然转动调整螺母 1,改变弹簧 2 的弹力,即可改变溢流阀的整定压力。

当阀处于稳定工作状态时,阀芯上下作用力是平衡的。如果忽略阀芯自重和摩擦力,则 $p_A = F_s$,即系统中的油压 $p = F_s/A$。而弹簧力将随阀的升起而增大,所以阀刚开启时的油压力 p_0 恒小于达到额定溢流量时的调整压力 p_T,两者之差称为稳态压力变化量。它表明溢流阀工作稳定时可能出现的压力变化范围,是溢流阀的重要性能指标之一。如图 4-7-8 所示为溢流阀的稳态特性曲线,表明溢流阀在稳态下开启时溢流量 Q 与

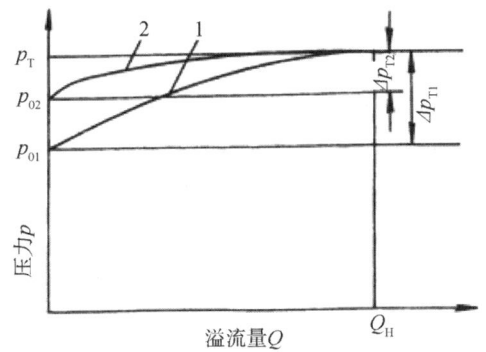

图 4-7-8　溢流阀的稳态特性曲线

1—直动型溢流阀;2—先导型溢流阀

系统压力 p 的关系。当然,我们总希望稳态压力变化量越小越好,直动型溢流阀作用在阀芯上的油压力全部靠弹簧张力平衡。阀的额定压力越高,或额定流量越大,则弹簧就越硬,稳态压力变化量也越大。因而自动型溢流阀一般用于低压场合,最大整定压力为

2.5 MPa。如果系统的工作油压较高，并希望压力变化量相对较小，需采用先导型溢流阀，如图 4-7-9 所示为先导型溢流阀及其图形符号。

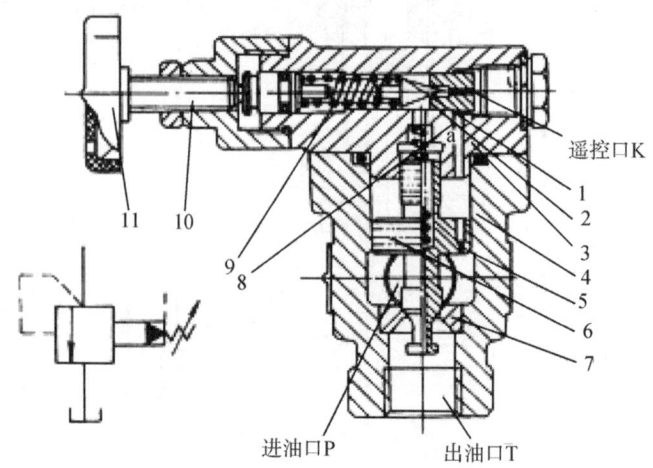

图 4-7-9　先导型溢流阀及其图形符号

1—导阀；2—导阀座；3—阀盖；4—阀体；5—阻尼孔；6—主阀芯；7—主阀座；
8—主阀弹簧；9—调压弹簧；10—调压螺钉；11—调压手轮

该阀由导阀和主阀两部分组成。导阀实际上是一个小流量直动式溢流阀。主阀芯 6 的下部锥形阀面与主阀座 7 相配合，主阀弹簧 8 作用在主阀芯的上方，将主阀芯往下压，形成关阀作用力 F_s（即弹簧张力）。

工作时压力油从进油口 P 进入主阀下腔室，并经主阀芯上的阻尼孔 5 进入上腔室，再经通道 a 和缓冲小孔进入导阀右腔。当进油压力 p 低于导阀的开启压力 p_0 时，导阀关闭，阀内无油流动。此时，主阀上、下腔和导阀右腔的压力均等于进油压力 p，又由于主阀上、下腔的承压面积 A 大小相等，所以主阀芯在弹簧力的作用下压在阀座上，主阀也与导阀一样处于关闭状态。

当进油压力 p 超过导阀的开启压力 p_0 时，导阀即被顶开，使少量油液经导阀座 2 和主阀中心孔流到出油口 T。由于阻尼孔 5 的节流作用，使主阀上腔压力 p_1 小于下腔压力（即进油压力）p。当系统油压 p 继续升高时，导阀开度增加，其溢流量也随之增加，由于导阀弹簧较软，其稳态压力变化量小，故压力 p_1 增加很少，主阀上下的油压差也就增大。当压差大到足以克服主阀重力、摩擦力和主阀弹簧 8 的张力 F_s 时，主阀开始抬起，主阀口即开启溢油。这时，只要系统油压稍有增加，导阀的开度和流量也就增加，主阀上下的油压差就会增大，主阀的升程也就相应加大，于是主阀溢流量增加，阀进口的系统油压就可大体保持稳定。显然，转动调压手轮 11，改变导阀弹簧的初张力，即可改变溢流阀的整定压力。

当主阀工作稳定时，主阀上下的作用力（忽略重力和摩擦力）是平衡的，即

$$pA = p_1 A + F_s$$

由于主阀上腔始终有油压 p_1 作用，即使系统油压较高，主阀弹簧也可选得较软；又由于阻尼孔很小，通过导阀的流量也很小，一般为溢流阀额定溢流量的 0.5%~1%，故导阀的承压面积很小，导阀弹簧也比较软；而且导阀在工作中升程变化也很小，所以导阀开启后主阀台肩上腔油压 p_1 变化不大。这样，在主阀开度变化而改变溢流量的过程中

p_1 和 F_s 的变化都不大,故导阀所控制的系统压力 p 也就变化不大。先导型溢流阀即使用于高压系统,其稳态压力变化量也仍然较小,一般不超出整定压力的 5% ~ 10%;而直动型则可达 20% 或更高。

前面提到的溢流阀的压力变化量表征溢流阀的稳态性。事实上,当系统中的压力升高时,由于溢流阀动作的滞后,系统油压 p 就会瞬时超过溢流阀的整定压力,并需在阀开启以后经历一段过渡过程,然后才能稳定在整定压力上。如图 4-7-10 所示为溢流阀的过渡过程的压力波动情况。系统中瞬时最大压力超过溢流阀整定压力的数值称为溢流阀的动态超调量。先导型溢流阀的动态超调量通常不超过整定压力的 10% ~ 15%,过渡过程的时间一般为 0.1 ~ 0.3 s。直动型溢流阀动作较灵敏,动态超调量要小一些。

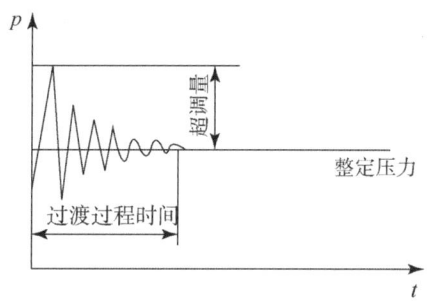

图 4-7-10　溢流阀的过渡过程的压力波动情况

如图 4-7-11 所示为远控溢流阀,如果通过先导型溢流阀的外控油口 K,使主阀上腔泄油,则主阀就会完全抬起,使系统泄油,这时溢流阀就被作为远控卸荷阀使用了[见图 4-7-11(a)],其卸荷压力(进、回油口压力差)一般为 0.15 ~ 0.35 MPa。但如将溢流阀导阀弹簧的压力调至较大,并通过另一个小型直动型溢流阀来控制此阀外控油口的油压,则又可实现溢流阀整定压力的远程控制[见图 4-7-11(b)],从而使溢流阀变成为远控调压阀。

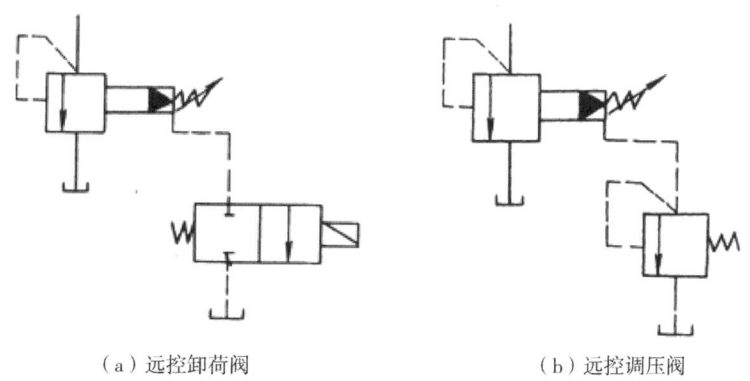

（a）远控卸荷阀　　　　　　　　　（b）远控调压阀

图 4-7-11　远控溢流阀

如表 4-7-2 所示为先导型溢流阀的常见故障分析。

表 4-7-2　先导型溢流阀的常见故障分析

故障现象	故障原因
主阀全开,系统几乎不能建立压力	①主阀不能关闭。主阀芯在开启位卡死;阻尼孔堵塞或主阀弹簧未装或失效使主阀芯不能复位。 ②导阀不能关闭。导阀弹簧未装或失效;导阀未装或碎裂。 ③外控口泄压。外控口通油的控制阀有故障而常开;外控油管破裂
系统压力调高	①主阀关不严。阀芯与阀座间有杂物、磨损或制造不良。 ②导阀关不严。导阀弹簧太短、太弱或弯曲;阀与阀座间有杂物、磨损或制造不良。 ③主阀阀盖漏泄。垫片损坏或螺钉松动。 ④外控口漏油。外控接管或管上的控制阀漏泄
系统压力过高且调不低	①主阀在半闭位卡死。 ②导阀与阀座粘住。 ③调压弹簧弯曲而卡阻
压力不稳定	①主阀芯动作不灵活,应检修或更换,压盖螺钉应均匀拧紧。 ②主阀阻尼孔时堵时通,应拆修,检查油污染情况,必要时换油。 ③主阀阻尼孔孔径太大或主阀台肩与阀体的间隙太大使阻尼作用过小。 ④主阀或导阀与阀座磨损不均匀,接触情况不稳定。 ⑤导阀调压螺钉松动或弹簧弯曲,导致开启压力不稳定
振动与噪声	①导阀产生振动与噪声。这是由锥阀精度差、与阀座接触不良或弹簧弯曲、压偏等引起的,应清洗、修理或更换锥阀、弹簧。 ②主阀产生振动与噪声。这可能是由阀与阀孔的间隙过小、过大或径向力不平衡引起的,应清洁、修理或更换。 ③系统压力脉动与阀芯弹簧发生共振,可加固管路元件或换弹簧。 ④外控油管通径过大(一般取 6 mm 较合适)易引起振动。 ⑤系统中有空气,发生气穴现象,也会产生流体噪声。 ⑥回油不畅——回油管阻力过大或回油管出口太贴近油箱底部。 ⑦阀通过的流量超过允许值

2.减压阀

减压阀的功用是使流经阀的油液节流降压,并保持阀后压力基本稳定,以便从系统中分出油压较低的支路。

减压阀主要有定值减压阀和定差减压阀两种。定值减压阀能根据阀出口压力的变化改变阀的开度,以使阀后油流减压并保持压力稳定。定差减压阀能根据阀的进出口压力差的变化改变阀的开度,以使阀后油流减压并保持压差稳定。使用最普遍的是定值减压阀,故通常将其简称为减压阀。定值减压阀也有直动型和先导型之分,后者性能较好,最为常用。

如图 4-7-12 所示为先导型定值减压阀的结构实例,图 4-7-12(a)为直动型和一般减压阀的图形符号,图 4-7-12(b)为先导型定值减压阀的图形符号。

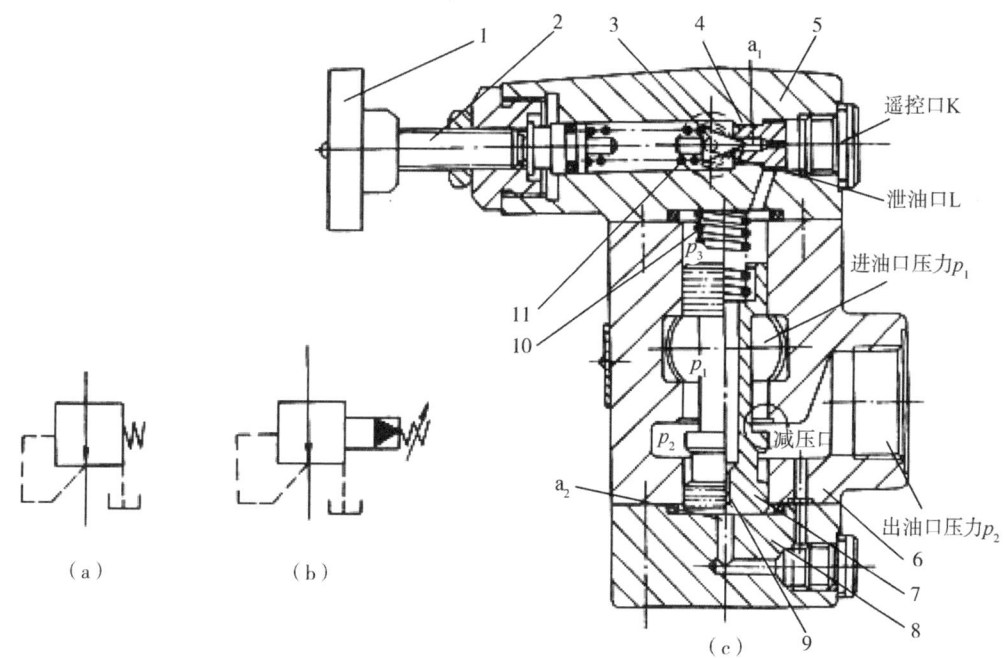

图 4-7-12　先导型定值减压阀的结构实例

1—调压手轮；2—调节螺钉；3—先导阀；4—导阀座；5—阀盖板；6—阀体；7—主阀芯；8—端盖板；9—阻尼孔；10—主阀弹簧；11—调压弹簧

　　这种阀也由主阀和导阀两部分组成。从进口来的压力为 p_1 的高压油流，经主阀芯 7 的减压口节流后，压力降为 p_2，由出口流出。出口端已经降压的油液，经阀内通道被引到主阀下方的油腔，再通过主阀中心的阻尼孔 9，到达主阀上方的油腔，然后经上盖板中的通孔引至先导阀 3 的右腔，该处油压为 p_3。正常工作时，压力 p_3 超过导阀开启压力，导阀被顶开，少量油液经阻尼孔 9 和先导阀 3 向泄油口 L 泄油。由于阻尼孔 9 的节流作用，主阀下腔的油压 p_2 高于上腔油压 p_3。由于导阀较小，其调压弹簧 11 较弱，故 p_3 的压力变化量很小。如果 p_2 升高，主阀上下的油压差随之增大，主阀就会克服弹簧 10 的张力而关小，以阻止 p_2 增加；反之，如果 p_2 降低，则主阀就会开大，以阻止 p_2 的降低。主阀弹簧 10 仅需帮助主阀克服移动阻力，而无须与液压力 p_2 平衡，故刚度也不大。这样，依靠主阀自动调整节流口的开度，即可使出口压力基本稳定在调定压力附近。转动手轮，改变调压弹簧 11 的张力，即可改变减压阀的整定压力。当然，如果阀后的压力 p_2 过低，以致使导阀关闭，则主阀上下腔油压相等。主阀也就会在本身弹簧的作用下处于最下端的全开位置，这时也就超出了阀的调节范围，因而也就无法维持阀出口压力的稳定。

　　减压阀的泄油口须直通油箱（外泄），这与溢流阀（内泄）不同，减压阀工作时导阀的外泄流量一般小于 1.5～2 L/min。先导型减压阀也可以通过外控口 K 实现远程控制。

　　如表 4-7-3 所示为减压阀的主要故障分析。

表 4-7-3　减压阀的主要故障分析

故障现象	故障原因
无出口压力	①阀在关闭位卡死； ②阻尼孔堵塞； ③阀弹簧失效
出口压力调不高	①盖板或丝堵漏油； ②阀关不严或弹簧太弱
不起减压作用	①阀在全开位卡死； ②油口不通或泄油阻力过大； ③导阀打不开
出口压力不稳定	①阀移动不灵敏,调节不灵活； ②油中有太多气体； ③导阀与阀座接触不良(加工误差或严重磨损)或弹簧弯曲变形

3.顺序阀

　　顺序阀是一种用油压信号控制油路接通或隔断的阀,故也可将其看成一种液动的二位二通阀。由于这种阀常用来以油压信号自动控制液压缸或液压马达的动作顺序,故称之为顺序阀。顺序阀也有直动型和先导型之分,如图 4-7-13 所示为顺序阀的典型结构和图形符号。以先导型为例,进口油压经控制油路 a、阻尼孔 2 引至主阀上方,再经

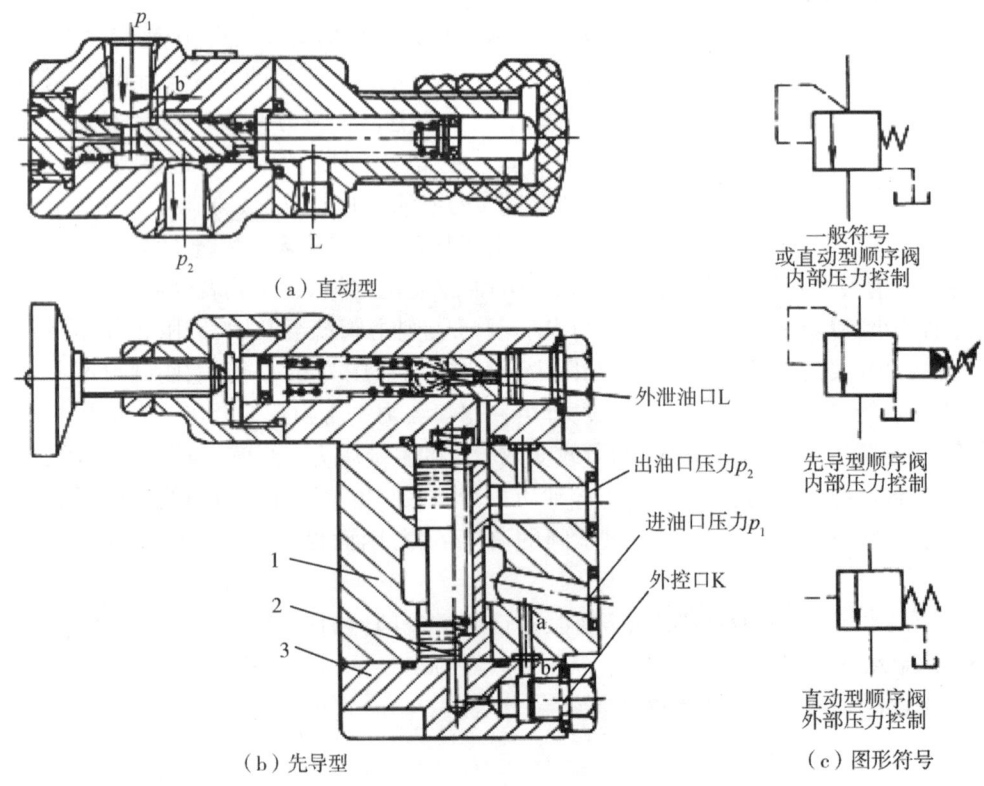

（a）直动型

（b）先导型

（c）图形符号

一般符号
或直动型顺序阀
内部压力控制

先导型顺序阀
内部压力控制

直动型顺序阀
外部压力控制

外泄油口 L

出油口压力 p_2

进油口压力 p_1

外控口 K

图 4-7-13　顺序阀的典型结构和图形符号
1—阀体;2—阻尼孔;3—端盖板

上盖板的通孔作用于先导阀,当其压力超过导阀弹簧的张力时,先导阀即被顶起,进口压力进一步增加,主阀全开,进出口油路即被接通。这种控制油压信号直接来自顺序阀,进油压力的内部压力控制方式称为直控顺序阀。如果将下盖板转90°安装,以便把a油路堵住,同时卸除控制油口K的螺塞,并从该处接其他油压信号,以控制阀的开闭,则该阀就成为外部压力控制(外控顺序阀)。

顺序阀与溢流阀的结构基本相似,它们的区别是:

(1)顺序阀通常出口油路通往执行机构,而溢流阀出口油路通常直通油箱。

(2)顺序阀一旦开启即全开,一旦关闭即全关,主阀芯不会停在全开与全闭之间的位置,故开启时液流的压力损失很小,进出口压差小;而溢流阀工作时,阀芯会根据控制压力大小停在全开、全关及相应的中间位置,故处于溢流状态时液流的压力损失一般是较大的。

(3)顺序阀通常是外泄式的,而溢流阀通常是内泄式的。

(4)顺序阀外控时,只有当外控油路中的油压达到调定压力时,顺序阀才会全开;而溢流阀外控时,只有当外控油路泄压时,溢流阀才会全开。

(三)流量控制阀

流量控制阀用于控制液压系统中的流量,包括节流阀、调速阀等。流量控制阀是靠改变阀的开度来改变通流面积,从而控制流量的一种控制阀,通常多用于定量泵系统,借以控制执行机构的运动速度。

1.节流阀

节流阀是靠移动或转动阀芯的方法直接改变阀口的通流面积,从而改变流量的阀。节流阀装在定压液压源后面的油路中或定量液压源的分支油路上,便可以起到调节流量的作用。如图4-7-14所示为节流阀的结构实例及图形符号,图4-7-14(b)示出节流阀与定压液压源配合使用时的情况。

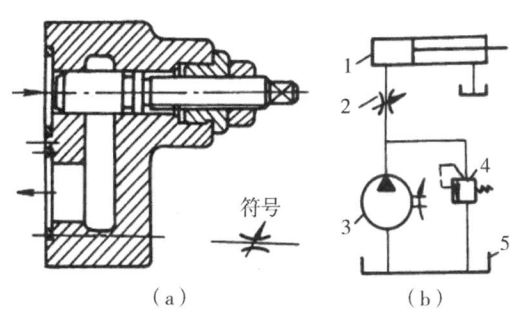

图4-7-14　节流阀的结构实例及图形符号
1—油缸;2—节流阀;3—定量油泵;4—溢流阀;5—油箱

对任何开度既定的节流阀来说,影响流量的主要因素有:

(1)节流口前后的压差 Δp。压差 Δp 对流量 Q 的影响最大。当负载变化时,由于阀后的压力也将改变,故普通节流阀的流量就将发生变化,并因此而使执行机构的速度相应改变。

(2)油温。油温变化将会引起油液黏度的变化。对细长孔来说,当黏度减小时流量就会增加;而对薄壁孔来说,流量一般与黏度无关,只有当压差及通流截面较小,雷诺数低于临界值时,流量才会受黏度的影响。节流口通常多接近薄壁孔,故除流量较小时外,油温对流量的影响一般不大。

(3)油的状况。当油液受压、受热或老化时就易产生带极性的极化分子,而节流口的金属表面也带有正电荷。因此,油液不断地通过节流口,就会在节流口处形成 $5 \sim 10~\mu m$ 的吸附层,该吸附层在一定压力和速度的作用下又会周期性地遭到破坏,因而也就会造成流量的不稳定。油液中含杂质颗粒也是节流口堵塞的原因。

提高节流阀抗堵塞性能的措施有:使用不易极化的油液;防止油温过高;对油精滤;定期换新油;降低每级节流口压降;阀与阀口选用合适材料;而且节流口应接近薄壁小孔,抗堵塞性能则好。

有时为能单方向控制流量,可将节流阀与单向阀并联,组成单向节流阀。

节流阀虽可通过改变节流口大小的办法来调节流量,但是因阀前后压差可能变化,以致调定后并不能保持流量稳定。所以对速度稳定性要求较高的执行机构来说就不能以普通节流阀来作为调速之用,如果把定差减压阀和节流阀串联,或把定差溢流阀和节流阀并联,以使节流阀前后压差近似保持不变,则节流阀的流量即可基本稳定。这两类都属于压力补偿式调速阀。

2.普通型调速阀

普通型调速阀是由定差减压阀和节流阀串联而成的。如图 4-7-15 所示为普通型调速阀工作原理图及其图形符号。

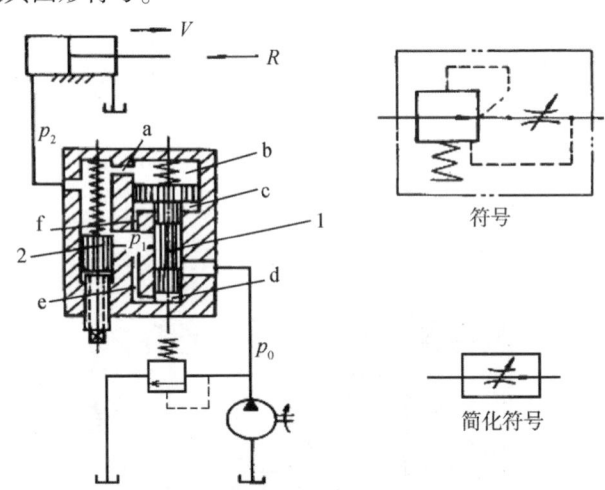

图 4-7-15　普通型调速阀工作原理图及其图形符号
1—定差减压阀;2—节流阀

来自定压液压源,压力为 p_0 的油液,先经减压阀 1 节流降压至 p_1,然后再经节流阀 2 降至 p_2。这样,如使减压阀的阀芯开度依节流阀前后压差 (p_1-p_2) 的变动而自动地进行调节,以使 p_1 与 p_2 之差基本保持恒定,则节流阀的流量也就可大体保持稳定。

3.旁通型调速阀

旁通型调速阀由定差溢流阀和节流阀并联而成,亦称溢流节流阀。如图 4-7-16 所示为旁通型调速阀工作原理图及其图形符号。

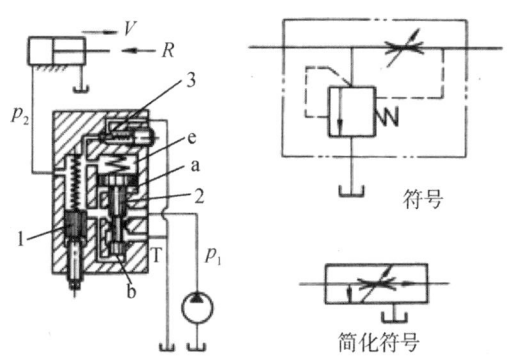

图 4-7-16　旁通型调速阀工作原理图及其图形符号
1—节流阀;2—定差溢流阀;3—安全阀

来自定量油源压力为 p_1 的油液,从入口引入,一路绕过溢流阀 2 经节流阀控制,供往执行机构;另一路则经溢流阀 2 控制由泄油口 T 泄往油箱。定差溢流阀 2 与前面讲过的一般溢流阀不同,其溢流量是由节流阀前后的压力 p_1 和 p_2 之差来控制的,故能使 (p_1-p_2) 大致保持恒定。

📝 任务实施

液压阀件拆装注意事项

(1)阀件在拆卸过程中,应注意方法,不应出现使用利器敲击等现象。

(2)拆卸时应注意相关零件的位置和方向,要保持零件表面清洁,保存好拆卸下的零件,不要丢失。

(3)清洗阀芯或其他零件时,应该使用轻柴油或 0 号柴油。

(4)装配阀件时,切记要在零件表面涂上或注满液压油,以防锈蚀或锈死。

(5)在装配过程中,要注意零件的位置与方向,不要出现错位、反方向等问题,以防出现阀件的逻辑功能无法实现或错误,或漏油等现象。

(6)应注意装配的方法,不允许出现使用利器敲击装配等现象。装配完成后,应确保阀体受力均匀,不应出现局部应力集中现象。

(7)阀件装配结束后,不应出现有剩余螺栓、垫片等现象。

🏗️ 拓展知识

1.比例控制阀

传统形式的液压控制阀只能对液流进行定值控制或开关控制。比例控制阀以电信号为输入量,使被控制的压力、流量(或阀的开度)与输入的电信号成正比,从而实现连续的自动控制。这种阀既可以开环控制,又可以加入反馈环节构成闭环控制系统,因而具有优良的静态性能和能满足一般工业控制的动态性能。

比例电磁线圈是比例控制阀常用的简单价廉的电—机械转换器。它输出的电磁力与输入的电信号(电流)大小成正比。此外,也有使用力矩马达、伺服电机或步进电机作电—机械转换器的。

按功能来分,比例控制阀也有压力控制阀、流量控制阀和比例换向阀。前两类间只需将传统控制中用手轮来控制的整定值改为用比例电磁线圈来控制即可。其中比例换向阀除能完成液流换向的功能外,还可通过控制换向阀的阀芯位置,使输入的电信号与阀口的开度成正比(比例节流型)或与输出的流量成正比(比例流量型)。由此可见,比例换向阀实质上是一种复合控制阀,现以比例节流电磁换向阀为例讲解其原理。

如图 4-7-17 所示为比例节流电磁换向阀的结构实例及其图形符号,该阀采用电—机械转换器直接驱动功率级阀芯运动和双弹簧对中型四边滑阀结构。该阀的四个控制边也具有较大的遮盖量,弹簧具有一定的预压缩度,因此,该阀的稳态控制具有相当大的中位控制死区。其起始控制电流值往往可达额定控制电流值的 10% ~ 15%。

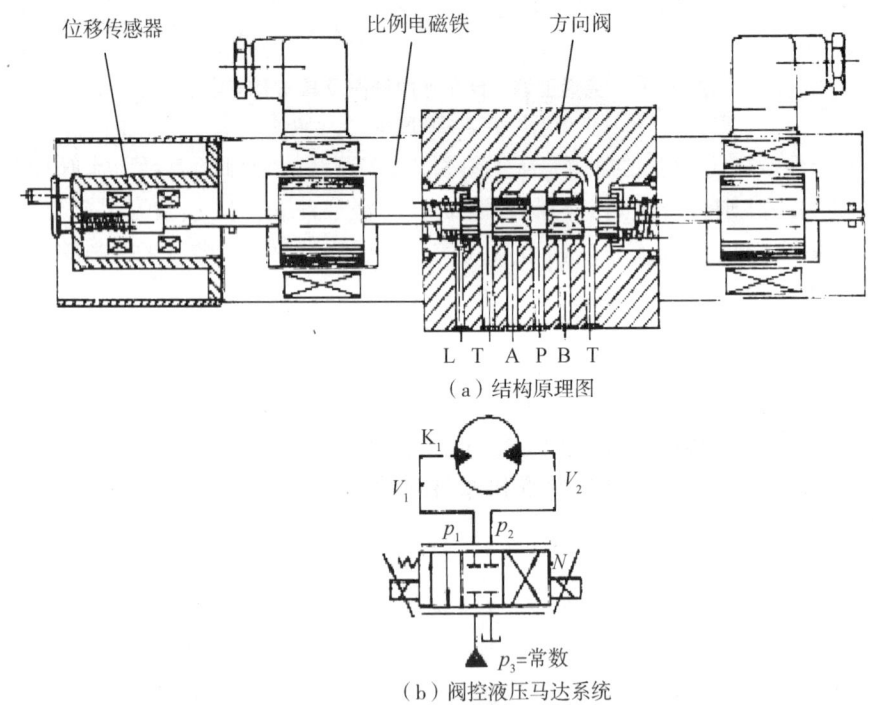

（a）结构原理图

（b）阀控液压马达系统

图 4-7-17　比例节流电磁换向阀的结构实例及其图形符号

在这类方向节流阀中,比例电磁线圈除克服弹簧力、摩擦力外,还必须克服功率级液动力才能控制阀芯位移,故只适宜在流量不大、压差较低的场合使用。此外,因负载对阀的输出端的液压力有直接影响,故阀的流量稳定性也在很大程度上受负载影响。

2.溢流阀的应用

(1)溢流阀作稳压阀使用

其工作特点是:阀常开,溢出液压系统多余油液,保持阀前压力基本稳定。

(2)溢流阀作安全阀使用

其工作特点是:阀常闭,当系统油压大于设定值时开启,限制阀前最大工作压力,起安全保护作用。

(3)溢流阀作远控调压阀使用

其工作特点是:先调紧导阀弹簧,确保导阀在整个工作过程中关闭;在远控口处接一根油管去远控调压点,使阀前压力随着远控调压点的压力高低而同向变化。

(4)溢流阀作远控卸荷阀使用

其工作特点是:远控油路泄压使阀全开,将阀前油液放回油箱,卸压卸载。

任务八　液压油泵的拆装与检修

建议学时：2学时

液压油泵的功能是提高工作油液的压力能。容积式泵具有理论流量与排出压力无关，且比较容易获得较高的排出压力的特性，因而被广泛用作液压泵。液压油泵主要有齿轮泵、叶片泵、螺杆泵、柱塞泵等几种形式。

学习要素

1.轴向柱塞泵的拆装；

2.轴向柱塞泵变量机构的拆装与检修；

3.柱塞泵各部件的检修。

教学目标

能力目标

1.能正确完成轴向柱塞泵的拆装；

2.能分析并排除各种液压油泵工作过程中的一般故障；

3.能对液压油泵的易损件进行检查、测量、调整和更换。

知识目标

1.了解柱塞泵的工作原理；

2.正确掌握液压泵的功用、类型和工作特点；

3.熟悉柱塞泵的基本结构及故障排除。

素质目标

1.培养学生严谨、细致的工作作风；

2.培养学生良好的学风；

3.培养学生良好的职业意识；

4.培养学生良好的团队合作意识。

相关知识

（一）液压泵的种类

1.齿轮泵

齿轮泵在工作压力升高时泵内间隙(特别是端面间隙)增大，容积效率急剧下降，所以最高工作压力受限。具有端面间隙自动补偿结构的齿轮泵，其工作压力不大于20 MPa。齿轮泵内液体做圆周运动，受离心力作用而限制了最大圆周速度，所以流量不能太大。齿轮泵作为液压泵只适用于压力较低、流量较小的场合。但齿轮泵造价较低，对油液脏污程度相对不太敏感，其流量范围为 7~510 L/min，通常作为甲板机械液压系统的控制和补油用的辅泵。

2.叶片泵

叶片泵最高使用工作压力和流量范围略高于齿轮泵,效率与齿轮泵相差不大。在压力升高和叶片磨损后仍能保持较好密封,因而在此情况下效率下降不明显。

3.螺杆泵

螺杆泵主要是用作液压泵的密封型三螺杆泵,其压力范围为 1~17.5 MPa,流量范围为 3~5 600 L/min,允许转速为 1 000~3 500 r/min,容积效率为 70%~95%。

4.柱塞泵

按柱塞布置方式有径向柱塞泵和轴向柱塞泵两类,其适用压力范围分别为 5~25 MPa 和 7~35 MPa,适用流量范围分别为 20~700 L/min 和 2~1 700 L/min,容积效率分别为 80%~90% 和 88%~93%。显然,其最高工作压力、最大流量均优于前面几种泵。液压甲板机械正向着提高工作压力、减少装置重量和尺寸的方向发展,因而柱塞泵在甲板机械液压系统中的应用越来越广泛。

从另一方面还可将液压泵按流量是否可调,区分为定量泵和变量泵两类。

1.定量泵

定量泵是指泵的每转容积变化量不可改变的液压泵。在转速一定时,其理论流量是一定的。定量泵可以是单向排出的,称为单向定量泵;也可以是双向排出的,即泵轴转向一定时吸、排方向可以改变,称为双向定量泵。

2.变 量 泵

变量泵是指每转容积变化量可以改变的泵。在转速一定时,其流量可以改变。变量泵也有只能单向排出的单向变量泵和可以变换吸、排方向的双向变量泵。

在各种形式的液压泵中,只有径向柱塞泵和轴向柱塞泵可以比较容易地做成变量泵,这一点也是柱塞泵的一个重要优点。船舶甲板机械以采用双向变量泵最为普遍。

(二)柱塞式液压泵

柱塞泵也属于容积式泵,但它与普通的往复式柱塞泵在结构上的显著不同之处在于,采用多作用的回转式油缸形式,取消了泵阀,从而在性能上取得了突破,满足了提高转速、均匀供液和减小体积的要求,并可做成变量泵。

柱塞泵按其柱塞布置方式的不同而分为径向和轴向两大类,现分别介绍如下。

(1)径向柱塞泵

如图 4-8-1 所示为径向柱塞泵的工作原理简图。径向柱塞泵的主要部件为柱塞 1、浮动环 2、缸体 3、衬套 4 及配油轴 5 等。柱塞 1 径向安装于缸体 3 中。泵轴与缸体的一个端面相连接,配油轴从缸体的另一端插入缸体中心的衬套中。配油轴固定不动,泵轴带动缸体及其中的柱塞一起旋转。柱塞靠离心力的作用(或低压油的作用)紧贴浮动环的内壁。浮动环中心与缸体中心的偏心距可通过移动浮动环的左右位置来进行调节。浮动环可由柱塞头部摩擦力带动而绕自己的中心转动(也称浮动),以减轻柱塞头部的磨损。该泵的吸入、排出和变量原理如下:

吸入过程——当缸体按图 4-8-1 所示方向旋转时,由于浮动环与缸体间有偏心距 e,柱塞转到上半周时向外伸出,工作腔容积逐渐增大,形成部分真空,油液经衬套 4 上的油孔,从配油轴 5 的吸油口 I 吸入。

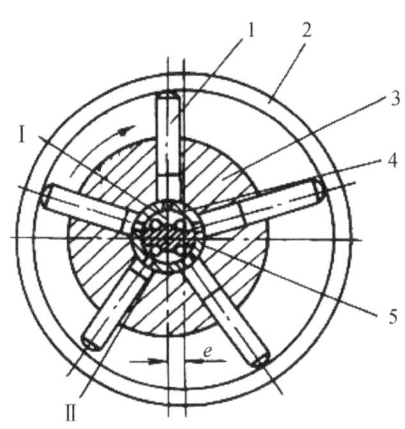

图 4-8-1　径向柱塞泵的工作原理简图
1—柱塞;2—浮动环;3—缸体;4—衬套;5—配油轴

排出过程——当柱塞转到下半周时,浮动环内壁将柱塞向里推,工作腔容积逐渐减小,便向配油轴的压油口Ⅱ压油。当缸体旋转一周时,每个柱塞吸、排油各一次。只要缸体连续不断运行,泵就可连续不断地吸、排油。

变量方法——当泵的转速一定时,改变偏心距 e 的大小或方向就可改变泵的吸、排油量的大小或方向。故径向柱塞泵可以做成变向变量泵。

（2）斜盘式轴向柱塞泵

如图 4-8-2 所示为斜盘式轴向柱塞变量泵工作原理。泵轴 1 与缸体 3 采用键连接。圆柱形缸体上有一圈均匀布置的轴向油缸,各缸中的柱塞 4 靠作用于底部的油压或机械牵连始终贴紧在斜盘 5 上。斜盘能绕 O 点偏转,即其轴线相对于泵轴线的倾角 β 可以改变。缸体 3 的左端面紧贴在配油盘 2 上,配油盘用定位销与泵体固定,盘上左、右有两段弧形的配油窗口 6,它的一侧对准各油缸底部配油孔,另一侧分别与泵体内两条油道及油管接口 7 和 8 相通。

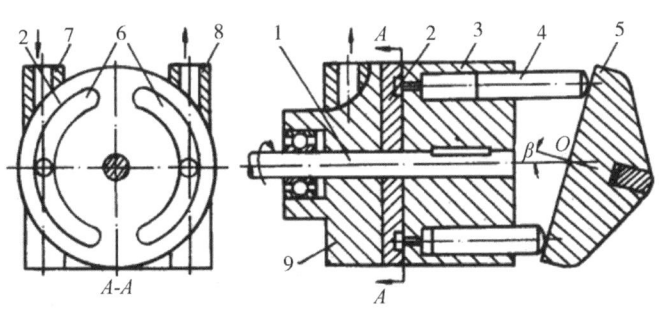

图 4-8-2　斜盘式轴向柱塞变量泵工作原理
1—泵轴;2—配油盘;3—缸体;4—柱塞;5—斜盘;6—配油窗口;7、8—油管接口;9—泵体

其吸入、排出和变量原理如下:吸入过程——当传动轴按图 4-8-2 所示方向旋转时,柱塞 4 在其自下而上回转的半周内逐渐向外伸出,使缸体孔内密封工作腔容积不断增加,产生局部真空,从而将油液经配油盘 2 上的配油窗口吸入。

排出过程——柱塞在其自上而下回转的半周内又逐渐向里推入,使密封工作腔容积不断减小,将油液从配油盘窗口向外压出。缸体每转一周,每个柱塞往复运动一次,完成一次吸油和排油动作。

变量方法——当泵的转速一定时,改变斜盘的倾角 β 的大小和方向,就可以改变泵的排量大小和方向。倾角 $\beta=0$ 时,排量 $Q=0$。故轴向柱塞泵可以做成变向变量泵。

(3)斜轴式轴向柱塞泵

如图 4-8-3 所示为斜轴式轴向柱塞泵的工作原理。电动机驱动传动轴 5,带动与传动轴盘组成球铰的连杆 4(连杆转动时做小角度摆动),通过连杆 4 锥形表面与柱塞 3 内壁表面的接触,驱动缸体 2 转动,使柱塞的底腔容积发生变化。于是,通过配油盘 1 的相应配油窗口和泵体内的油路,即可完成吸、排作用。斜轴泵的流量计算公式与斜盘泵的类似,只是柱塞的行程应代以 $h=D\sin\beta$ 而已,这里 D 为传动轴盘上球铰分布圆的直径,β 为油缸摆角。

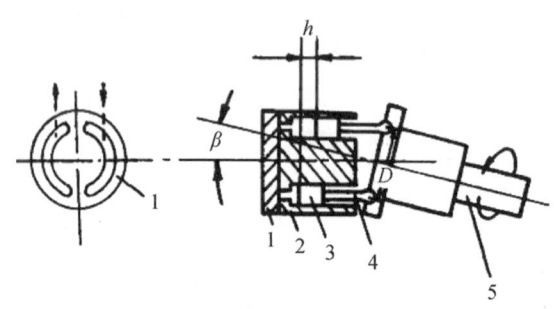

图 4-8-3 斜轴式轴向柱塞泵的工作原理
1—配油盘;2—缸体;3—柱塞;4—连杆;5—传动轴

任务实施

(1)解体

考虑到舵机油泵的结构特点,对其解体的全过程必须细心谨慎。如图 4-8-4 所示为 ZB 型轴向柱塞泵。对被拆卸的零件要做到不损坏、不碰伤、不划痕、不丢失、不错乱。特别应对其精密表面倍加爱护。对被拆下的零件应标明记号和顺序,对于没有记号的组件可用漆笔写上软记号。但应注意,不得在机件的接触面打装配记号。由于油泵的主要零件大都经过淬火,硬度较高,而且精度要求高,是互相研配的,因此在拆装过程中,就必须防止各组合件弄混,并不得用力敲击或撬拨。

仍以 ZB 型轴向柱塞泵为例,其解体顺序大致如下:

(1)把泵内的油液放净,并把泵体外部清洁干净。

(2)解体弹性联轴节,拆下弹性联轴节上的固定螺丝,再用专用的拨子(拉马),将联轴节在空心轴套 3 上的部分拆下。

(3)空心轴套 3 的轴头部分若有定位螺钉,应先拆除卡环挡圈,然后拆下定位螺钉,拧出拉紧螺栓 2,并取下弹簧 4。

(4)拆下泵右端带有变向变量控制机构的泵盖,此时应注意 O 形密封圈 23,不要将其损坏。

(5)按图 4-8-4 解体变向变量控制机构。解体中注意保持密封圈 26、29 和 35 的完好。

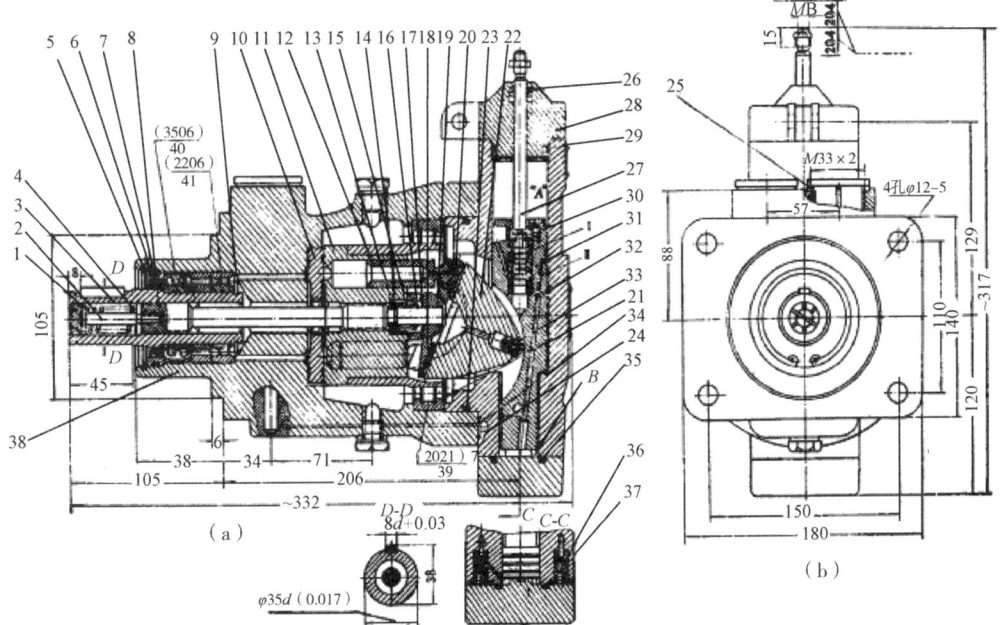

图 4-8-4　ZB 型轴向柱塞泵

1、7、23、26、29、34、35、36—O 形密封圈；2—拉紧螺栓；3—空心轴套；4、15—弹簧；5—孔用弹性挡圈；6—油封；8—传动轴；9、14—轴用弹性挡圈；10—配油盘；11—缸体；12—空心柱塞；13—密封垫；16—定位套；17、21—调整垫圈；18—压盖；19—铜球铰；20—滑履；22—倾斜盘；24—泵盖；25—密封垫；27—操纵杆；28—上端盖；30—伺服滑阀；31—阀套；32—差动活塞；33—销轴；37—单向阀；38—泵壳；39、40、41—滚动轴承

（6）依次取下倾斜盘 22、压盖 18、滑履 20、铜球铰 19、定位套 16、弹簧 15 和空心柱塞 12。

（7）将缸体 11、传动轴 8 和滚动轴承 39 一起取下并逐一解体。

（8）取出配油盘 10。

（9）取出孔用弹性挡圈 5,拿掉轴承盖和轴套处的 O 形密封圈,取出油封 6,拉出空心轴套 3,再拉出滚动轴承 40、41。

解体工作结束后,将所有拆下的零部件用煤油或轻柴油清洗干净,以备检测和修理。

（二）检修

1.检修注意事项

解体后的各零部件应对其进行技术检验,其目的是:

（1）检查各零部件的技术状况,确定磨损和损坏的部位、类型和程度,并根据技术检验标准,将其分为可用件、需要修理件和报废件三部分。

（2）确定零部件的修理方法。

（3）零部件经过技术检验,出现下列情况之一者予以换新:

①重要零件有疲劳裂缝。

②经修理后,零件尺寸缩小而使强度减弱到一定值。

③渗碳或氧化的零件表面,处理层发生剥落或磨损到了一定的限度。

④零件变形过大,超过了允许极限。

2.主要零部件的检查与修理

（1）柱塞

柱塞是一种比压分布不均匀、相对速度很大的零件,也是极易磨损的零件。由于柱塞受到较大的侧向力的影响,加之在工作中,往复运动的同时,还将围绕泵轴做回转运动,所以磨损后的柱塞呈腰鼓形,且不易修复。一般都予以换新。

（2）缸体

缸体的易磨损部位是其与柱塞相配合的柱塞孔内壁和与配油盘接触的端面。如发现端面磨损痕迹较重,则应在精度较高的平面磨床上精磨。由于缸体的工作基准是与大滚动轴承内环相配合的外圆,因此用这个外圆为基准来精磨端面。磨削后再用氧化铬抛光。缸体上柱塞孔的精磨加工,应在专用的立式衍磨机床上进行。

修复后的缸体端面和柱塞孔内壁的粗糙度均应达到 0.2,端面的平面度误差应在 0.005 mm 以内。

还应注意的是:对缸体配油端面的修复,不准使用研磨剂研磨的方法,以免研磨剂嵌入金属表面。

（3）配油盘

配油盘端面磨损后,可在二级精度的平板上用 M10 氧化铝研磨,然后在煤油或轻柴油中洗净,再抛光。修复后的配油盘与缸体接触的端面粗糙度应达到 0.2,零件表面的平面度误差应在 0.005 mm 以内,两端面的平行度误差不大于 0.01 mm。

（4）倾斜盘

倾斜盘上的易磨损面为与滑履相接触的平面。其如有磨损,也应在平板上研磨修复。修复后的表面粗糙度应不低于 0.2,平面度误差应控制在 0.005 mm 以内。

3.油泵的主要装配间隙

虽然影响油泵工作性能的关键是主要零件的形位公差、公差配合的精度以及工作表面的粗糙度,但在零件的各种精度得到保证的情况下,若装配间隙不合适,则油泵性能也无法得到保证。为此,装配时应进行必要的装配精度检查,各主要部位的间隙均应严格地控制在下列范围之内:

（1）滚动轴承 39、40、41 与泵壳 38 的配合必须是过盈配合,过盈量在 0.01~0.005 mm 范围之内。轴承的游隙应在 0.02~0.03 mm 范围之内。

（2）为保证配油盘 10 与缸体 11 之间的可靠密封,缸体 11 对泵壳 38 的轴向窜动误差值应小于 0.02 mm。

（3）油泵与电动机之间用弹性联轴节连接,两轴的同轴度误差应小于 0.04 mm。

（4）调整垫圈 17 保证轴端钢球铰 19 与定位套 16 的间隙在 0.20~0.50 mm 之内。

（5）调整垫圈 21 保证轴承 39 与泵盖的间隙在 0.025~0.05 mm 之内。

（6）保证空心柱塞 12 与缸体 11 的间隙在 0.015~0.03 mm 之内。

（7）配油盘与泵体必须用拉紧螺栓 2 旋紧,拉出传动轴 8,使缸体 11 将配油盘 10 适度地压紧在泵体上,然后装上定位螺钉及挡圈,以防止松动。

（8）保证操纵杆 27 与上端盖 28 的配合间隙在 0.01~0.02 mm 之内。

（9）伺服滑阀 30 与阀套 31 的配合间隙在 0.005~0.015 mm 之内。

（10）差动活塞 32 与控制机构油缸内壁的配合间隙在 0.015~0.03 mm 之内。

（三）装复

1.注意事项

（1）所有零部件均应用汽油或其他挥发性强、脱脂去污能力强的洗涤剂加以清洗，然后自然干燥，而不宜用棉纱等物擦洗，以防止异物带入泵内。

（2）要特别注意各零部件的位置，绝不能安装错位。

（3）各零部件装复时，一定要满足其自身精度和相互间的装配精度。装复的全过程中，绝对不允许硬性敲打。

（4）装复过程中，要谨防定心弹簧和钢（铜）球的脱落，应严格检查它们是否装妥，否则将造成严重事故。

（5）在装复时，要特别注意配油盘与泵体的接触面要平。可在其接触面抹上少量的滑油，用水按压配油盘，然后观察该接触面上涂抹的油膜，若油膜不动，即证明接触面已平。

2.油泵装复程序

（1）装入滚动轴承40、41，然后在轴套3上装上油封6，并压入滚动轴承内。再将轴承盖及O形密封圈7装妥后，用孔用弹性挡圈5限位。

（2）装复配油盘10。

（3）将缸体11、滚动轴承39装在传动轴8上，一起装复在泵体内。

（4）依次复位空心柱塞12、弹簧15、定位套16、铜球铰19、滑履20、压盖18和倾斜盘22。

（5）按图4-8-4所示，安装变向变量控制机构，将倾斜盘耳轴插入后，将其装复在泵上。

（6）装复弹簧4、拉紧螺栓2，使缸体将配油盘适度地压紧在泵体上，应在盘车无卡阻后，装复定位螺钉和限位挡圈。

（7）装复弹性连轴节

油泵的装复至此结束，盘车运转自由后，即可试车。

（四）试车

变向油泵属于比较精密的机械，检修后的试车应格外小心，这对于保证油泵以后正常可靠地运转并延长其使用寿命至关重要。

现将试车中的主要注意事项说明如下：

（1）油泵的安装与连接必须牢固、合理。为了防止油泵在工作中产生振动和错位，使油泵不致承受径向力的作用，影响配油表面的密封性能，油泵壳体与电动机壳体必须安装在刚度足够的机座上。试车前应细心检查，确保油泵及电动机与机座的连接牢固。同时应确保电动机轴与泵轴的同轴度误差在允许范围之内。

（2）试车前一定要保证泵及其系统内充满合格的液压油，否则就可能在吸上油液之前的干摩擦运转期（哪怕时间很短）使油泵的工作表面产生严重的磨损，甚至咬死。

（3）一定要保证所充液压油的质量。液压油的黏度应合适，应具有一定的化学稳定性，不含杂质、水分和空气，且起动油温应严格控制为15~60 ℃。

（4）当油泵使用单独驱动的辅泵供油时，必须注意在起动前先起动辅泵，而停泵时应先停主泵，然后再停辅泵。

（5）试车前应尽量减小吸入阻力,以保证油泵的正常工作。必须将吸入管系中的所有截止阀开足,吸入滤器应畅通,保证油箱有足够的油面高度或必要的辅泵供油压力。

（6）试车前应保证油泵附近清洁无异物,盘车360°以上无卡阻,确保油泵本身的冷却油路畅通。

（7）起动油泵前,应把变向变量控制机构的操纵杆调至0位,即确保倾斜盘处于无排量位置,以达到轻载起动的要求。

（8）油泵起动后,应先进行低负荷运转,使其在1.96 MPa的压力作用下,跑合1~2 h,然后做超负荷运转试验,使系统的工作压力达到额定工作压力的110%~120%,在此状态下运行15 min,检查系统动作是否正常,各接头是否漏油,是否有异常声响,滚动轴承的温度是否在60 ℃以下。上述的低负荷和超负荷运转试验完毕后,试车工作结束,油泵便可投入正常使用。

拓展知识

（一）常见故障分析和排除方法

1.油泵建立不起压力;流量不足或不排油

（1）吸入管上安装的滤器或阀门阻力太大;吸入管太长,弯头太多。设法减少吸入管阻力;清洗或更换滤器。

（2）系统漏气严重。用清洁的黄油涂于吸入管系上各接头处检查,并排除之。

（3）油箱油位太低。加油至要求的油位高度。

（4）油液的黏度太大或油温太低。适当加温或更换合适的液压油。

（5）配油盘与泵体、配油盘与缸体之间有脏物,或配油盘定位失效,致使配油盘与缸体间贴合不好。解体油泵,清洁各运动摩擦副,并重新装配。

（6）配油盘与缸体或柱塞与缸体之间磨损严重。解体检修或换新。

（7）倾斜盘倾角太小;溢流阀建立不起压力。加大变量机构的偏转角以增大其流量;检查溢流阀阻尼孔是否堵塞,先导阀是否密封,重新调整好溢流阀。

（8）油温升高而造成压力下降。降低系统油温;更换由于油温升高而引起漏泄过大的零件。

（9）中心弹簧断裂致使柱塞不能回程或引起配油盘与缸体密封不良。解体更换中心弹簧。

（10）泵内未充满油液,以致从配油盘端面吸入空气。应以回油口注满油液驱气。

（11）液压系统漏损过大或泵体内部磨损严重。检查系统,排除漏泄,或更换有关元件。

（12）伺服变量机构的单向阀阻塞或者外漏严重。修复或更换单向阀;拆检变量机构或换新。

（13）压力表损坏或压力表截止阀关闭。更换压力表或打开压力表截止阀。

（14）安全阀未调整好。重新调整安全阀压力。

2.油泵噪声过大

噪声过大的主要原因是水力噪声或机械噪声过大。多数原因为吸油不足,故障分析时应予以注意。

（1）油液的黏度过大或温度过低。起动前加热或更换工作油液。

（2）吸入通道阻力太大，管道过长，管径太小，弯头太多。减少吸入通道上的沿程阻力。

（3）吸入管系漏气。把紧接头，消除漏泄。

（4）泵内存有空气，或系统内空气未被除净。从回油口注油液，通过放气考克放气。

（5）油箱液位太低，以致泵吸入液面上的泡沫。提高液面高度至正常范围内；使所有回油管路均插入油面以下 200 mm 处，同时在吸、回油两部分之间设置合适的隔板。

（6）泵轴与原动机轴不同心，使泵轴承受交变的弯矩。调整同轴度。

（7）内部零件损坏。更换或修复损坏的零件。

（8）液压系统的压力阀件工作失常。检查调整或更换。

（9）管路与阀件固定不牢固。加以紧固。

若油泵在正常运转过程中，突然噪声增大，则必须立即停止其工作。原因大多为柱塞与滑履的连接松动或零件损坏。停车不及时，可能造成重大的机械事故。

3.油液和油泵温度过高

（1）油液黏度太大。更换成黏度适宜的油液。

（2）油箱容积太小。加大油箱容量。对开式系统，油箱的容量应大于系统中全部泵送 3 min 的流量，同时还应考虑到油液的冷却效果，适当增加冷却装置。

（3）油泵或系统泄漏过大。检修油泵；检修有关阀件或管路，消除泄漏。

（4）泵内运动件磨损。修复或更换磨损件。

（5）滑履与倾斜盘、缸体与配油盘等运动摩擦副磨损严重。检修或换新。

（6）若油箱油温不高，而油泵发热，则可能是下述原因造成的：

①油泵长期在零偏角或低压下运转。用泵的另一个回油口从系统的回油管上引进油液，使泵内产生循环冷却。

②磨损过大引起摩擦副润滑不良。检修油泵。

（7）转速过高。降低转速，使系统流速控制在 3~4 m/s 范围之内。

（8）工作压力过高。检查系统的阻力及负荷情况。

（9）油箱油液不足或冷却效果差。补油；检修冷却器并消除故障。

4.异常漏泄

（1）轴端回转密封圈损坏。换新。

（2）结合面的 O 形密封圈损坏。换新。

（3）柱塞与缸孔、配油盘与缸体、变量头与滑履间磨损严重。修复或更换零件。

5.压力脉动

（1）吸入管阻力过大，滤器堵塞或吸入管漏气。排除阻力，把紧管接头以消除漏气。

（2）配油盘与缸体、缸体与柱塞间磨损量过大。修复或更换新零件。

（3）变量机构倾斜角太大、流量较大。调整变量控制机构。

（4）系统中调压阀工作失常。检修调压阀。

（5）系统中含有空气。放气。

（6）油温太低或转速太高。加热升温或降低转速。

6.变量机构失灵

（1）单向阀弹簧折断或失效。更换新弹簧。

(2)单向阀阻塞。清洗或更换单向阀。

(3)差动活塞卡阻或装配不良。修复或调整。

(4)差动活塞通油孔堵塞。清理。

(5)倾斜盘耳轴与变量机构的轴承侧面卡死。解体修研。

(6)伺服滑阀卡阻。修研。

(7)各过油通道堵塞。清洗修通。

(8)辅泵排压不足。检修辅泵及其溢流阀。

7.油泵不能转动

(1)柱塞与缸孔因油温过高或污物而卡死。拆洗并降温。

(2)滑履脱落。更换零部件。

(3)柱塞球头折断。更换零件。

(4)系统调压阀失灵,致使油压升高,电动机过载。检修调压阀。

(二)柱塞式液压泵的使用和管理

柱塞式变量泵作为船舶液压系统的动力油泵,由于其工作压力较高,各处密封间隙较小,正确地使用与管理对保证泵的工作可靠、延长其使用寿命至关重要。

主要应注意以下各项:

(1)泵轴与电动机应用弹性联轴节直接相连,轴线同心度误差不得超过 0.1 mm。

(2)柱塞式液压泵内流道复杂,虽然多数有一定的自吸能力,但允许吸上真空度不大,有的型号(如 ZB1227)则不允许自吸,故吸入管上不应加设滤器。如果吸入压力过低,不仅容易产生"气穴现象",使容积效率降低,而且有的(如斜盘式轴向泵)柱塞如吸入压力低则须靠铰接端强行从缸中拉出,易造成损坏。因此,轴向柱塞泵吸入端推荐采用辅泵供油。

(3)为使泵内各轴承和润滑面得以充分润滑,对初次使用或刚经拆修的泵,起动前必须向泵壳内灌油。安装时,应使泵壳泄油管向上行,如需要减小泄油阻力及避免虹吸现象,泄油管出口可置于油箱液面之上;对用油经泵壳强制循环冷却的泵,必须注意泵壳内的油压,通常不得大于 0.2 MPa,以保证泵壳的密封和变量机构的正常工作。

(4)不许在关闭排出阀的情况下起动。

(5)不宜使泵在零位长时间运转。因为泵空转时不产生排出压力,各摩擦面也就得不到漏泄油液的润滑和冷却,容易使磨损增加,并使泵壳内的油液发热。

(6)必须选用适当品种的工作油,并不得随意改换和掺用。工作时,油压和油温(黏度)应不超出规定。

(7)必须注意保持油液清洁。轴向柱塞泵因采用间隙自动补偿的端面配油方式,油膜很薄,滤油精度一般比径向柱塞泵要求高。如果油中含有固体杂质,不仅会使磨损加剧和容积效率降低,而且还可能阻塞泵内通道,或造成卡阻以及变量机构失灵等故障。

(8)泵内零件多经淬火,硬度很高,且经研配,拆装时不得用力捶击和撬拨,并应防止换错偶件。装配前对各零件应用挥发性洗涤剂清洗并吹干,而不宜用棉纱等擦洗。

任务九　液压马达的拆装与检修

建议学时：2学时

现代船舶广泛使用液压甲板机械,在其液压系统中,执行元件包括液压缸和液压马达两大类。液压缸输出的是直线运动,液压马达输出的是回转运动。船舶上,为了能直接拖动工作机械(如起货机卷筒或锚机链轮等),需要使用低速大扭矩液压马达。

学习要素

1.液压马达的拆装;

2.活塞连杆式液压马达的典型结构及性能特点;

3.内曲线式液压马达的典型结构及性能特点;

4.静力平衡式液压马达的典型结构及性能特点。

教学目标

能力目标

1.能正确完成液压马达的拆装;

2.能分析并排除各种液压马达工作过程中的一般故障;

3.能对液压马达的易损件进行检查、测量、调整和更换。

知识目标

1.熟悉液压马达的分类、功用;

2.掌握液压马达的工作原理;

3.熟悉液压马达的典型结构。

素质目标

1.培养学生严谨、细致的工作作风;

2.培养学生良好的学风;

3.培养学生良好的职业意识;

4.培养学生良好的团队合作意识。

相关知识

液压马达是液压系统的执行元件,在船上主要用于液压起货机、起锚机和绞缆机中。

(一)活塞连杆式液压马达

1.工作原理及典型结构

活塞连杆式液压马达是一种应用较早的径向柱塞式液压马达,如图 4-9-1 所示为活塞连杆式液压马达。图中,五只油缸按径向均匀分布在圆周上,构成星形壳体 6。各油缸都装有活塞 3。活塞 3 与连杆的小端铰接,而连杆大端则以自己的凹形圆柱面紧贴在与输出轴 2 制成一体的偏心轮外缘上,并用一对导环 10 和挡圈 11 压紧,使其不与偏心轮脱离。输出轴的一端通过十字形滑块联轴器 12 与配油轴相连接。在配油轴的内部钻有两组油路,其中,油路 c、d 在截面 A-A 处可经配油轴外周的环道始终与配油壳上的人孔相通,而通道 e、f 则在截面 B-B 处始终与 B 孔相通。此外,这两组油路在 C-C 截面处还分别与互相隔开的 A 和 B 腔相连。因此,随着配油轴的转动,两油腔 A_2 和 B_2 即可通过壳体上的通道,与各油缸轮流相通。

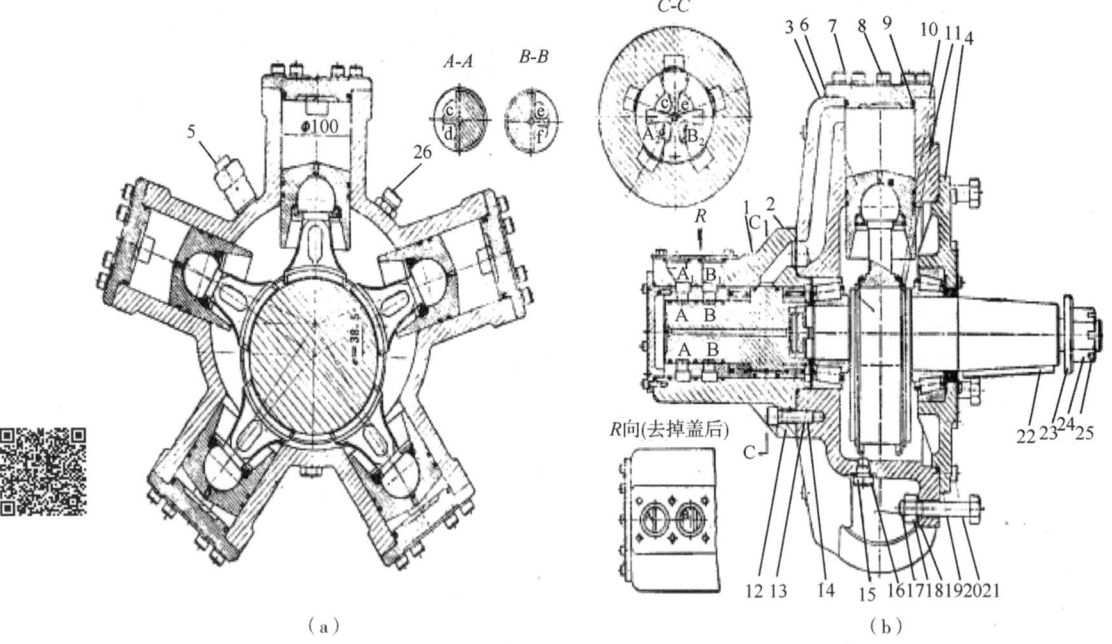

图 4-9-1　活塞连杆式液压马达

1—配油壳;2—输出轴(曲轴);3—活塞;4—端盖;5—安全阀;6—壳体;7—缸盖;8、14、17、21—螺栓;9、20—O 形密封圈;10—导环;11—挡圈;12—十字形滑块联轴器;13—滚针轴承;15—丝堵;16、19、23—垫圈;18、24—螺母;22—键;25—开口销;26—管接头

2.性能特点

(1)结构简单,但工艺性较差。特别是连杆活塞球铰副、连杆偏心轮间接触面加工精度均难保证,接触比压大,容易磨损和咬死,故要求油液黏度较高。

(2)转矩和转速的脉动率大,润滑油膜易遭破坏,低速时还会产生"爬行现象",即转速小角度忽快忽慢地周期性变动的现象,早期产品最低稳定转速是 5~10 r/min。

(3)起动转矩比较小,机械效率低。起动效率为 80%~85%。

(二)静力平衡式液压马达

1.工作原理及典型结构

静力平衡式液压马达是由活塞连杆式液压马达改进发展而来的。如图 4-9-2 所示为静力平衡式液压马达,在这种液压马达中,连杆已由一个滑套在偏心轮外面的五星轮 4 所代替。配油轴和输出轴也做成一体(即曲轴 3)。此外,从配油套 1 引入的油液,经曲轴的内部钻孔,还可穿过偏心轮和五星轮,一直通到空心柱塞 5 的底部,因而也就取消了壳体2中的流道。由图4-9-2可见,这是一个双列静力平衡式液压马达。每一列在五星轮上沿圆周均匀地分布五个柱塞,两列柱塞的周向位置相互错开,进一步使输出转矩稳定。在柱塞底部设有压力环8,在压力环的下面,还装有尼龙挡圈和O形密封圈,其最大压缩量由内套7的高度确定。压力环由定位套6固定,而定位套则由弹簧挡圈来固定。在空心柱塞中装有弹簧,以保证柱塞与五星轮之间的可靠密封。曲轴通过两只推力滚动轴承支承在马达缸体上,其中一端外伸,即为输出轴;而另一端及两个偏心轮上均开有配油切槽,压力油则通过曲轴一端的环槽经过四条通道分别进入偏心轮的配油切槽以及经配油切槽返回,从而保证液压马达的正、反转。此外,两个偏心轮相互错开180°,可使径向力得到平衡。

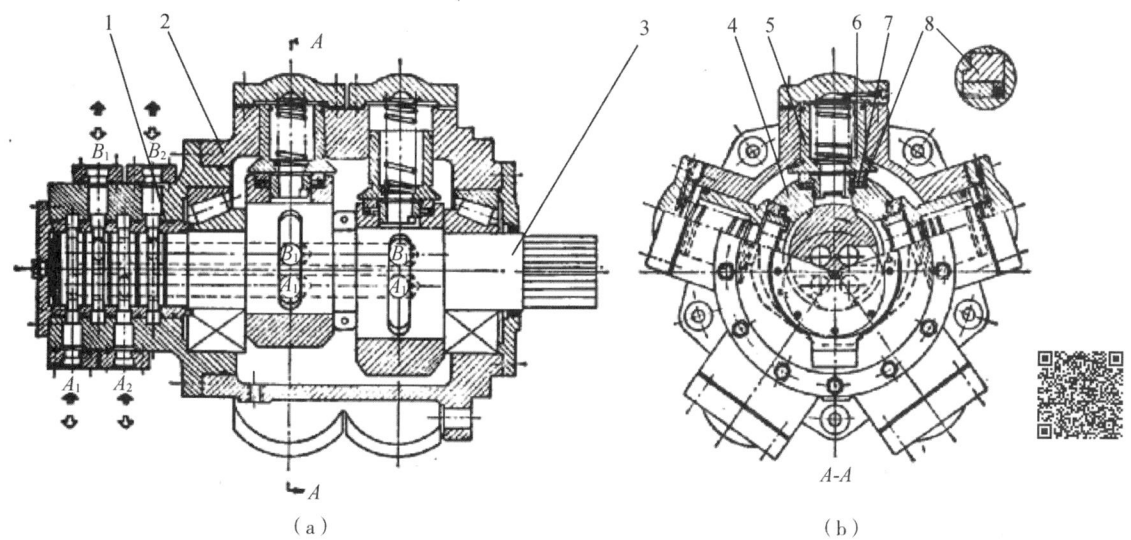

（a）　　　　　　　　　　　　（b）

图4-9-2　静力平衡式液压马达

1—配油套;2—壳体;3—曲轴;4—五星轮;5—空心柱塞;6—定位套;7—内套;8—压力环

2.性能特点

(1)主要元件(柱塞、压力环、五星轮)实现了油压静力平衡,使主要滑动面摩擦力显著减小,采用双列式可使轴承负荷大为减轻,工作寿命延长。

(2)瞬时排量较均匀,转矩脉动率比连杆式小(5缸式为4.9%),最低稳定转速约为2 r/min。

(3)取消了带球铰的连杆,壳体内无流道,工艺性改善,还可以做成双出轴式或壳转式。

(4)与连杆式相比,五星轮所需空间较大,在排量相同时外形尺寸和重量较大。

(5)柱塞侧向力较大,为同参数连杆式液压马达的7~14倍,使缸壁磨损加剧。日本研制的SH型液压马达将缸体和柱塞置于五星轮中,柱塞完全不受侧向力。

（三）内曲线式液压马达

1.工作原理及典型结构

内曲线式液压马达是一种多作用的径向柱塞式液压马达。如图4-9-3所示为内曲线式液压马达,为NJM-1.25型内曲线式液压马达,在转子2上沿径向均布有10个柱塞孔,每个柱塞孔中装有柱塞6,柱塞头部顶在横梁4中间矩形截面部分的底部。横梁在转子的槽内沿径向滑动,两端各装有一个带滚针轴承的滚轮5。壳体(即定子1)内左右两边均有内曲线导轨,分别与横梁两边的滚轮接触。转子2和输出轴12用螺钉连成一体,用滚动轴承7和14支承。配油轴套11装在配油轴3的外面,它上面均布有10个长圆形的径向孔d,分别与配油轴上相应的进油口排油窗口对准,用圆柱销9以保证其相对位置的准确。压力油从配油轴上进油口a通到内孔g,再从进油窗口C流入转子中相应的柱塞孔中。流入排油窗口e中的油液,向左流入配油轴上的环槽f中,再从排油窗口b中排出。微调螺钉8的右端是一个偏心圆柱,它安装在配油轴3左下方的叉口内,因此,转动微调螺钉8便能带动配油轴作微小的转动,以调整配油轴与定子之间的相对位置,防止因配油窗口之间密封间隔的中点与导轨曲线过渡段的中点不对正,致使柱塞在过渡段出现往复运动而导致困油现象的产生。微调螺钉8能补偿制造和安装误差。内曲线式液压马达输出转矩较大,低速稳定性较好,在现代船舶上越来越多地被采用。

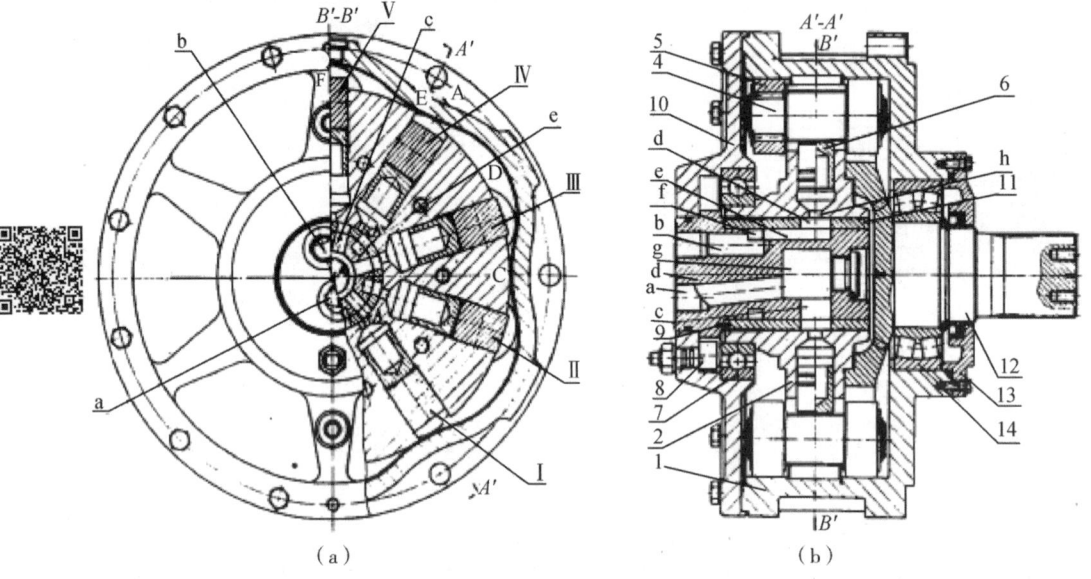

图 4-9-3 内曲线式液压马达

1—定子;2—转子;3—配油轴;4—横梁;5—滚轮;6—柱塞;7、14—滚动轴承;8—微调螺钉;9—圆柱销;10、13—端盖;11—配油轴套;12—输出轴

2.性能特点

(1)选用合适的导轨曲面,能使瞬时进油量保持不变,获得非常均匀的扭矩和转速,同时具有良好的低速稳定性,最低稳定转速可达 0.5 r/min。

(2)只要柱塞数目和作用次数 K 的最大公约数 $m>2$,则全部柱塞就可分为受力状态完全相同的 m 组,作用在壳体、油缸体和配油轴上的径向力完全平衡。这对适用更高工作压力和提高机械效率十分有利,起动效率可达98%。

(3)可做成双列或三列结构,而且每一柱塞的作用数 $K=4\sim10$(前 2 种液压马达 $K=1$),故可实现较大的马达排量 q_M 和输出扭矩。如果改变多列油缸的进油列数或改变一列油缸的有效作用次数,则可做成有级变量液压马达。

(4)内曲线液压马达如将转子固定,而允许定子和配油轴转动,那么滚轮作用在定

子上的油压力 p 的切向分力 T 就产生使定子旋转的转矩,从而成为壳转式液压马达。

(5)零件数目较多,对工艺和材料的要求较高,尤其是内曲线部分受柱塞滚轮的较大压力,表面处理的要求高。

任务实施

1.解体

如图 4-9-4 所示为 NJM-1.25 型内曲线式液压马达,解体步骤如下:

(1)拆下进、排油接管。

(2)脱开输出轴与滚筒(或其他装置)的连接。

(3)拧下微调螺钉的锁紧螺母,拆下其他接管。

(4)拆端盖,并取出配油轴和轴套。

(5)拆下端盖。

(6)拆下转子,连同输出轴、柱塞、横梁和滚轮等。

(7)从转子上拆下输出轴、柱塞、横梁和滚轮等。

图 4-9-4　NJM-1.25 型内曲线式液压马达

2.检修

液压马达解体后,首先对各个部件进行清洁、分类,对损坏部件要专门修理或换新。在检修过程中,要测量配油轴与转子的配合间隙。因为各配油窗口之间的密封间隔很短,该处漏泄量常为内曲线液压马达总漏泄量的主要部分,所以,对配油轴与转子的配合间隙也就提出了严格的要求,通常限制在如表 4-9-1 所示的配油轴与转子的配合间隙的范围内。

表 4-9-1　配油轴与转子的配合间隙　　　　　　　　　　　　　　　　　（mm）

配油轴直径	30~80	80~120	120~180
配合间隙	0.015~0.025	0.025~0.035	0.030~0.040

由于上述间隙很小,为了补偿制造和安装上的误差,在配油轴与固定不动的端盖之间安装有弹性的 O 形密封圈,而并不固接,同时在进、排油口与外接油管之间则以软管相连。

柱塞与油缸之间也采用间隙密封,其间隙值一般多取柱塞直径的 5/10 000 ~ 8/10 000。

3.装复

对各个部件清洁和检修以后,开始装复,步骤如下:

(1)将滚动轴承装于转子上。

(2)将输出轴固定在转子上并装上轴承。

(3)分别将柱塞、横梁和滚轮装好。

(4)将转子连同输出轴等一起装于壳体上。

(5)装好端盖。

(6)安装好微调螺钉。

(7)装好配油轴套、配油轴和端盖。

(8)拧上微调螺钉的锁紧螺母。

(9)接好滚筒(或其他装置)。

(10)接好各个接管。

在安装配油轴时,应注意使配油窗口之间密封间隔的中点对准导轨曲线过渡段的中点;否则就会产生困油现象并因此而造成振动和噪声。

4.试车

液压马达装复以后,要进行全面检查。排除各种异物,检查各处螺母松紧程度,检查各接管是否接好。通过加油孔注入一定数量的油液。

检查好以后,可在空载下通入高压油进行试车。试车时,松开锁紧螺母,稍稍转动偏心销,即可对配油轴的安装相位进行微调,直至调整好为止。然后,在各种工况下试运行。

拓展知识

1.液压马达的使用注意事项

液压马达使用中除液压油的压力和工作转速不得超过规定数值外,还应注意以下各项:

(1)必须保证输出轴与被拖动机械的同心度,或者采用挠性连接。

(2)某些液压马达必须使回油具有足够的背压才能正常工作。例如,内曲线液压马达需 0.5~1 MPa 的回油背压,以保证柱塞在排油段不致因惯性而脱离导轨;连杆式液压马达约需 0.068 MPa 的回油背压,以免连杆的卡环和回程环受活塞惯性力而过载。

(3)液压马达初次使用时,壳体内应灌满工作油,壳体上的泄油管接口一般应向上,保证液压马达壳体中的油液即使在停车后也不会漏失,以使液压马达工作时能够得到润滑和冷却。壳体内的油压应保持在 0.03~0.05 MPa,最高不超过 0.068 MPa,以保证轴封和其他部位密封可靠。为此,需将泄油管单独接回油箱,而不与系统的回油管路连接,泄油管上也不宜加其他附件。

(4)在油路系统中必须采取适当措施,以防在机械起动或制动时产生剧烈的液压冲击而损坏液压马达的元件。

(5)工作油应清洁,黏度应适当。工作油温不宜超过 65 ℃;最高不超过 70~80 ℃。在低温场合,起动时应先做轻负荷运转,待温度上升后再使之正常运转,还应注意勿将热油突然供入冷态的液压马达中,以防发生配合面咬伤事故。

2.液压马达常见故障分析与解决方法

常见的故障可归纳为以下几大类:

(1)液压马达回转无力或速度缓慢。主要是泵内部泄漏严重;系统中压力控制阀调整压力过低或故障;液压马达内部泄漏严重等原因造成系统供油压力与供油量均下降而引起的。解决方法是针对泵与马达内部泄漏严重的原因进行排除,并按液压机械的负载合理调整压力控制阀的整定值。

(2)液压马达的低速稳定性差。主要是摩擦阻力的大小不均匀与不稳定的摩擦阻力变化,马达的安装质量差、零件磨损、润滑条件差,内部泄漏增加或泄漏量不稳定,供油压力与供油量脉动,马达回油压力过低等原因所造成的。解决方法是:注意观察马达的泄油量以判断马达的内部磨损、润滑条件;选用合适的液压油,保持油液的清洁度;选用合理的回油背压力;找出泵供油脉动的原因并采取相应措施。

(3)液压马达的噪声过大。主要是机械部分的轴承、联轴器与其他运动件的松动、碰撞、偏心,液压部分的压力与流量的脉动、换向、制动所造成的液压冲击,以及气蚀等原因引发的。在有些液压马达(多作用内曲线柱塞式液压马达)中,当回油压力过低时在惯性力的作用下,在回油行程柱塞与导轨曲面脱离,而在进油行程发生柱塞撞击导轨曲面发出撞击声,此时应适当调高液压马达的回油压力。

任务十 活塞式制冷压缩机的拆装与检修

建议学时:2学时

制冷压缩机有活塞式、回转式和离心式等几类,前两种按原理都属于容积型。回转式压缩机又有螺杆式、滑片式、滚动转子式和涡旋式等多种。活塞式压缩机因其活塞做往复运动,具有惯性力,并受吸、排气阀等限制,转速不能太高,主要用于中小制冷量的场合。回转式压缩机则没有往复运动部件和吸、排气阀,转速较高,除螺杆式用于中等以上制冷量的场合外,其他型式多用于小制冷量或低压力比的场合。离心式压缩机转速高,适用于大流量,主要用于大型空调制冷装置。目前,船上主要使用 50、70、100 mm 缸径的各型活塞式压缩机。

 **学习要素**

1.活塞式制冷压缩机的拆装;
2.活塞式制冷压缩机的检修与装复;
3.活塞式制冷压缩机的结构特点。

教学目标

能力目标
1.能正确完成活塞式制冷压缩机的拆装;
2.能分析并排除各种活塞式制冷压缩机工作过程中的一般故障;

3.能对活塞式制冷压缩机的易损件进行检查、测量、调整和更换。

知识目标

1.熟悉制冷压缩机的分类、功用;

2.掌握制冷压缩机的拆装步骤及维修要点;

3.熟悉活塞式制冷压缩机的典型结构。

素质目标

1.培养学生严谨、细致的工作作风;

2.培养学生良好的学风;

3.培养学生良好的职业意识;

4.培养学生良好的团队合作意识。

相关知识

目前国内外广泛使用的活塞式制冷压缩机种类很多,但就基本结构而言大同小异。下面我们仅以比较典型的国产 2F-10 型压缩机为例加以介绍。

1.典型结构

国产 2F-10 型压缩机属于双缸、立式、缸径为 100 mm 的逆流式制冷压缩机,常用于船舶伙食冷库制冷装置。如图 4-10-1 所示为 2F-10 型压缩机的总体结构。

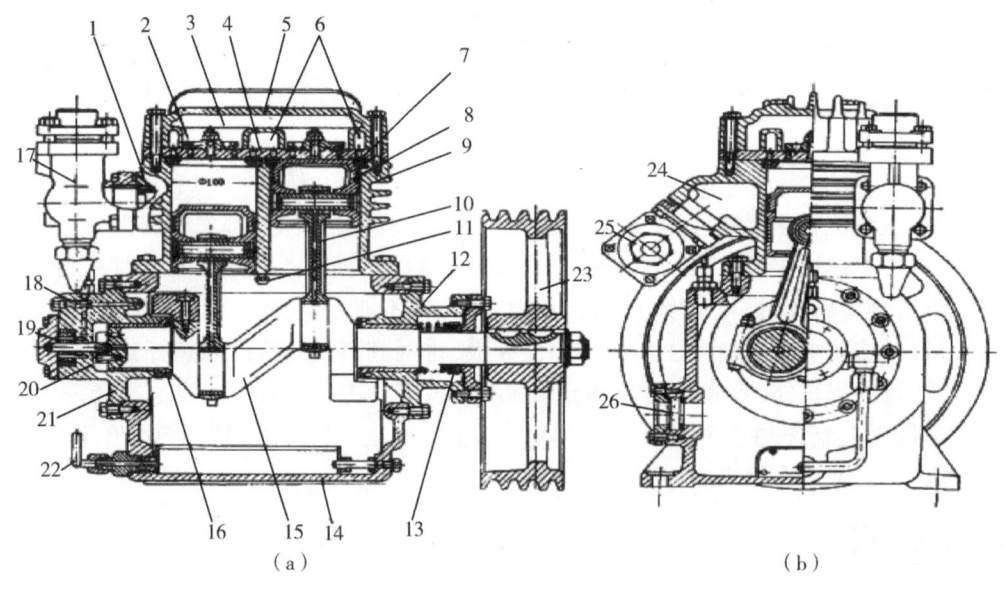

图 4-10-1　2F-10 型压缩机的总体结构

1—吸气滤网;2—排气阀片;3—排气空间;4—阀板;5—气缸盖;6—吸气空间;7—吸气阀片;8—活塞;9—气缸体;10—连杆;11—回油嘴;12—前主轴承座;13—机械式轴封;14—曲轴箱;15—曲轴;16—止推环;17—吸入截止阀;18—油压调节螺丝;19—润滑油泵;20—油泵传动销;21—后主轴承座;22—滑油泵吸入管;23—皮带轮;24—排气总管;25—排出截止阀;26—视油镜

压缩机的气缸体 9 和曲轴箱 14 由高强度灰铸铁分别铸成,然后用螺钉连为一体,组成压缩机的机体。两个气缸直接由气缸体镗出。为了降低缸头气阀部分的工作温度,在气缸体的上部和气缸盖 5 上都有散热肋片。活塞 8 为筒状,以承受不大的侧推力。为了减轻重量,活塞由铸造铝合金制成。在活塞上装有 3 道密封环和 1 道刮油环。连杆 10 用可锻铸铁制成,断面呈工字形。大端轴承采用锡基合金薄壁瓦,小端采用磷青铜衬套。夹角为 180°的双拐曲轴用球墨铸铁制成。曲轴 15 的前后轴承均为钢套,内浇巴氏合金,并在其中开有油孔和油槽。压缩机的曲轴由电动机通过三角皮带减速驱动,在曲轴伸出端设有机械式轴封 13,用以阻止制冷剂的漏出和空气的漏入。曲轴的另一端则直接带动润滑油泵 19。

该压缩机采用强制润滑,油泵从曲轴箱吸油,然后沿曲轴和连杆中的油路分别送至各个轴承和油封。工作油压可通过油压调节螺丝 18 加以调定。在压缩机的吸气腔同曲轴箱之间开有回油均压孔道,以使吸气带回的滑油经此孔道流回曲轴箱,并使曲轴箱压力与吸气压力保持一致。为了防止箱内飞溅的滑油进入回油均压孔道中,在孔端还装有 T 形钻孔的回油嘴 11。

气阀部分是在气缸体顶部装有两个气缸公用的阀板 4;气缸盖的内侧铸有气道,将阀板以上的腔室分隔成吸气和排气两个空间 6 和 3;在阀板上对应于每一个气缸的顶部,都钻有一圈吸气孔和一圈排气孔,以使气缸能与吸、排气空间相连通;在吸、排气孔上各盖有环形吸气阀片 7 和排气阀片 2。为了使气阀在关闭时易于保持严密,吸、排气孔周围的阀板都制成带有凸出的阀座。在吸、排气阀片上分别罩有环状的吸气阀片限位器和盘状的排气阀片限位器,用以限制阀中的升程(吸、排气阀片的升程分别为 1.2 mm 和 1.5 mm)。为了使阀片关闭及时并防止转动,在每个环形阀片的上面都压有六个圆柱形的弹簧。气阀弹簧安置在限位器的弹簧窝中。吸气时,吸气腔中的压力克 服弹簧张力,将阀片压到限位器上,气体就从缸盖吸气空间经吸气孔和阀缝进入气缸;排气时,气缸中的压力克服弹簧张力和排气压力,将排气阀片顶在限位器上,气体就从气缸经排气孔以及阀缝排到排气空间,由此再引至排气总管 24。

2.双阀座截止阀

压缩机的吸、排截止阀采用带有多用通道的双阀座结构,如图 4-10-2 所示为双阀座截止阀结构。它与一般截止阀的差别仅在于阀体上多出了一个常开通道 4 和一个可借同一阀芯来启闭的多用通道 11。操作时,若将阀杆退足,则多用通道关闭;若将阀杆退足后再旋进半圈或一圈,则多用通道开启。常开通道和多用通道可用来接装压力表和压力继电器等。此外,在操作、检修时多用通道还可有其他多种用途。

3.轴封机构

曲轴伸出曲轴箱并设有轴封装置的压缩机称为开启式压缩机。某些小型压缩机将机体与电动机外壳连成一个密封机壳,压缩机和电动机共用一根轴,没有轴封装置,但有气缸盖、端盖可供拆卸检修气阀、油泵等,称为半封闭压缩机。还有的压缩机和电动机共同组装于一个密封机壳内,没有任何可供拆卸的接合面,称为全封闭式压缩机,大多用于冰箱等小型制冷装置。开启式压缩机在曲轴伸出端装设传动机构,曲轴的传动机构与机体之间都留有一定的游动间隙。为了保证曲轴箱内的制冷剂和滑油不沿曲轴伸出端向外泄漏,或当压缩机在真空压力下工作时空气又不渗入曲轴箱,则在曲轴伸出端设置了"轴封"。它是开启式压缩机,特别是氟利昂压缩机的一个重要部件。轴封不良,会造成制冷剂泄漏,而使制冷装置不能正常工作。

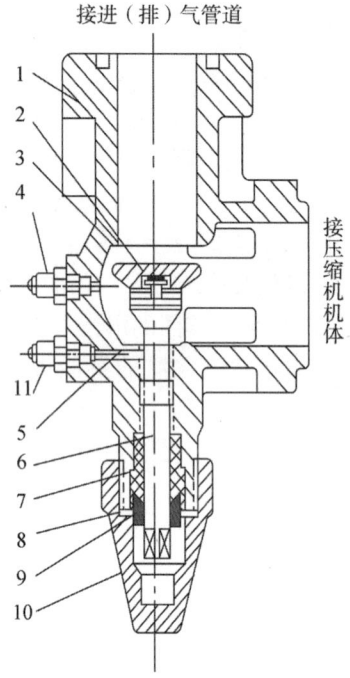

图 4-10-2　双阀座截止阀结构

1—阀体;2—阀芯;3、5—阀座;4—常开通道;6—阀杆;7—填料;8—垫片;9—压盖;10—阀帽;11—多用通道

在我国压缩机系列产品中广泛采用结构简单、维修方便、密封及耐磨性良好的机械式轴封器,如图 4-10-3 所示为轴封结构。这种轴封由弹簧托板、弹簧、紧圈、钢壳、轴封橡胶圈、动摩擦环、定摩擦环等组成。它有三个密封面:

(1)动摩擦环在弹簧力作用下紧贴在定摩擦环上,工作时动摩擦环与定摩擦环相对运动,紧贴的摩擦面起到动密封作用。

(2)借弹簧的弹力使轴封橡胶圈与动摩擦环压紧,起到静密封作用。

(3)在紧圈作用下,轴封橡胶圈依靠本身弹力紧箍在曲轴上,产生静密封作用。压缩机运转时除定摩擦环外,轴封其他零件均随曲轴一起转动。

4.润滑系统

如图 4-10-4 所示为制冷压缩机滑油系统,曲轴回转时带动油泵工作,曲轴箱底部的润滑油通过滤油器和滑油三通阀被吸入油泵。油泵出来压力油,一路经手动(或自动)能量调节阀 4 分送到各卸载油缸 6,同时通油压表 5 和油压差继电器;另一路由设在曲轴箱内的油管送到机械轴封油腔 8 中,再由曲轴 9 中的油孔将滑油送到主轴承和连杆大端轴承,并经连杆中的油孔送至连杆小端轴承。滑油从各轴承间隙溢回曲轴箱。为了调节滑油压力,在曲轴油泵端还设有油压调节阀 10。我国部标规定油压差应大于 98 kPa。

为了便于添加和更换滑油,8FS10 型压缩机在其油泵下方的曲轴箱上还设有一个装放油的滑油三通阀,如果滑油三通阀 2 的手柄置于"工作"位置,则使曲轴箱与油泵吸口接通;置于"放油"位置,则使曲轴箱与通机外的接管相接通;置于"加油"位置则使外接管与油泵吸口相通。

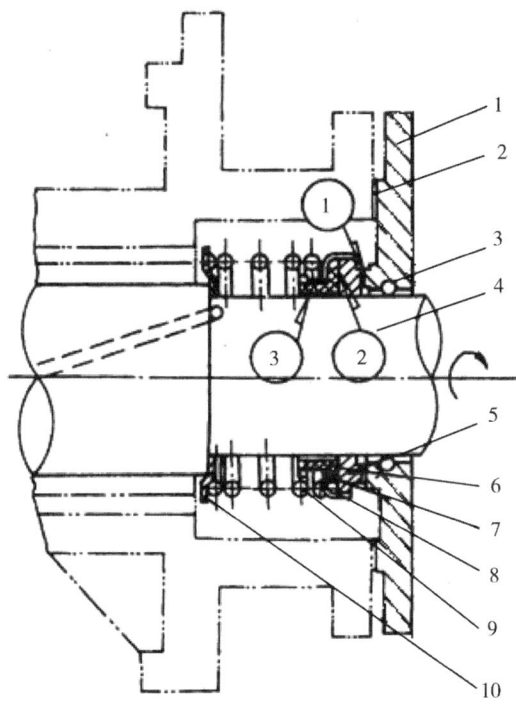

图 4-10-3 轴封结构

1—压板(定摩擦环);2—纸垫;3—密封圈;4—曲轴;5—动摩擦环;6—轴封橡胶环;7—紧圈;8—钢壳;9—弹簧;10—弹簧托板

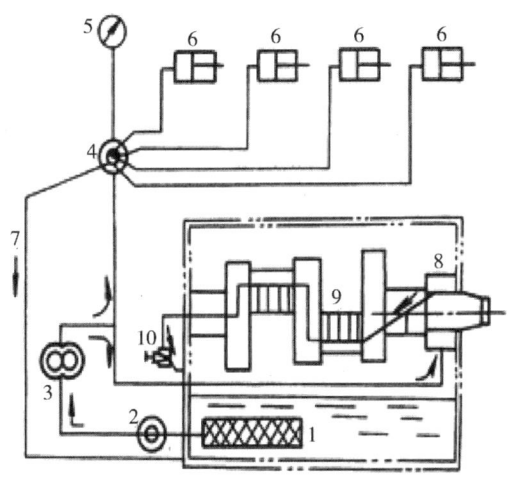

图 4-10-4 制冷压缩机滑油系统

1—网式滤油器;2—滑油三通阀;3—油泵;4—手动能量调节阀;5—油压表;6—卸载油缸;7—回油管;8—机械轴封油腔;9—曲轴;10—油压调节阀

氟利昂易溶于曲轴箱的滑油中,压力越高,油温越低,溶解量将越大。压缩机起动时因曲轴箱压力迅速下降,氟利昂就会从油中逸出,如逸气量较多,则油产生大量泡沫而涌起,俗称"奔油"。奔油会使油泵建立不起油压,严重时会因大量滑油进入气缸而产生液击。因此,压缩机当停车时间较长时,应先关吸气阀,将曲轴箱压力抽低,停车后则应关闭排气阀。万一起动时发生奔油,可关吸入阀做多次瞬时起动,以使油中的氟利昂逐渐逸出。我国部标 JB 3709—1984 规定氟利昂压缩机曲轴箱内应设电加热器,以便在环境温度较低时在起动前将油预热至 30 ℃ 左右,以防"奔油"。运行中油温最高不应高于 76 ℃。

5.传动机构

制冷压缩机的传动机构主要由活塞、连杆和曲轴组成。活塞是采用筒状的,以承受不大的侧推力。活塞上装有三道密封环和一道刮油杯。为了减小重量,高速制冷压缩机的活塞常由铝合金制成。由于铝合金活塞的热胀系数比钢制的活塞稍大,故冷态时两者是过盈配合,拆装时应将铝活塞加热到 80 ℃ 左右。

连杆用可锻铸铁制成,断面呈工字形,大端轴承采用锡基合金薄壁瓦,小端采用磷青铜衬套。曲轴由球墨铸铁制成,两个曲拐夹角为 180°,前后主轴承均为钢套,内浇巴氏合金,并在其中开有油孔和油槽。曲轴伸出曲轴箱端设有机械轴封,阻止曲轴箱的冷剂和滑油外漏,并防止空气漏入曲轴箱;另一端则直接带动一个小型滑油泵。曲轴由电动机经弹性联轴节直接传动,也有用三角皮带传动的。

任务实施

(一)解体

1.注意事项

在解体前,应先把压缩机内的制冷剂抽送到储液器中,其操作步骤如下:

(1)关闭压缩机的吸入截止阀,短接低压继电器的电路,利用压缩机本身将曲轴箱和吸气腔抽成真空。由于曲轴箱压力的迅速降低,溶解在滑油中的氟利昂就会大量逸出,使滑油呈沸腾状,并可能有大量滑油被吸入气缸,从而产生"油击"。如果听到了"油击"声,应立即停车,然后再瞬时起动二三次,直至油击声消失后,再让压缩机继续运转,并在曲轴箱达到稳定的真空后停止压缩机。

(2)如果曲轴箱达不到应有的真空状态,则表明吸气阀片漏气或损坏;如果能够达到真空,但停机后低压压力又迅速回升,则表明排气阀片和吸气阀片连通,或轴封漏泄,或滑油分离器回油阀失灵。如果出现上述情况,则只能在将曲轴箱的压力尽量抽低后,即停止压缩机并随即关闭排出截止阀。

(3)稍开压缩机的吸入截止阀,或打开滑油分离器的手动回油阀,使低压压力回升到表压为 0 或稍高一点,并随即关闭,以使机内外压力基本平衡。

(4)切断压缩机的电源,此后即可进行拆修。

2.解体步骤

(1)先将皮带轮拆下。

(2)拆下气缸盖及气阀组件。

(3)拆下气缸体。

(4)拆下活塞连杆组件。

(5)拆下轴封。

(6)拆下滑油泵。

（7）拆下后轴承座。

（8）轻轻取出曲轴。

（9）最后拆下前轴承座。

（二）检修

1.气阀组件

（1）阀片在机器大修时应全部更换。新阀片应先用 1200 号金刚砂在平板上研磨，再用绿油在玻璃板上研磨，使得两面平整、光洁、没有划痕，尤其不允许翘曲。阀片可以装在阀座上，用煤油进行渗漏试验以检查研磨情况。

（2）气阀弹簧大修时应全部更换。取出弹簧后应检查弹簧窝内有无折断的弹簧钢丝碎片。新弹簧装入窝内应按逆时针旋入，各弹簧顶面应处于同一水平面，弹簧应垂直。

（3）阀座每次更换阀片均应同时对阀座进行研磨，如果划痕较深，可以先在磨床上磨削，然后研磨。多次研磨使阀座圈变低，阀线高度减小，影响余隙，这可以用改变缸体和曲轴箱体之间的垫片厚度来调整。

2.缸套、活塞及活塞环

缸套与活塞之间由于长期磨损，因而间隙增大。过大的间隙会产生冲击，增加滑油耗量。如果超过说明书规定的极限间隙，则应更换缸套。一般当气缸磨损达到缸径的 1/200 时，如磨损量达到缸径的 1/150，必须进行修理。当磨损量达到缸壁厚度的 1/10 时，应予换新；磨损量如达到厚度的 1/8，则必须换新。活塞外表面的拉毛、划痕等应用油石磨光。如果活塞外表面磨损亦较大，便应与缸套同时更换，新活塞的圆度误差不得超过 0.012 mm。

修理缸套时，要把镜面的拉毛、划痕用油石磨光。缸套顶面的吸气阀座应在每次换新阀片时都进行研磨。多次研磨也使吸气阀座的阀线高度减小，如果阀线高度已低于 0.5 mm，则应换新缸套。

活塞环搭口间隙超过 1 mm 的使用极限或者镀铬层剥落时，应予更换。新活塞环与缸壁之间的贴合情况，可用光照法检查；与环槽的配合情况，可由测取其天地间隙来判断。

3.曲轴及连杆

严格检查曲轴轴颈状态，测试轴颈的直径及圆度和圆柱度，一般不超过 0.05 mm。连杆小端轴承衬套多用磷青铜制成，与活塞销相比，一般活塞销磨损较大。如果两者外观良好，应可继续使用。但如果活塞销磨损量超过 0.15 mm，或衬套内径磨损量达到 0.1 mm 则应换新。大端轴承的一般拉毛、划痕、偏磨等，可通过刮研法修复，当严重到无法修复时应予换新。

4.轴封装置

使用中轴封正常，则检修时不应拆开，以免改变原来的磨合状态；而且橡胶圈可能因长期浸油而胀大，拆下后不易装复，此时，只要通过轴封室的上下螺塞进行换油即可。

新轴封在开始运行时，允许有少量漏油，磨合一段时间后，漏油量应逐渐减少。正常情况下，漏油量每小时不得超过 10 滴。漏泄严重时，便应拆开研磨摩擦环，更换橡胶圈。

（三）装复

装复前应将所有零部件用汽油或柴油清洗干净，并将各孔道用压缩空气疏通。压缩机的装复步骤大体如下：

1.装复前轴承

应把前轴套推进前轴承座孔中。当轴套止推面与前轴承座端面接近时，要转动轴套，使其凸缘上的定位孔对准端面上的定位销，并继续向前推到贴紧为止。定位销用以防止轴套转动。在前轴承座的密封面上覆上涂油石棉纸箔，并把整个前轴承座推进曲轴箱的前轴承座孔中。旋紧螺栓时要对称均匀地分几次上紧，即不要一次旋紧，防止前轴承座变形。

2.装复曲轴

在曲轴前、后轴颈上涂上冷冻机油，并把它从后轴承座孔塞进曲轴箱，推入前轴承，直到推足为止。盘动一下曲轴，看是否灵活。若不灵活，要检查原因，并加以纠正。

3.装复后轴承座

在曲轴后轴颈端的偏心孔上装传动销和油泵传动块。在后轴承座孔中推入后轴套后，再把涂油的石棉纸箔覆上密封面，并把整个后轴承座推入曲轴箱的后轴承座孔中。注意，要把后轴承座上的油压调节孔转动朝上位置后，再用螺栓均匀分次旋紧，每旋紧一次，都应盘动曲轴，检查是否有过松过紧现象，发现问题要及时纠正。

4.装复滑油泵

在后轴承座的油泵内腔里装入转子泵的内、外转子，再装垫片和泵盖，并用螺栓旋紧。注意在旋紧泵盖螺栓时应转动曲轴，以防有卡住现象。

5.装复轴封

先将密封橡胶环套上紧圈和钢壳。再依次往前轴颈上套入托板（弹簧座）、轴封弹簧、密封橡胶环和石墨摩擦环。在前轴承座端面覆上涂油石棉纸箔，在石墨摩擦环磨合面上涂冷冻机油，然后将压板（轴封盖）盖上，并推进去作弹力试验：推进后就松手，若石墨摩擦环与压板在弹力的作用下能慢慢地向外弹出，则安装正确；若弹不出，则说明紧圈箍得太紧；若弹出很快，则说明紧圈太松。后面两种情况都会招致轴封泄漏，更换紧圈，使达到第一种情况，才能把压板固紧并转动曲轴检查安装是否正常。

石墨摩擦环与压板的摩擦面应事先研磨光洁，粗糙度达到要求。

6.装复活塞连杆组

在曲轴曲柄销上涂一层冷冻机油。拆开活塞连杆组件的连杆大端轴承盖，并将这两半合在曲柄销上。装上连杆螺栓和螺母，并把它分次均匀旋紧。转动一下连杆，若松紧合适、转动灵活，可用开口销将螺母锁紧。注意：装连杆大端轴承盖时，应对准记号，不可装错。

7.装复气缸体

先将吸气阀的升程限制器（限位器）压入气缸上相应环槽中。在曲轴箱装气缸体的密封面上插好定位销，覆上涂油石棉纸箔，将每只活塞上的三根气环的切口相互错开120°，盘动曲轴使两个曲柄处于一高一低的位置，然后，便可把气缸体向曲轴箱上装复。两只活塞是一先一后地塞入气缸，气缸壁下端的60°扩口供套上活塞时使活塞环能自行收缩而滑进气缸。两只活塞装进气缸后，便可对准两个定位销，使气缸体和曲轴箱合上,并用螺栓分次均匀旋紧,其间要经常转动曲轴,检查是否有过紧或卡住等现象。

8.装复气阀组件及气缸盖

将排气阀片、弹簧和升程限制器依次装上阀板。用煤油滴在阀片表面上检查其密封性,以在规定时间内无渗漏为合格。测量阀片升程,其大小应限制在(1.5±0.2 mm)范围内。最后用开口销锁紧槽形螺母。阀板组装完毕后,将吸气阀弹簧放进吸气阀升程限制器的弹簧窝内,再在其上面放上吸气阀片。气缸顶面上覆以涂油石棉纸箔(厚度为0.5 mm),合上阀板,再覆纸箔,合上气缸盖。其中要注意区别高、低压方向,分次均匀旋紧气缸盖螺栓后,要盘动曲轴,检查是否有卡住现象。

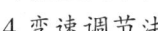 **拓展知识**

卸载与能量调节系统是对压缩机气缸起动、卸载和冷量调节的机构,其实质就是排气量调节。压缩机的制冷量通常都是按制冷系统的最大热负荷选配,但在实际应用中,装置的热负荷却是在变动的。这样当处于低负荷工作时,蒸发压力就会过低,这不仅会使制冷系数降低,还可能因低压继电器断电而停车,为此,就需对压缩机的能量进行调节。常用的调节方法有以下几种:

1.间歇运行法

间歇运行法是当库温降到设定的下限时,使压缩机停转,而当库温上升到规定温度的上限时,再使压缩机起动。压缩机的起停可通过低压继电器或温度继电器自动控制。此方法简便易行,适用于小型制冷压缩机及热负荷变化不大的场合。

2.吸气节流法

吸气节流法是通过改变压缩机吸气阀的开度来实现的。当装置的热负荷降低时,减小吸入阀的开度,进入气缸的吸气压力相应降低,比容增大,质量流量减小,制冷量因而降低。采用这种调节方法的压缩机气缸顶部装有能量调节油缸,它能根据需要控制顶杆自动限制吸气阀片升程,从而实现吸气节流。也可以在吸气管路上设蒸发压力调节阀进行吸气节流。这种方法简单,但不经济,因为这样人为地提高了压力比,从而使单位功耗和排气温度上升,故只适用于调节幅度不大的小型压缩机。

3.排气回流法

排气回流法是在吸、排气管之间设旁通管,调节管上的旁通阀的开度,就能改变压缩机的有效排气量,这种方法最不经济,而且会提高压缩机的排气温度,故该方法仅用于不带能量调节机构的小型压缩机。

4.变速调节法

变速调节法经济性好。近年来随着交、直流变频调速技术的发展,变频调速已在制冷装置中得到广泛应用,它不仅可以节能,而且降温快,温控精度高。但转速降低的下限必须考虑润滑的可靠性。

5.吸气回流法

吸气回流法是通过将部分气缸的吸气阀常开,或调节活塞反向运动的相邻气缸间旁通的卸荷通道控制阀的开度,使吸入缸内的气体在活塞上行时返回吸气腔(或相邻缸),以减少压缩机的实际排气量,从而实现能量调节。此法同时可使压缩机实现卸载起动。

任务十一 锅炉附件的拆装与检修

建议学时：2学时

为了能安全运行,锅炉本体上装有各种阀件、压力表、水位表和安全阀等,它们亦是锅炉装置不可缺少的组成部分,统称为锅炉附件。

学习要素

1.锅炉阀件的拆装与检修；
2.水位计的拆装与检修；
3.锅炉阀件和水位计的检修要点。

教学目标

能力目标
1.能正确完成锅炉阀件的拆装与检修；
2.能正确完成水位计的拆装与检修。

知识目标
1.掌握锅炉阀件的典型结构；
2.掌握水位计的作用及工作原理；
3.掌握锅炉阀件的工作原理及检修。

素质目标
1.培养学生严谨、细致的工作作风；
2.培养学生良好的学风；
3.培养学生良好的职业意识；
4.培养学生良好的团队合作意识。

相关知识

（一）锅炉阀件

阀是专门用来接通或切断汽、水通路的,有的还能调节它们的流量。在一台辅助锅炉上装有许多不同用途的阀,其结构也各有不同,这里我们对几种主要的阀做一般的介绍。

1.截止阀

辅助锅炉上的截止阀有蒸汽截止阀、给水截止阀、排污阀等,用来接通或切断有关的汽水管路。

在锅炉的蒸汽引出管上装有蒸汽截止阀,一般直接安装在锅炉汽筒的顶部,蒸汽由此引出供至各用汽处。小型锅炉大多用球形截止阀。

2.止回阀

止回阀只允许工质做单方向流动,而不能反向流动。工质来自阀盘下方,其压力超过阀盘上面的弹簧压力及本身重量时,将阀盘自动顶开。当工质有倒流趋向时,工质的压力将阀盘紧压在阀座上,使通路切断。

止回阀又有截止止回阀和强开截止止回阀两种。截止止回阀的外貌与球形截止阀没有区别,但其阀杆与阀盘只是活动地套在一起,当提取阀杆时,阀盘并不随着升起,阀杆仅起阀盘导向杆与限制升程的作用,以达到调节流量的目的,其动作与一般止回阀无异。当阀杆下降至底部时,可将阀盘压紧在阀座上,以截断液流,起着截止阀的作用。强开截止止回阀的构造与截止止回阀差不多,只是阀杆仅在一定的提升高度内不限制阀盘的活动,此时能起止回作用。当阀杆再提高一些时,便连阀盘一起提起,使它失去止回作用,即强行开启。

锅炉的给水管路上必须装有止回阀,当给水泵停止工作时,使炉水不产生倒流。

当船上装有两台以上的辅助锅炉及废气锅炉时,锅炉的蒸汽截止阀应采用截止止回阀或强开截止止回阀。这样,当一个锅炉的压力低于并联蒸汽管路的压力时,它可以自行关闭,防止蒸汽的倒流。

3.空气阀

为了在锅炉升汽时排出锅炉内的空气,以及在停炉后放进空气和放出炉水,在锅炉汽筒的最高处应装有空气阀或空气旋塞。

锅炉汽筒上的空气阀一般用通径为 10～15 mm 的截止阀,装在联箱上的空气阀一般采用 8 mm 通径。

4.取样阀

取样阀采用通径为 8～10 mm 的截止阀或旋塞,装在锅炉的水空间部位,以采集水样,取样阀的出口一般与取样冷却器相接,以防止取样时的炉水蒸发而影响炉水分析的结果。

5.排污阀

排污阀有表面排污阀和底部排污阀。表面排污阀与内、外排污管路相连;底部排污阀装在水筒或联箱的底部,外部与排污管相通。它们都是截止阀,一般两个串在一起用,一个专起截止作用,一个专起调节作用。截止作用的阀应全开或全关,注意使它免遭水流冲蚀而失去水密性。

6.压力表阀

压力表阀装在汽筒或联箱上,一般为截止阀,通径不要小于 8 mm,以免堵塞。

压力表与锅炉相连的细管一定要构成水封,使管中充满凝水,以防止蒸汽进入压力表面影响读数的正确性。另外,在此管路上应装有三通旋塞,以备供标准压力表来检验压力表的读数。

(二)水位计

水位计也叫"液位计"或"液面计"。因锅炉里的水在高温时汽化供暖,水和汽的损耗较大,要不断地补充水,使锅炉里的水位保持一定的高度,水位过低,锅炉就有爆炸的危险。为了随时了解锅炉内的水位,在锅炉上都装有水位计,水位计和锅炉构成一个连通器。常用的有玻璃液位计、压强液位计、浮标液位计、电容液位计及电阻液位计等。在高温和高压下,也可采用同位素液位计。

水位计是用来显示锅炉内真实水位的仪表,是锅炉的重要附件之一。操作人员可以通过水位计观察并相应调节水位,防止发生锅炉缺水或满水事故,进而避免由水位不正常造成的受热面损坏及其他事故,保证锅炉安全运行。锅炉上至少装有两支水位计,分别布置在左、右两侧。在船舶摇摆和倾斜时,可通过比较两支水位计中的水位来判断锅炉内的水位情况。一支水位计损坏应加强水位监视,并尽快伺机换新;若两支水位计均已损坏,锅炉应立即熄火。

1.关于水位的规定

每台锅炉都规定有最高工作水位、最低工作水位和最低危险水位。规定如下:

(1)水管锅炉最低工作水位应高出最高受热面不少于100 mm(汽包下降管视为受热面)。

(2)横烟管锅炉应高出燃烧室或烟管顶部不少于75 mm,多回程的可适当减少。

(3)竖烟管锅炉应不低于1/2烟管高度。

(4)混合式锅炉应高出热水管不小于50 mm。

(5)当船舶横倾4°时最低工作水位应仍能符合上述要求。

锅炉隔热层外表面在与水位计相邻处应设置最高受热面标志。

2.水位计的结构

水位计是按照连通器内液位高度相等的原理装设的。水位计的水连管和汽连管分别与锅筒的水空间和汽空间相连,水位计和锅筒构成连通器,水位计显示的水位即是锅筒内的水位。

锅炉上常用的水位计有玻璃管式和玻璃板式两种。

✏️ 任务实施

(一)锅炉给水阀拆装

在一台辅锅炉上装有许多不同用途的阀,如给水阀、空气阀、排污阀、停汽阀、安全阀等。锅炉连续运行一定时间后,阀会出现开关不灵活、阀杆处漏泄、关闭不严密等缺陷,影响锅炉正常工作。作为轮机管理人员,应掌握阀的拆检方法。

在锅炉给水系统中,给水阀是由给水截止阀和给水止回阀串联组合在一起使用,如图4-11-1所示为直通截止阀,如图4-11-2所示为直角截止止回阀。

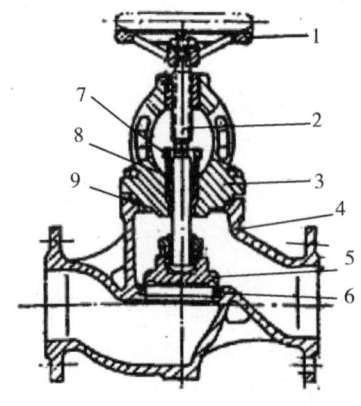 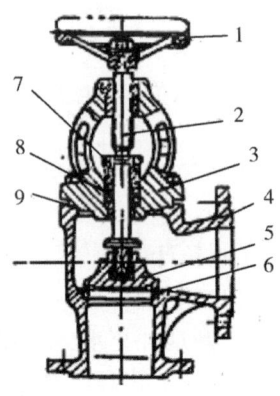

图 4-11-1　直通截止阀 图 4-11-2　直角截止止回阀

1—手轮;2—阀杆;3—阀盖;4—阀体;5—阀盘;6—阀座; 1—手轮;2—阀杆;3—阀盖;4—阀体;5—阀盘;

7—压盖;8—填料;9—垫床 6—阀座;7—压盖;8—填料;9—垫床

1.拆卸

(1)首先停止锅炉工作,在电气控制箱上挂好"设备检修,严禁操作"的警示牌。

(2)待锅炉负荷下降时打开下排污阀,排除部分炉水,使炉内水位低于给水阀位置。

(3)待锅炉中已无蒸汽压力时,打开空气阀。

(4)待锅炉冷却后,拆除给水阀的连接法兰螺栓,将给水阀拆下,准备解体。

2.解体

(1)拆除阀盖螺丝。

(2)将阀盖与阀体脱开。如阀与阀体配合过紧,可用螺丝刀在四周缝隙内撬动,并旋下阀杆,阀盖就易顶起。

(3)松开填料压盖螺帽和手轮螺帽。

(4)将阀杆从阀盖中旋出。

(5)将阀盘从阀杆端拆下(或从阀体中取出)。

(6)取出填料函中的填料。

所有拆下的零部件要认真仔细清洗,以备检查。

3.检查

阀检查时,发现下列其中之一情况,应换新。

(1)阀杆、阀盖、阀体出现裂纹。

(2)阀盘、阀座配合密封面磨损、腐蚀、划伤严重。

(3)阀杆填料处出现较重的磨损、轴向划伤和螺纹损坏。

阀盘和阀座配合密封面出现轻微的麻点、锈蚀斑点、划痕等时,可用研磨或先光车后研磨的方法修理。研磨后需进行密封性试验,可采用煤油渗透法或铅笔划线法检查。

阀盘采用平板研磨方法:将研磨平板工作面清洁好,在平板上涂上研磨剂,把阀盘放在平板上,沿平板表面以"8"字形的推磨方向研磨,以旋转和直线相结合的方法进行研磨。最后在平板上涂上一层机油,继续研磨,使阀盘表面光滑平整。

阀座采用假阀盘配合研磨方法:在阀座表面涂上研磨剂,将假阀盘贴在阀座上进行旋转研磨。研磨好的阀线应该是封闭的。

4.装复

阀的装复按拆卸解体相反顺序进行,即后拆的先装、先拆的后装。

装复时注意事项:

(1)密封垫床必须换新。

(2)更换新填料时尺寸和质量要符合要求。

(3)填料压盖上紧要适宜,一般手能转动手轮。

(4)在阀盘处于开启(或能开启)状态下,将阀盖和阀杆的组合件装入阀体中。

(5)螺栓应对角逐次均匀上紧。

锅炉给水阀装复后,应进行点火升压,检查给水阀各连接处密封情况。

(二)水位计拆装

水位计是指示锅炉内水位高低的仪表,它在保证锅炉安全工作方面起着重要作用。锅炉上通常在左、右侧各装有一支水位计。锅炉水位计常用的有玻璃管式和玻璃板式两种,如图4-11-3所示为玻璃管式水位计,如图4-11-4所示为玻璃板式水位计。

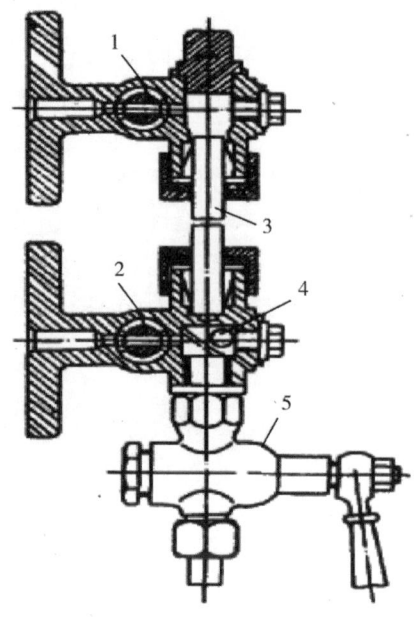

图 4-11-3　玻璃管式水位计

1—通汽阀；2—通水阀；3—玻璃管；4—止回阀；
5—冲洗阀

图 4-11-4　玻璃板式水位计

1—通汽阀；2—通水阀；3—玻璃板；4—框架

1.解体

（1）首先进行停炉操作，并在电气控制箱上挂好"设备检修，严禁操作"的警示牌。

（2）待锅炉负荷下降时打开下排污阀，放掉部分炉水使炉内水位低于水位计。

（3）待锅炉内已无蒸汽压力时，打开空气阀。

（4）待锅炉冷却后，拆卸水位计上的玻璃管或玻璃板组件。

（5）拆卸通汽阀、通水阀和冲洗阀。

（6）将拆卸的组件分别解体、清洁、放妥。

2.检查

通汽阀、通水阀和冲洗阀检查时应注意：

（1）汽、水通道和冲洗通道应畅通。

（2）阀杆处密封性要良好，阀杆出现轴向划痕应修磨，填料应换新。

（3）阀配合密封面出现密封不良时应修磨或换新。

更新玻璃管时应注意：

（1）玻璃管最好有备用成品。如需自己配制，切取管长度要适中，应留有一定的膨胀余地，管口要平整。

（2）玻璃管密封填料压盖的松紧程度要合适，太松会漏，太紧易伤玻璃管。

（3）玻璃管内外要清洁。

更换玻璃板时应注意：

（1）水位计本体平面要清洁，旧垫床必须清除干净，表面不可有凹陷、划痕等缺陷。

（2）玻璃板两侧垫床要完好无损，不可有折断、厚薄不均等缺陷。垫床安装时两面涂上薄薄一层石墨粉或白铅油。

(3)安装玻璃板紧固螺丝时,应由中间到两边对称均匀逐次上紧;否则,会造成玻璃板压裂或漏汽、漏水现象。

3.装复

水位计装复按拆卸的逆过程进行,首先装好通汽阀、通水阀和冲洗阀,再装玻璃管或玻璃板组件。

水位计装复后,应按操作规程点火升压,检查水位计安装情况,注意各连接处的密封情况。按水位计冲洗工艺冲洗水位计数次。

拓展知识

1.安全阀

安全阀的作用是防止锅炉内压力过高而发生危险,在某一个适当压力时开启放出适量的蒸汽,降低锅炉压力,并至另一个适当压力时再行关闭。因为船用锅炉是在摇摆不定的情况下使用的,所以安全阀都采用弹簧压力式。

根据中国船级社《钢质海船入级规范》要求,对锅炉安全阀的要求主要是:

(1)每台锅炉本体上应装设两个安全阀,通常组装在一个阀体内。蒸发量小于1 t/h 的辅锅炉可仅装一只。装有过热器的锅炉,过热器上亦应至少装一只安全阀。

(2)锅炉安全阀的开启压力可大于实际允许工作压力的5%,但不应超过锅炉设计压力。过热器安全阀的开启压力应低于锅炉安全阀的开启压力。

(3)安全阀开启后应能通畅地排出蒸汽,以保证在蒸汽阀关闭和炉内充分燃烧的情况下,烟管锅炉在 15 min 内、水管锅炉在 7 min 内汽压的升高值应不超过锅炉设计压力的10%。所以安全阀不但应有足够大的直径,而且开启后应该稳定且具有较大的提升量。安全阀排气管的通路面积,对升程在安全阀直径的1/4 以上者,应不小于安全阀总面积的 2 倍,对其他安全阀应不小于1.1 倍。

(4)安全阀要动作准确,并保持严密不漏。安全阀都是经过船舶检验局调定后铅封的(4 个),除非经船检局特许,不能随意重调。

2.水位计的冲洗

水位计中的水几乎不流动,容易积聚污物而堵塞。值班人员不要认为只要水位计有水,就一切正常。实际上,在锅炉正常工作时,水位计中的水位应在不停地波动,若发现水位计的水位长久静止不动,则表明上、下两个接管同时堵塞。若发现水位计的水位一直在上升,则表明上、下两个接管中有一个已经堵塞。因此,当锅炉处于正常工作状态时,水位计应经常冲洗和检查,如表4-11-1所示为冲洗水位计和判断水位的方法。

这里要特别指出,锅炉工作时炉水中含有大量气泡,锅炉中的水位是由其中的蓄水量和所含气泡量合成的。在相同水量下,工作负荷高(即燃烧强烈),水中气泡多,水位就高;反之,水位就低。所以往往看到水位很高,但只要燃烧减弱或熄火,使气泡大量减少,水位立刻就低得不见了。又如原来水位正常,当燃烧加强时,虽没有供水,水位却上涨很高。这种现象称为假水位,是炉水中气泡增多的缘故。

此外,有时向锅炉供水时,水位不但不上升,反而急剧下降,这是因为大量低温水进入炉内,使水中气泡凝结,这在蓄水量较少的锅炉中表现得尤为明显。

表 4-11-1　冲洗水位计和判断水位的方法

顺序	结果	处理
1.开冲洗阀,关通水阀,冲洗后关闭通汽阀	听见汽流声很大,表明汽路畅通	如不畅通,可连续开、关通汽阀或通水阀几次。如冲洗无效,可以打开通汽管或通水管顶端水塞,用铜丝来疏通
2.开通水阀,冲洗后关闭	听见水流声很大,表明水流畅通	
3.关冲洗阀,慢慢开启通水阀予以"叫水"	1.因此时通汽阀关闭,所以如水位高于通水管,则炉水一直升至水位计顶部; 2.如无水出现,则炉水已位于通水管以下,锅炉已处于失水状态	1.表明情况正常,可继续进行第 4 步操作; 2.如明确知道,在前几分钟水位仍处于正常位置,则可加大给水量,迅速恢复正常水位。如失水时间不清楚,则应立即停炉,停止供汽
4.开通汽阀	1.水位下降至水位计中段,表明情况正常; 2.如水位下降至水位计玻璃以下,表明炉中水少,但水位仍在通水管以上; 3.如水位仍在顶部,不下降,表明锅炉已处于满水状态	1.投入工作; 2.加大给水量,迅速恢复正常水位; 3.首先暂停供汽,并开启排污阀放水,使水位恢复正常

　　冲洗水位计时应该注意,通汽阀与通水阀同时关闭的时间要尽量短,以防止外界空气对玻璃管冷却,在随后通汽或通水时,玻璃管骤然变热而爆裂。换新玻璃管以后,也应稍开一点汽,让玻璃管预热一下,再开大通汽和通水阀。

任务十二　分油机的拆装与检修
建议学时：2学时

　　船用离心式分油机是净化燃油和滑油中水分和杂质必不可少的关键设备。现代船舶为了降低运营成本,广泛使用劣质燃油,因此,分油机成了机舱内辅机中的使用、保养较为频繁的机械设备。

💡 学习要素

　　1.分油机的工作原理;
　　2.分油机的典型结构;
　　3.分油机的拆装与检修。

教学目标

能力目标

1.能正确完成分油机的拆装；

2.能分析并排除分油机工作过程中的一般故障；

3.能对分油机的易损件进行检查、测量、调整和更换。

知识目标

1.掌握分油机的工作原理；

2.掌握分油机的典型结构。

素质目标

1.培养学生严谨、细致的工作作风；

2.培养学生良好的学风；

3.培养学生良好的职业意识；

4.培养学生良好的团队合作意识。

相关知识

分油机是船舶机舱净化燃油、润滑油的重要设备。目前船上广泛使用碟式(亦称转盘式)自动排渣分油机。现以国产 DZY-30 型分油机为例进行说明，如图 4-12-1 所示为DZY-30 型分油机结构示意图。

分油机主要由机械传动机构、分离筒、控制阀、齿轮油泵和机体等部分组成。分油机机体下部安装分离筒的传动机构。水平轴 2 由电动机经离心式摩擦离合器驱动，经过蜗轮 3 和蜗杆 20 增速带动分离筒的立轴 5 高速回转，其增速比为 1:4。当电动机达到额定转速 1 430 r/min 时，主轴的转速为 5 720 r/min。计速器 4 在蜗轮 3 的前面，由水平轴 2 经蜗杆蜗轮减速机构带动回转，其减速比为 20:1，当它的转速为 71~73 r/min时，分离筒 6 的转速已达到全速。水平轴 2 的另一端带动两个齿轮泵：一个是进油泵，它吸入待分的燃油或滑油，并经加热器预热后(分轻油时不需要)送到分油机活动罩盖 9 中央的进油管；另一个是排油泵，它将净化后的燃油或滑油输送到燃油日用柜或滑油循环柜。

立轴 5 的上部轴承装在由六个呈辐射状的缓冲弹簧 19 支承的轴承套内。缓冲弹簧 19 可吸收分离筒高速旋转时所产生的径向振动。立轴 5 的下部装有径向球轴承和轴向推力轴承。底部弹簧 21 可吸收螺旋齿轮传动所产生的轴向振动。转动机体下部的调节螺杆 23 可通过下轴承套调节分离筒 6 的高低位置。

控制阀 18 的表盘上刻有"开启""空位""密封""补偿"四个位置。根据工作需要，转动手轮就可完成分离筒的开启(排渣)和封闭(工作)。

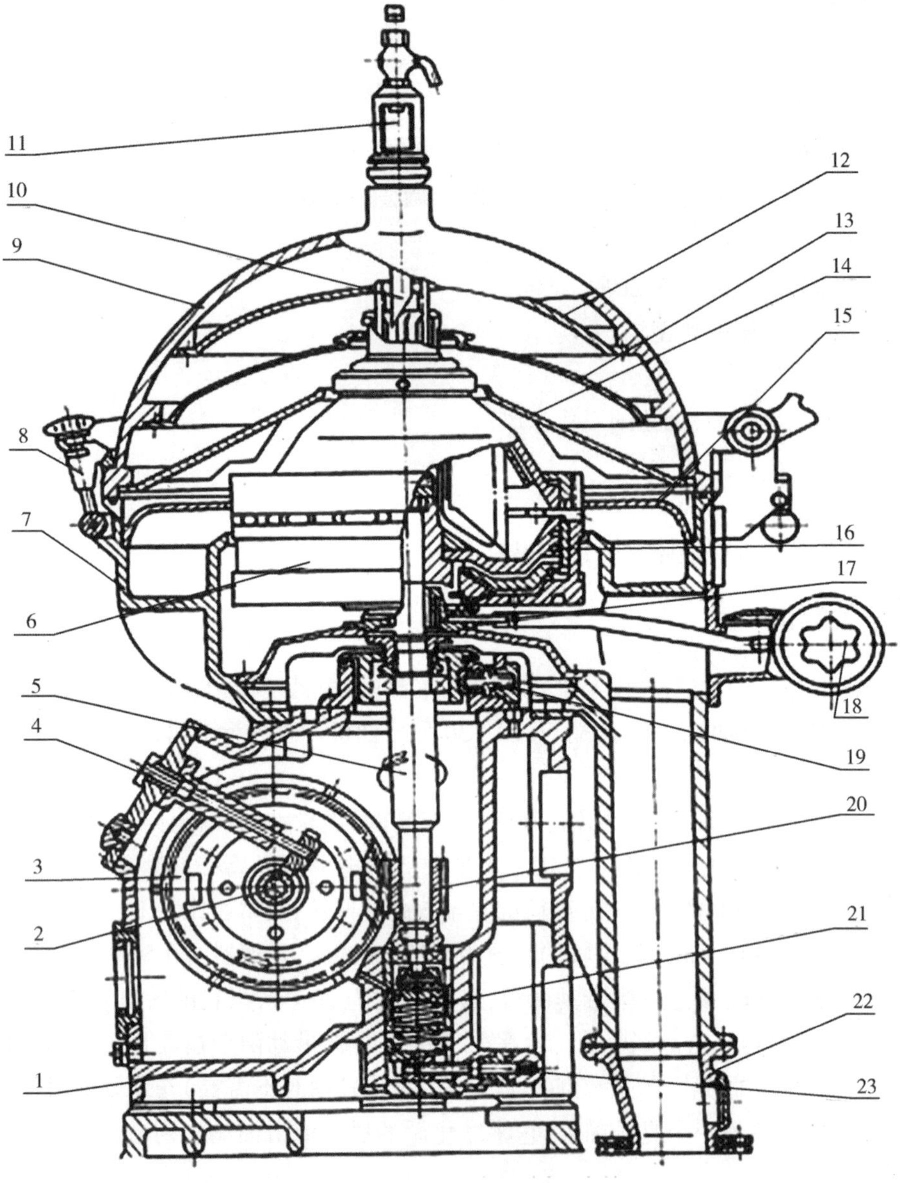

图 4-12-1　DZY-30 型分油机结构示意图

1—底座;2—水平轴;3—蜗轮;4—计速器;5—立轴;6—分离筒;7—本体;8—手动扣紧装置;9—活动罩盖;
10—进油导管;11—进水装置;12—上隔板;13—中间隔板;14—底隔板;15—排污挡板;16—活塞;17—配
水盘;18—控制阀;19—缓冲弹簧;20—蜗杆;21—底部弹簧;22—排渣管;23—调节螺杆

任务实施

（一）分离筒的拆卸与解体

1.拆卸前的准备

（1）切断分油机控制箱电源,并挂上"严禁合闸"警告牌。

（2）确认分油机进、出油阀已关闭,各路水阀已关闭。

（3）用止动器固定住分离筒，使其不能转动。

（4）准备好拆装用的专用工具。

2.拆卸与解体过程

（1）拆除分油机外部的油、水管。

（2）将分油机上的活动盖罩打开并锁固在分油机本体上，用止动装置使分离筒固定。

（3）顺时针旋掉比重锁紧环，拿掉比重环。

（4）顺时针旋掉分离筒盖锁紧环，如图4-12-2所示为拆解大、小锁紧环。

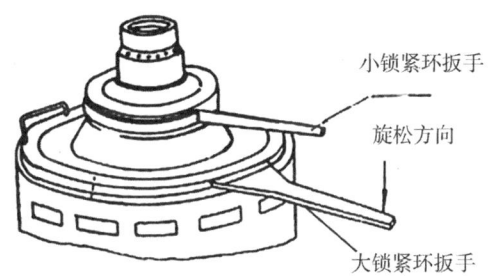

　　　　　　　　　　　　　　　　　　　　小锁紧环扳手

　　　　　　　　　　　　　　　　　　　　旋松方向

　　　　　　　　　　　　　　　　　　　　大锁紧环扳手

图4-12-2　拆解大、小锁紧环

（5）吊出分离筒盖，拿掉颈盖。

（6）取出分离盘，拿出盘架，如图4-12-3所示为分离盘取出。

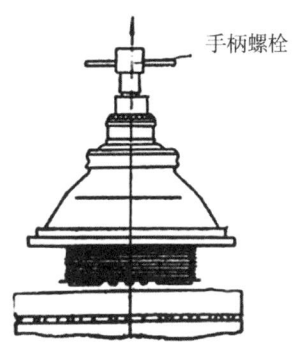

手柄螺栓

图4-12-3　分离盘取出

（7）顺时针旋掉立轴螺母，拿掉锥形盘架支座。

（8）吊出活塞（活动底盘）。

（9）拧出分离筒底部的三只螺栓，分离筒本体即可以从分离筒壳体内吊出。

（10）将分离筒倒置，松掉弹簧座上的六只固定螺栓，拿掉弹簧座和复位弹簧（16只），取出滑动圈。

3.拆卸时的注意事项

（1）分离筒是高速转动的机构，对其动平衡要求较高，因此，在拆卸分离筒时，应打上相应的记号，便于安装。

（2）拆卸时，应特别注意各密封环、密封面的情况，防止人为的损坏。

（3）应用专用工具进行拆卸。

4.水平轴系统解体

水平轴系统拆装前应将滑油箱中润滑油放出,拆除电动机接线,将电动机外移(不拆除电动机支架,电动机轴上的抛块座也可以不拆下来),如图4-12-4所示为水平轴系统分解图。其解体步骤如下:

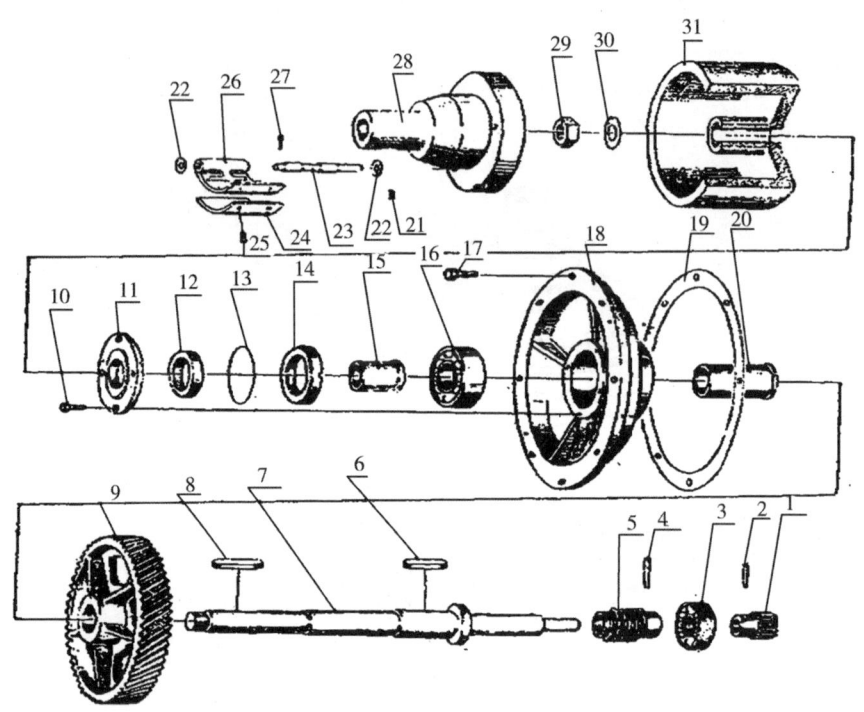

图 4-12-4　水平轴系统分解图

1—传动齿轮;2、4—销;3、16—轴承;5—计速器主动轮;7—水平轴;6、8—键;9—大螺旋齿轮;10、17—螺栓;11—压盘;12—油封;13—密封环;14—轴承压圈;15、20—套筒;17—螺栓;18—轴承座;19—垫片;21、25—螺钉;22—垫圈;23—销轴;24—摩擦片;26—抛块;27—开口销;28—抛块座;29—螺母;30—外舌止动垫圈;31—摩擦筒

(1)卸下门盖、计速器装置及齿轮油泵。

(2)松掉螺母29,取出外舌止动垫圈30,用拉马将摩擦筒31拉出并取出键8。

(3)松掉轴承座18上的八支螺栓17,并用其中两支将轴承座顶出,然后用紫铜棒在油泵端轻击水平轴7,将轴承连同水平轴一起抽出。

(4)在厚木板上将水平轴竖立(螺纹端朝下),上下冲击,将轴承座、套筒20及大螺旋齿轮9拉出。

(5)松掉螺栓10,拆下压盘11,取出油封12、密封环13、轴承压圈14、套筒15及轴承16等零件。

(6)在水平轴另一端,退出定位销2和4,取出油泵传动齿轮1、轴承3和计速器主动轮5。

5.立轴系统解体

如图4-12-5所示为立轴系统分解图,立轴系统的解体应在拆除分离筒、控制水装置和水平轴后进行,其步骤如下:

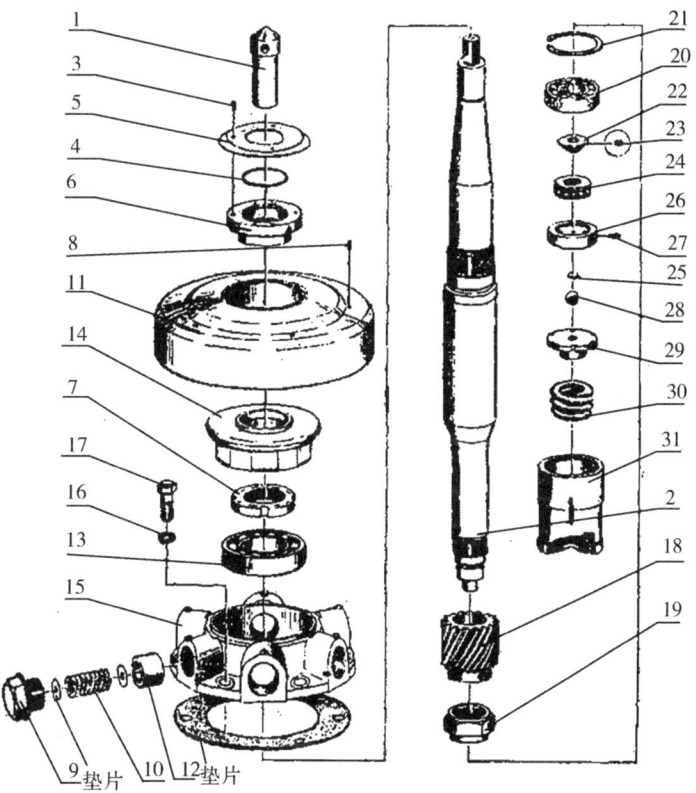

图 4-12-5　立轴系统分解图

1—立轴螺母;2—立轴;3、8、23、27—螺钉;4—密封环;5—甩水片;6—压紧盖;7—轴承螺母;9—支承帽;10—缓冲弹簧;11—罩子;12—支承套筒;13、20、24—轴承;14、26—轴承座;15—缓冲器座;16—弹簧垫圈;17—螺栓;18—小螺旋齿轮;19—固定螺母;21—孔用弹性挡圈;22—上衬板;25—垫块;28—钢球;29—钢球座;30—弹簧;31—轴承座体

(1)拆除固定导水套上的罩子。

(2)拆除甩水片 5 和罩子 11。

(3)拆除缓冲器座(上轴承座)15 上的六个固定螺栓 17。

(4)吊出立轴系。

(5)取出孔用弹性挡圈(卡簧)21,抽出轴承座体 31(下轴承套)。

(6)松掉轴承座 26 上的螺钉 27,依次将轴承 24、轴承座 26、钢球 28、钢球座(弹簧盘)29 和弹簧 30 取出。

(7)松掉上衬板(轴承止圈)22 上的小螺钉 23,拿掉上衬板 22 和轴承 20。

(8)松掉固定螺母 19,拆除小螺旋齿轮 18。

(9)松掉缓冲器上的支承帽 9,取出缓冲弹簧 10、垫片和支承套筒 12。

(10)顺时针旋掉压紧盖 6,取出轴承座 14(轴承衬套)。

(11)松掉轴承螺母 7,取下轴承 13 和缓冲器座 15。

（二）分离筒的装复

1.分离筒装复

（1）装复分流挡环并上紧。

（2）装复分离筒本体。

（3）装复活塞时,将活塞上边缘对齐分离筒本体上的排渣口下边即可。

（4）装复底盘架,此时应注意底盘架的导销孔要对准分离筒本体上的导销（定位销）,并使立轴螺母按逆时针方向拧紧。

（5）将盘架装在底盘架上,使底盘架上的定位销固定住盘架。

（6）按编号顺序依次将分离盘由下而上装入盘架。

（7）对准盘架上的三条筋,放好颈盖。

（8）将装好尼龙密封环的分离筒上盖套入颈盖。注意分离筒盖上的缺口要对准分离筒本体上的定位块。尼龙密封环可用热水泡胀,便于装入分离筒上盖的槽内。

（9）将主锁紧环螺纹部分涂上二硫化钼润滑剂,并按逆时针方向旋入分离筒本体直至装配记号。

（10）将比重锁环(小锁紧环)螺纹处涂上二硫化钼润滑剂,按逆时针方向旋入已装好顶密封环和比重环的分离筒上盖,并拧紧。

2.分离筒装复注意事项

（1）仔细清洗分离筒的所有零件,检查各密封环的完好性,并疏通各通道和小孔,特别是分离筒活动底盘上的阻尼孔。

（2）分离筒部件刻有记号,第二次重新装配时,不许随意更换零件,必须对准原来的装配记号。

（3）绝不允许将这台分离筒上的零件装到另一台分离筒上去;否则分离筒的平衡受到破坏,分油机工作时将产生强烈振动。

（4）要用专用工具进行装复。

拓展知识

船舶柴油机所用的燃油、滑油必须经过净化处理,去除其中的水分和杂质。净化质量的好坏对柴油机工作的可靠性和使用寿命影响极大。常见净化油的办法有过滤、沉淀和离心分离。过滤只能去除油中粗颗粒杂质;而沉淀使油、水和杂质分离较慢,且因船舶摇晃致使效果变差。离心分离能克服上述两者的缺点,故离心式分油机（又称分油机或油分离机）在船舶中得到广泛应用。在混有水和杂质的油中,机械杂质的密度最大,油的密度最小,水的密度介于两者之间。

离心式分油机的工作原理是:让需要净化的油进入分油机中做高速旋转,密度较大的杂质和水滴所受离心力也大,被甩向外周,水被引出,杂质则定期清除（排渣）;密度较小的油所受离心力也小,从靠近转轴的出口流出,从而得到净化。由于杂质、水分所受的离心惯性力比自身重力大几千倍,因此,离心式分油机具有净化时间短、流量大和效果好的优点。

分油机根据用途不同可分为分水机和分杂机。分水机的主要作用是分离油中的水分(较大颗粒杂质也能分离出来);分杂机只能分离油中的固体杂质。

参考文献

［1］施祝斌.轮机维护与修理.哈尔滨:哈尔滨工业大学出版社,2012.

［2］廖和德,闵桂兰.动力设备拆装.大连:大连海事大学出版社,2006.